내 자존감 내가 살린다

엄마를 위한 이슈 ❷

| 행복한 논술 편집부 엮음 |

자신이 외계인처럼 느껴질 때,
다른 사람들과 대화하면서
배경 지식이 부족해 자존심이 상할 때,
자식이나 남편에게 대화가 안 된다고
패싱당할 때 꺼내 읽으면
바로 평정할 수 있습니다.

NiE (주)이태중 NIE 논술연구소

엄마를 위한 이슈 ❷

발 행 일	2023년 3월 10일
발 행 처	㈜이태종NIE논술연구소
발 행 인	이태종
엮 은 이	행복한 논술 편집부
집 필	이상춘 외
아 트	최혜주
진 행	강미현 임희진
기획관리	류경영 임은숙
주 소	서울시 강남구 역삼로 531 청우빌딩 3층 ㈜이태종NIE논술연구소 (우)06814
대표전화	1577-3537
팩 스	02-734-9974
홈페이지	www.niefather.com
I S B N	978-89-97524-72-3
등 록 일	2007년 7월 12일

· 이 책을 무단 전재하거나 복제하면 법에 따라 처벌을 받습니다. 무단 전재물이나 복제물을
  이태종NIE논술연구소에 신고하시면 포상금을 드립니다.

☎구입 문의 : 1577-3537
『엄마를 위한 이슈』에 대해 궁금한 점이 있으면 이태종NIE논술연구소로 문의하시기 바랍니다.

내 자존감 내가 살린다

엄마를 위한 이슈 ❷

| 행복한 논술 편집부 엮음 |

NiE (주)이태종 NIE 논술연구소

목 차

들어가는 말 — 6
토론의 이론과 실제 — 8

문제 해결형 이슈

과학 산업

환경 호르몬의 역습 어떻게 막을까 — 15
슈퍼 박테리아 감염에서 벗어나는 방법 — 23
유전자변형식품 정보를 투명하게 밝히자 — 31
인류 위협하는 6차 대멸종 막아야 한다 — 39
우주 쓰레기가 우주 개발 막는다 — 47
청색 기술은 미래의 성장 동력이다 — 55
지진 피해 어떻게 막을까 — 63
4차 산업 혁명의 두 얼굴 — 71
인터넷 필터 버블에서 벗어나기 — 79
윤리적 소비가 지속 가능한 성장 이끈다 — 87
대체육 산업 어떻게 육성할까 — 95
국민연금 어떻게 개혁할까 — 103

인문 사회

공적 개발 원조 늘려야 한다 — 111
독도는 우리 영토다 — 119
인간관계 단절시키는 초연결 사회 — 127
교육 불평등 해소해야 나라 발전 희망 있다 — 135
불신 사회 어떻게 극복할까 — 143
다양성 포용도 높여야 민주주의 성숙한다 — 151
세계 자연 유산 우리 갯벌 어떻게 지킬까 — 159

contents

찬반형 이슈

과학 산업

유전자 편집 아기 출산 어떻게 볼까	169
멸종 동물 복원해야 하나	177
상속세 부담 줄여야 할까	185
리디노미네이션 단행해야 할까	193

인문 사회

낙태 합법화 어떻게 볼까	201
소년 범죄 처벌 강화해야 하나	209
동물권 법적으로 인정해야 할까	217
공익 위한 집회 제한이 종교 탄압일까	225
이기심은 나쁜 것인가	233
반중 외교는 현명한 선택일까	241
국군의 베트남전 민간인 학살 배상해야 하나	249

들어가는 말

『엄마를 위한 이슈』의 구성과 활용법

자식을 키우고 살림살이를 하다 보면 알맹이는 빠지고 어느 순간 포장만 남은 느낌이 듭니다. 아이들은 하루가 다르게 저만큼 앞서갑니다. 엄마의 머리에는 학교 때 배운 지식만 화석처럼 남아 있지요. 책을 읽고 싶어도 틈이 나질 않습니다. 손에 든 책도 집중이 안 돼 한 줄을 제대로 읽지 못하지요. 직장맘은 더합니다. 업무 스트레스에 파김치가 되어 책을 읽을 엄두조차 내지 못합니다.

그러다 보니 뉴스를 들어도 조금만 복잡하면 외계어처럼 느껴집니다. 스마트폰으로 뉴스를 검색해도 경제나 과학, 배경 지식이 필요한 기사는 건너뛰게 됩니다. 결국 자신이 설정한 버블에 갇혀 점점 축소되고 맙니다. 가족의 울타리를 벗어나면 친한 친구나 가까운 이웃 외에는 대화하기가 꺼려집니다.

큰맘 먹고 탈출을 시도해 지역의 독서 모임에 들어갑니다. 리더가 주제를 기막히게 선정해 이야기의 중심을 잡아 주거나, 구성원들이 적극적이면 더할 나위가 없지요. 책을 매개로 의견을 나누면서 지적 갈증을 풀고 공동체 의식을 기를 수 있습니다. 하지만 책 내용은 뒷전이고, 사는 이야기를 나누다 뒤풀이로 마치는 모임이 적지 않습니다.

집에 돌아오면 언덕 위에 서서 홀로 늦가을 바람을 맞는 떡갈나무 같은 마음이 듭니다. 다른 사람들의 이야기에 주눅이 들거나 자존심이 상하기도 합니다. 또는 배경 지식에 압도되어 모임에 나가지 않을 100가지 이유를 찾다가 결국 발을 뺍니다.

미국의 사회학자 윌리엄 오그번(1886~1959)은 물질 문화의 발전 속도를 따라잡지 못해 정신적으로 갈팡질팡하는 현상을 문화 지체라고 했습니다. 화폐 의

식은 5만 원짜리 지폐 세상에 머물러 있습니다. 그런데 블록체인 기술이 적용된 가상 화폐를 접하면서 느끼는 괴리감이라고 하면 설명이 될까요.

『엄마를 위한 이슈』는 당장 수능 비문학을 쳐도 어렵지 않을 문이과 주제 60개를 엄선했습니다. 그리고 문제 해결형과 찬반형으로 구분지어 1권과 2권에 30개씩 나누어 담았습니다. 문제 해결형 주제의 경우 문제 제기→원인 분석→대안 제시→예시 순으로 전개했습니다. 찬반형 주제는 문제 제기→배경 지식→찬성 의견→반대 의견 순으로 펼쳤습니다. 전문적인 내용도 만화처럼 단숨에 읽히도록 눈높이를 맞춰 서술했습니다. 어려운 용어는 별도로 풀어놨습니다. 예를 들면 탄소 국경세를 '자기 나라보다 이산화탄소 배출이 많은 국가에서 생산·수입되는 제품에 물리는 관세.' 라고 말이지요.

책에 담긴 주제는 엄마를 위한 수많은 지역 독서 모임이 최소한의 문화 지체를 해소할 수 있는 동시대의 핵심 이슈들이기도 합니다. 고급 수준과 보통 수준에서 1권씩 제시한 이슈와 '함께 읽으면 좋은 책'을 골라 읽고 주제 토론을 하면 포모증후군에서도 벗어날 수 있습니다.

제시된 도서를 읽지 않아도 자신이 외계인처럼 느껴질 때, 다른 사람들과 대화하면서 배경 지식이 부족해 자존심이 상할 때, 자식이나 남편에게 대화가 안 된다고 패싱당할 때 꺼내 읽으면 바로 평정할 수 있습니다.

행복한 논술 편집부

토론의
이론과 실제

"전체 인류 가운데 한 사람이 다른 생각을 가지고 있다고 해서, 그 사람에게 침묵을 강요하는 일은 옳지 못하다. 그것은 마치 어떤 한 사람이 자기와 생각이 다르다고 나머지 사람 전부에게 침묵을 강요하는 일만큼이나 용납될 수 없다."

▲ 토론 과정에서 절차를 지키지 않으면 문제가 해결되지 않고 말싸움으로 끝나기 쉽다.

영국의 사상가 존 스튜어트 밀 (1806~73)이 쓴 『자유론』(1859)에 나오는 말이다. 토론과 민주주의의 중요성을 강조할 때 흔히 인용된다. 토론 문화는 그만큼 민주주의와 떼려야 뗄 수 없는 관계여서, 한 나라의 민주주의를 평가하는 잣대가 되기도 한다. 영국과 미국에서 근대 민주주의가 싹틀 수 있었던 배경도 토론 문화가 뿌리를 내렸기 때문이다. 토론은 절차를 갖춘 공식적인 쌍방 소통이다. 토론 과정에서 절차를 지키지 않으면 문제가 해결되지 않고 말싸움으로 끝나기 쉽다.

토론은 논쟁과 토의로 나뉜다. 논쟁은 입장이 다른 편과 서로 설득하는 토론이다. 찬반 토론으로 대표된다. 주로 사용되는 방식은 세다(CEDA, Cross Examination Debate Association) 토론과 두마음 토론을 들 수 있다. 토의는 같은 편끼리 바람직한 결과를 도출하는 토론이다. 원탁 토론과 피라미드 토론이 주로 활용된다.

세다 토론의 절차와 진행 방식

세다 토론 진행 방식(토론자 찬반 각 2명)		
1회전	2회전	3회전
찬성 1 – 입론	찬성 2 – 입론	반대 1 – 반론
반대 2 – 교차 조사	반대 1 – 교차 조사	찬성 1 – 반론
반대 1 – 입론	반대 2 – 입론	반대 2 – 반론
찬성 1 – 교차 조사	찬성 2 – 교차 조사	찬성 2 – 반론

세다 토론은 찬반 토론의 한 방법이다. 토론 대회에서 자주 사용하는데, 자료 조사와 질문을 통해 자신의 주장을 입증하는 방식이다. 따라서 자료 조사가 충실해야 한다. 찬반 양쪽은 두세 명이 한 팀을 이뤄 협력한다. 상대 팀에게 몇 가지 질문을 해서 논리의 오류를 찾는 방식이기 때문에 '교차 조사 토론'이라고 부르기도 한다.

주어진 논제에 대한 찬반 입장은 즉석에서 결정한다. 일반적으로는 3회전으로 이뤄진다. 입론(3~5분)→교차 조사(2~3분)→반론(2~3분)의 순서로 진행한다. 토론자들에게는 3회전까지 각자 3회의 발언 기회가 주어진다. 양쪽은 순서와 관계없이 3회전이 진행되는 동안 각각 3~5분의 작전 시간을 가질 수 있다. 작전 시간은 같은 편이 발언할 때 나눠서 신청한다. 토론자가 한 팀에 2명일 경우 소요 시간은 34~54분이다. 토론자 4명의 발언 시간은 28~44분이지만, 각 팀은

3~5분의 작전 시간을 쓸 수 있기 때문이다. 입론 단계에서는 주장을 분명히 세우고, 개념을 명확하게 정리한다. '왜냐하면'이라는 말을 사용해 이유와 근거도 3가지쯤 대고, '예컨대'라는 말을 사용해 사례도 밝힌다. 발언을 마칠 때는 "지금까지 저희는 ~을 증명했습니다."라며 마무리한다.

교차 조사를 할 때는 상대방의 입론 내용에 대해 질문한다. 2분 안에 4~5가지를 물어서 상대의 논리를 공격한다. 상대에게 하나씩 질문한 뒤 '예, 아니오'로 대답을 들어야 논리의 허점이 드러난다. 따라서 토론의 성패가 질문 능력에 달려 있다고 봐도 된다.

반론할 때는 같은 팀 입론 내용의 연장선에서 주장을 펼쳐야 한다. 상대의 답변 내용을 파고들어 공격하기도 한다. 이때 새로운 주장을 펼쳐서는 안 되고, 상대의 논리에 한정해서만 할 수 있다.

두마음 토론의 절차와 진행 방식

두마음 토론은 남을 설득하거나 두 가지 의견을 공정하게 판결하는 토론이다. 서로 다른 입장의 대결이라는 점에서 붙인 이름이다. 3명이 한 모둠을 이루는데, 2명이 남으면 1명은 판결자의 보조 역할을 하고, 1명은 토론 과정을 기록한다. 모둠을 이룬 3명 가운데 2명은 논제에 관한 찬반을 맡고, 1명은 판결한다.

인원이 많을 경우 3명을 한 모둠씩 여러 모둠으로 나눠 토론한다. 판결자는 중간에 앉고, 찬반 토론자는 마주 앉는다. 오른쪽 토론자가 찬성, 왼쪽 토론자가 반대의 역할을 맡는다. 찬반 토론자는 서로에게 발언할 수 없다. 판결자에게만 자신의 주장과 논거를 말한다. 판결자가 몸을 비스듬히 돌려 자신을 바라볼 때만 발언하는데, 토론자는 판결자에게 질문할 수 없다.

토론 참가자 모두 의견을 집중해서 잘 들어야 한다. 찬반 양쪽은 3회 발언한다. 1회 발언 시간은 30초다. 여러 모둠이 한 교실에서 토론할 경우 중간에 작전 시간을 갖는다. 작전 시간에는 찬성과 반대 같은 편끼리 모여 의견을 정리한다. 발언 시간이 모두 끝나면 판결자는 승자의 손을 들어 준다.

3명이 역할을 서로 바꿔 여러 번 토론할 수도 있다. 토론 참석자들은 판결자의 판결 이유를 듣는다. 여러 모둠에서 진행한 토론 내용도 함께 나눌 수 있다.

원탁 토론의 절차와 진행 방식

원탁 토론은 토론자의 의견이 서로 다르다는 것을 인정하는 토의형 토론이다. 따라서 토론자들의 다양한 의견을 듣고 자신의 생각을 더 넓고 깊게 다듬어가는 데 효과적이다. 설득과 합의, 평등과 공정성을 체험하기에 좋은 방법이다. 원탁 토론의 좌석 배치는 원형이 바람직하지만, 서로 얼굴을 모두 볼 수 있는 '디귿

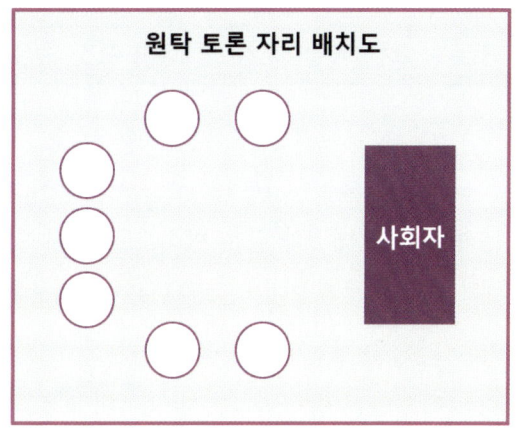

(ㄷ)자'나 '브이(V)자' 형태도 가능하다. 토의(1차 발언 : 2분)→논쟁(차수 발언 : 2분)→토의(마무리 발언 : 1분) 순서로 진행한다.

사회자는 시간을 재며 다음 차수를 알려 준다. 1차 발언에서는 토론자가 자신의 입장과 근거를 말한다. 모든 토론자는 순서와 상관없이 한 번씩 발언할 수 있다. 발언자가 나서지 않으면 이전 발언자가 다음 발언자를 지명한다.

차수 발언은 다른 토론자의 주장과 근거의 문제점에 대해 반론하고, 질문과 답변을 하는 방식이다. 2~4차 등으로 발언이 이어진다. 토론자들은 돌아가면서 반론과 질문을 한 뒤 답변은 다음 차수에 생각을 정리해 하는 것이 좋다. 토론자들은 한 차수에 한 번만 발언한다. 차수를 바꾸면 모든 토론자들에게 발언 기회가 주어진다. 마무리 발언에서는 모든 토론자가 그동안의 토론 내용을 종합하고 심화한다. 토론자는 자신의 생각이 토론 과정에서 달라졌을 경우 솔직하게 말해도 된다.

피라미드 토론의 절차와 진행 방식

세다 토론 진행 방식(토론자 찬반 각 2명)		
1회전	2회전	3회전
찬성 1 - 입론	찬성 2 - 입론	반대 1 - 반론
반대 2 - 교차 조사	반대 1 - 교차 조사	찬성 1 - 반론
반대 1 - 입론	반대 2 - 입론	반대 2 - 반론
찬성 1 - 교차 조사	찬성 2 - 교차 조사	찬성 2 - 반론

피라미드 토론은 주어진 논제에 관해 전체 토론자들의 의견을 단계적으로 줄여 최종적으로는 하나의 의견을 얻는 방식이다. 설득과 합의를 배우는 경우에 알맞다. 1대 1로 토론해 합의한 뒤 2대 2로 확장해 4명이 토론을 거쳐 합의한다. 또는 4대 4나 8대 8과 같은 방식으로 토론 인원을 확장해 전체 인원이 절반이 될 때까지 합의하는 것이다. 예를 들면 '행복을 위한 조건'을 놓고 토론자마다 3가지씩 의견을 적는다. 1대 1 토론은 5~10분 동안 6개의 의견을 가지고 3개 의견으로 합의하는 방식이다. 2대 2, 4대 4 토론을 거쳐 최종 두 팀의 토론에서 얻은 의견 3가지가 대표 의견이 된다.

토론 승리는 합의한 3가지 의견 가운데 2가지 이상을 낸 팀에게 돌아간다. 각 단계에서 합의하지 못하면 다음 단계로 넘어갈 수 없다. 따라서 우선 순위와 설득, 합의를 효과적으로 배울 수 있다.

피라미드 토론은 인원이 많을 때 적절하므로 동아리 모임이나 학교에서 주로 활용한다. 예를 들어 수업 시간 50분 가운데 30분을 진행한 뒤 20분을 피라미드 토론으로 마무리하는 것이다. 구성원 32명 가운데 8명(24명인 경우 6명씩)을 네 모둠으로 나눈다. 모둠별로 피라미드 토론을 통해 합의한 뒤, 모둠 대표 4명이 합의한 내용을 발표한다. 인원이 4명만 되면 토론이 가능하다. 참가자들은 두 단계만 토론하지만, 설득과 합의를 배울 수 있다.

김태희(토론 전문가)

문제
해결형
이슈

과학 산업

환경 호르몬의 역습 어떻게 막을까

▶환경 호르몬은 완구부터 젖병, 음료수 캔은 물론 쓰레기 소각장에 이르기까지 곳곳에서 배출되어 사람의 건강을 위협하고 있다.

자동차 시트나 소파 등에 쓰이는 인조 가죽과 생활에서 흔히 접하는 종이 영수증, 생리대에서도 환경 호르몬이 검출되었다. 환경 호르몬은 진짜 호르몬과 성질이 비슷해 사람 몸에 침투하면 건강을 해친다. 또 다음 세대에까지도 좋지 않은 영향을 주는 것으로 알려져 있다. 학용품은 물론 플라스틱 용기, 컵라면 용기 등 대부분의 생활용품에서 검출되는 환경 호르몬의 위험성을 알아보고, 피해를 줄이기 위한 방법을 찾아본다.

> 토론 주제

환경 호르몬의 특성과 인체에 미치는 악영향을 설명하고, 환경 호르몬의 피해를 최소화할 수 있는 방법을 토론하세요.

> 함께 읽으면 좋은 책

『침묵의 봄』
레이첼 카슨 지음 | 에코리브르 펴냄 | 400쪽

농약 남용의 심각성을 고발했다. 먹이 사슬을 통해 새들의 몸속에 축적된 살충제 성분은 부화를 막아 멸종 위기로 몰아가고 있다.

『환경 호르몬 어떻게 해결할까?』
박태균 지음 | 동아엠앤비 펴냄 | 216쪽

환경 호르몬의 정체부터 몸에 미치는 영향, 환경 호르몬의 종류와 함유 제품, 환경 호르몬에서 가족을 지키는 방법 등이 담겨 있다.

환경 호르몬의 위험성
아기 귀저귀에서도 환경 호르몬 나왔다

생후 18개월 안팎의 유아도 환경 호르몬의 일종인 프탈레이트에 노출되고 있다는 연구 결과가 일본에서 발표되었다. 나고야시립대 연구팀은 2022년 12월 14일 '환경 과학 기술' 저널에 발표한 논문에서 "아기 기저귀에서 소변 성분을 추출해 프탈레이트 성분을 분석한 결과, 23%의 아기가 우려할 수준으로 나타났다."라고 밝혔다.

이에 앞서 2017년 서울대 보건대학원 최경호 교수팀은 '종합 환경 과학' 저널에 "국내 3~15개월 된 유아들의 소변에서도 프탈레이트 성분이 검출되었는데, 최대 26%의 아기가 위험 수준을 넘어선 것으로 조사되었다."라고 밝혔다.

◀ 유아도 환경 호르몬에 노출되어 23~26%는 위험 수준인 것으로 나타났다.

2022년 2월에는 서울대 보건대학원 이기영 교수 연구팀이 국내 가정 100여 곳에서 청소기로 수집한 실내 먼지를 분석한 결과, 모든 가정에서 프탈레이트 성분이 검출됐다.

환경 호르몬은 인체 호르몬과 화학 구조가 비슷해, 미량이라도 사람이나 동물의 몸에 들어가면 호르몬 작용을 방해하는 등 내분비계를 교란한다. 프탈레이트는 폴리염화비닐(PVC) 등 플라스틱을 부드럽게 하기 위해 사용하는 화학 첨가제이다. 화장품과 장난감, 세제 등 각종 PVC 제품이나 가정용 바닥재 등에 이르기까지 광범위하게 쓰였는데, 지금은 환경 호르몬 추정 물질로 분류되어 학용품 등 일부 제품에 사용이 금지되었다.

어린이가 프탈레이트에 노출되면 행동 장애와 발달 장애, 호흡기 합병증, 과체중과 비만, 대사 장애 등이 나타날 수 있는 것으로 보고되어 있다. 그리고 어른보다 대사가 활발하기 때문에 같은 양에 노출되어도 6배가량 더 위험하다.

암과 성조숙증 등 유발… 후손에게 유전되기도

환경 호르몬은 자연 환경에 배출된 화학 물질이 체내에 침투해 호르몬의 생산과 분비, 전달, 배출뿐만 아니라 호르몬이 작용하는 데도 영향을 끼쳐 내분비계의 기능을 교란하는 유사 호르몬 물질을 말한다. 생체 안에서 호르몬과 비슷한 작용을 하므로 미량으로도 영향을 미친다.

화장품과 조제약, 플라스틱, 살충제 등에 흔히 쓰이는 화학 물질에 들어 있다. 종이컵이나 캔, 젖병의 안쪽에 코팅제로 쓰이는 비스페놀 A도 대표적인 환경 호르몬이다.

우리나라의 경우 1998년 환경부에서 환경 호르몬을 '내분비계 장애 물질'로 이름 붙였다.

▲ 2020년 영국에서 개봉된 영화 '미나마타'(감독 앤드류 레비타스)의 포스터. 1960년대 일본의 미나마타시에서 발생한 미나마타병을 소재로 삼았다.

인체 호르몬은 체내의 수많은 세포와 기관의 정보 교환을 도와 신체의 성장과 발달을 유도한다. 이에 비해 환경 호르몬은 그릇된 정보를 전달해 정상적인 호르몬의 기능을 방해하고, 여러 가지 암을 일으키는 것으로 나타났다. 생식기 기형과 정자 수 감소, 성장 지연의 원인이 되기도 한다. 특히 면역력이 약한 성장기 어린이들에게는 사춘기를 일찍 오게 만드는 성조숙증을 일으킨다는 연구도 보고되었다. 성조숙 증상을 보이면 성장 속도는 빠르지만 어린 나이에 성장을 멈춰, 현재의 키는 또래보다 커도 성인이 되어서는 상대적으로 작다.

잔류성이 강한 환경 호르몬은 지방에 축적되어 몸

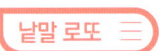 낱말 로또

비스페놀 A 에폭시 수지, 페놀 수지, 폴리카보네이트 수지 따위를 만드는 데 쓰이는 유기 화합물.

안에 수년 동안 남기도 하며, 다음 세대에 형질이 유전되기도 한다. 1960년대 일본의 미나마타시에서 발생한 미나마타병이 대표적인 사례다. 이 병은 수은 중독으로 생기는 공해병인데, 부모 세대에게는 이상이 없었지만 2세에서 무뇌 등의 기형이 나타났다.

환경 호르몬 어떤 것이 있나

환경 호르몬은 생활에서 자주 사용하는 샴푸나 세제, 플라스틱(PVC)으로 만든 장난감 등 공장에서 만든 대부분의 제품에서 배출된다. 환경 호르몬의 종류는 나라마다 조금씩 다른데, 지금까지 알려진 의심 물질은 160여 종에 이른다. 세계자연보전기금(WWF)은 디디티(DDT) 등 농약 41종과 비스페놀 A, 다이옥신 등 67종을 환경 호르몬으로 규정하고 있다. 우리나라는 이 가운데 농약 34종과 산업용 화학 물질 4종 등 모두 43종의 사용을 금지하거나 규제하고 있다. 그리고 비스페놀 A 등 4종은 관찰 물질로 분류해 감시한다. 나머지 20종은 규제하지 않는다.

▲ 플라스틱 제품을 부드럽게 하는 가소제인 프탈레이트는 유독성 환경 호르몬 물질의 하나다.

환경 호르몬으로 추정되는 물질은 각종 산업용 화학 물질(원료 물질), 살충제와 제초제 등 농약류, 유기 중금속류, 비닐류 등의 폐기물을 태울 때 발생하는 다이옥신류, 의약품으로 사용되는 합성 에스트로겐류, 방부제와 산화 방지제 등 식품 첨가물을 들 수 있다. 합성 세제의 원료인 알킬페놀과 컵라면 용기의 원료로 쓰이는 스티로폼의 주성분(스티렌 이성체)도 환경 호르몬으로 의심된다.

환경 호르몬은 독성이 강하고 잘 분해되지 않아 자연의 곳곳에 널리 퍼져 있다. 공기와 토양, 물도 대개 오염되어 있기 때문에 먹이 사슬을 타고 거의 모든 동물에 영향을 미친다.

환경 호르몬은 자연에만 퍼져 있는 것이 아니다. 집안의 먼지와 실내 공기에도 있다. 마루와 바닥 타일, 벽지 등 건축 자재에서도 프탈레이트가 검출된다. 자동차 좌석이나 비닐 장식, 음식 포장용 랩, 장난감, 의료용품, 생수병 등에도 프탈레이트가 존재한다. 담배를 피울 때나 자동차 배기가스에서도 청산가리보다 1만 배나 독성이 강한 다이옥신이 나온다.

> **낱말 로또**
>
> **세계자연보전기금** 세계 최대 비영리 국제 자연 보전 기금 기관. 생물 다양성 보전과 기후 위기 대응 등의 활동을 한다.

환경 호르몬 노출을 줄이는 법
작은 생활 습관부터 고치자

자동차 매연, 담배 연기, 플라스틱 용기, 화장품, 장난감, 페인트, 어패류 등부터 영수증….

생활에서 이제 환경 호르몬을 피하기란 쉽지 않다. 따라서 환경 호르몬 공포에서 벗어나려면 우선 생활 습관부터 고친다.

먼저 농약과 살충제를 피한다. 무농약 농산물을 먹고, 집 안에서 모기약을 뿌리는 대신 모기장을 친다. 환경 호르몬은 기름에 잘 녹으므로 고기의 비계는 먹지 않는다. 인스턴트 식품은 첨가물과 포장 재료에 환경 호르몬이 들어 있을 수 있다. 컵라면은 되도록 폴리에틸렌(PE) 재질에 담긴 것을 선택한다. 드라이클리닝한 옷은 바로 입지 말고 냄새를 없앤 뒤 착용하는 습관을 기른다. 세척력이 약간 떨어져도 천연 세제를 쓰는 등 조금만 주의하면 환경 호르몬의 위험을 피할 수 있다.

▲ 환경 호르몬을 피하려면 되도록 인스턴트 식품을 먹지 말고, 플라스틱 용기는 피한다.

포장용 랩=랩을 살 때는 폴리에틸렌(PE) 재질인지 품질 표시를 꼭 확인한다. 염화비닐(PVC) 랩은 시장에서 많이 사라지긴 했지만, 접착성과 신축성이 좋아 아직도 배달 음식 포장에 많이 사용된다. 그러나 염화비닐은 뜨거운 국물과 닿으면 환경 호르몬이 나오므로 주의한다.

유아용품=젖병을 소독할 때는 끓는 물에 5분 이상 놔두지 말아야 한다. 오래 끓이면 환경 호르몬이 나올 수 있다. 전자레인지에 넣고 소독하는 일도 피한다. 치아 발육기나 유아용 장난감은 재질을 반드시 확인해 PVC 제품은 사용하지 않는다.

플라스틱 용기=기름기가 있거나 뜨거운 음식은 유리 또는 금속 용기에 담는 게 좋다. 가열된 음식을 플라스틱 용기에 바로 담으면 환경 호르몬이 나올 수 있다. 플라스틱 용기를 사용하려면 음식을 반드시 식혀 담는다. 또 PVC 재질의 플라스틱 용기는 가급적 쓰지 않는다.

기업은 소비자의 안전 먼저 생각해야

환경 호르몬 문제는 더 이상 남의 일이 아니다. 전문가들은 환경 호르몬 발생을 최소화하려면 개인의 노력 외에도 기업과 국가가 힘을 합치지 않으면 안 된다고 말한다. 특히 소비자의 안전을 우선하는 기업의 의식 전환이 시급하다.

환경 단체들은 기업이 환경 호르몬으로 의심되는 물질을 포함한 제품을 만들면, 그 물질이 인체에 해가 되지 않음을 입증해야 하고, 인체에 해가 되는 물질이 포함되어 있으면 제품에 그 사실을 고지해야 한다고 말한다. 또 사람에게 해가 되는 물질이 들어간 제품을 생산하지 말고, 대체 상품을 개발해야 한

▲ 옥수수 전분이나 사탕수수 추출물을 주성분으로 만든 전자레인지용 종이 냄비. 환경 호르몬 노출 위험이 없다고 한다.

다고 조언한다. 예컨대 일회용 플라스틱 컵보다는 환경 호르몬이 들어가지 않은 컵을 생산한다. 또 골프장에 뿌리는 살충제 대신 잔디를 푸릇하게 유지할 수 있는 다른 방법을 연구해야 한다는 말이다.

친환경 제품 개발에는 자금과 시간이 많이 투자되어야 하므로 정부의 적극적인 기업 지원도 필요하다. 이와 함께 화학 물질 관리와 유해 화학 물질 함유 제품 관리를 위해 제도 보완은 물론, 기술 개발을 위한 노력도 따라야 한다. 2009년 3월 시행된 '환경보건법'에는 제품의 유해 물질을 사전에 규제할 수 있는 법 조항이 빠졌다. 환경 호르몬에 대한 종합적인 관리 대책도 세워야 한다. 예를 들어 쓰레기 소각장뿐만 아니라 다이옥신이 발생할 수 있는 공장에 대한 전반적인 관리 대책이 필요하다. 또 인체에 유해한 물질이 산업 활동에서 어디에 어떻게 쓰이는지 알 수 있어야 한다. 환경 단체들은 세계 기준과 비교해 국내 유해 물질 규제 수준이 미흡하고 법규도 허술하다고 말한다.

과학 산업 ②

슈퍼 박테리아 감염에서 벗어나는 방법

2022년 12월 세계보건기구(WHO)는 세계적으로 슈퍼 박테리아가 늘어났다고 보고했다. 슈퍼 박테리아는 항생제에 내성이 강해 어떤 항생제에도 죽지 않는다. 항생제 내성이란 박테리아가 항생제에 방어 능력을 갖춰서 항생제가 제 기능을 하지 못하게 하는 현상을 말한다. 슈퍼 박테리아가 생기는 원인을 알아보고, 항생제 내성을 해결할 수 있는 방법을 토론한다.

▼ 세계보건기구(WHO)의 보고서에 따르면 항생제에 내성을 가진 '슈퍼 박테리아'가 늘어나고 있다.

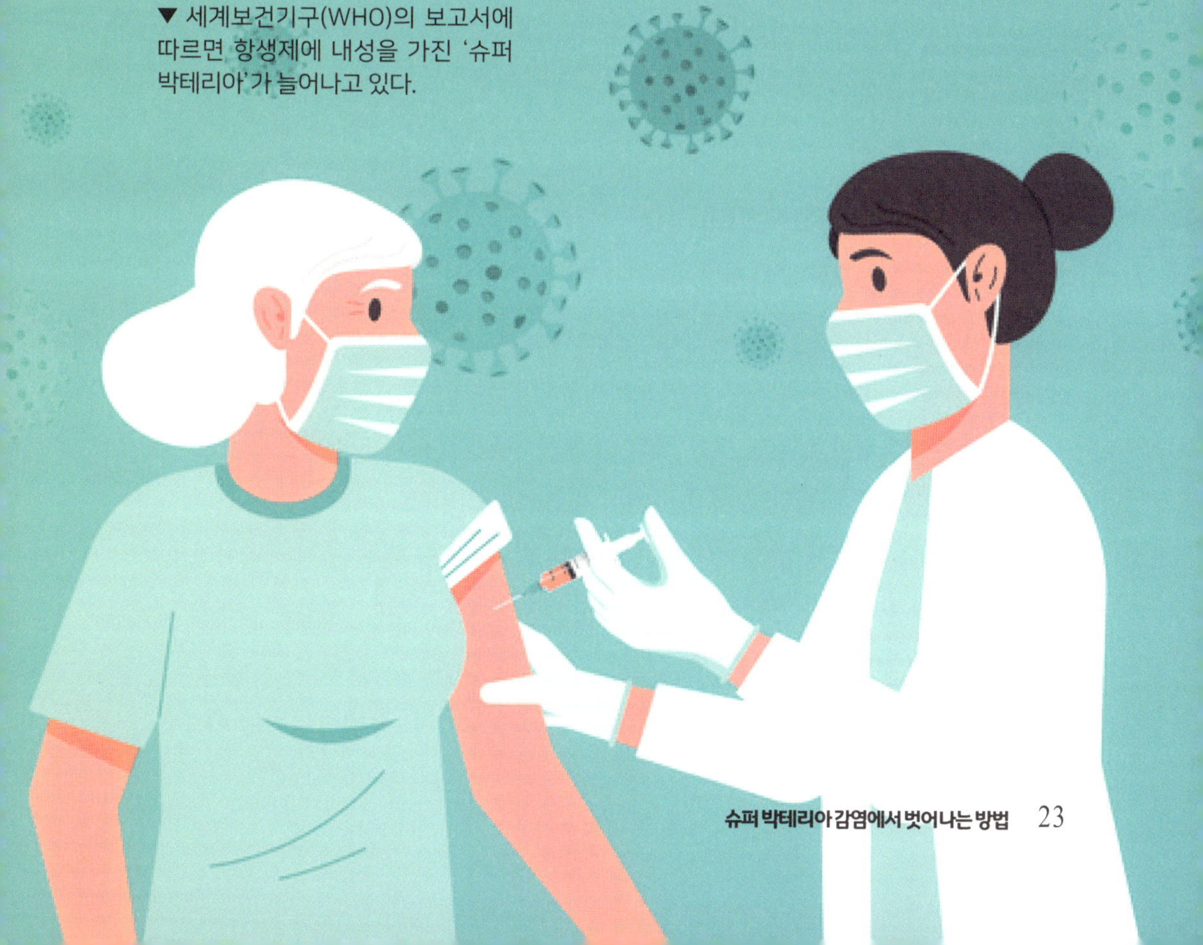

토론 주제

우리나라에서 슈퍼 박테리아가 출현하고 항생제 내성이 확산하는 원인을 서술한 뒤, 항생제 내성을 해결할 수 있는 방법을 토론하세요.

함께 읽으면 좋은 책

『항생제 중독』
고와카 준이치 지음 | 시금치 펴냄 | 248쪽

항생제로 차리는 밥상, 병원 담 넘어 생활에 나타난 내성균, 효과적인 항생제 복용법, 내성균을 예방하는 습관 등이 들어 있다.

『세상에 대하여 우리가 더 잘 알아야 할 교양 38 슈퍼 박테리아, 과학으로 해결할 수 있을까?』
존 디콘실리오 지음 | 내인생의책 펴냄 | 124쪽

슈퍼 박테리아의 정체와 전파, 항생제의 오남용 문제점, 공장식 축산업의 문제점, 슈퍼 박테리아와 인류의 미래 등이 담겨 있다.

항생제 남용이 슈퍼 박테리아 키운다
슈퍼 박테리아 증가… 1년에 127만 명 감염 사망

세계보건기구(WHO)는 2022년 12월 9일 발표한 자료에서 2017년부터 4년간 저항성 대장균과 살모넬라로 인한 혈류 감염 등 일부 세균의 내성 비율이 최소 15% 넘게 늘었다고 밝혔다. 이른바 슈퍼 박테리아가 증가한 것이다.

슈퍼 박테리아는 강력한 항생제에도 죽지 않는 박테리아를 말한다. 박테리아가 항생제의 공격에 맞서면서 지금까지 나온 어떤 항생제에도 저항할 수 있는 내성을 갖추게 된 것이다.

우리나라에서도 슈퍼 박테리아 감염 환자가 급증하고 있다. 질병관리청에 따르면

2021년 한 해 슈퍼 박테리아(카바페넴 내성 장내 세균) 감염자가 2만 3311명으로, 2020년보다 28.7% 늘었다.

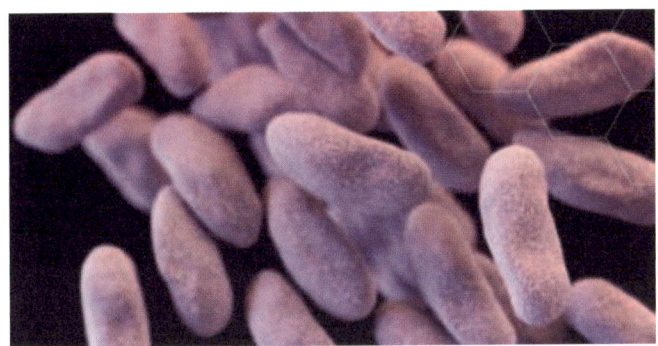

◀ 현미경으로 관찰한 슈퍼 박테리아.

슈퍼 박테리아에 감염되면 가벼운 것처럼 보이는 질병에도 치료제가 없어 절반이 사망한다. 슈퍼 박테리아가 '조용한 살인자'라고 불리는 이유가 여기에 있다. 감염된 환자와 신체 접촉만 해도 옮을 수 있기 때문에 환자뿐만 아니라 가족과 이웃 등 주변 사람들의 생명까지 위협할 수 있다. 특히 요양 병원의 경우 집단 감염이 발생할 가능성이 크다. 암 수술 환자나 만성 질환을 앓는 고령 환자가 장기 입원하는 사례가 많기 때문이다.

전문가들은 앞으로 슈퍼 박테리아가 전쟁보다 무서운 재앙이 될 것으로 전망한다. 2022년 1월 영국 옥스퍼드대 연구팀에 따르면 2019년 한 해에 세계에서 항생제 내성으로 숨진 사람이 127만 명이다. 말라리아로 인한 사망자보다 많다. 우리나라는 연간 약 4000명이 사망한다. 전문가들은 2050년에는 슈퍼 박테리아 감염 사망자가 암에 걸려 죽는 사람(820만 명)보다 더 많은 1000만 명 이상으로 예상한다. 그리고 세계은행(World Bank)은 슈퍼 박테리아 감염 치료비만 100조 달러(11경 원)에 이를 것으로 보고 있다.

> **낱말 로또**
>
> **박테리아** 다른 생물에 기생하면서 발효나 부패 작용을 하고, 병을 일으키기도 하는 아주 작은 단세포 생물.
>
> **항생제** 다른 미생물의 발육을 억제하거나 죽이는 물질.
>
> **내성** 약물을 반복 복용하면 그 효과가 떨어지는 현상.
>
> **질병관리청** 질병의 원인을 밝히고, 생명 과학 연구를 하는 국립 기관.

슈퍼 박테리아 왜 출현했나

100년 전만 해도 인간의 평균 수명은 30세 정도였다. 태어난 아기 열 명 가운데 세 명은 돌 전에 사망했고, 절반은 10세 이전에 죽었다. 페스트나 콜레라, 말라리아, 결핵 등 감염성 질병에 걸렸기 때문이었다. 인류는 오랫동안 이런 질병의 원인을 몰랐다. 1873년 프랑스의 미생물학자 파스퇴르(1822~95)가 박테리아 때문이라는 사실을 밝혀냈다. 당시 프랑스에서 탄저병이 발생해 소와 양들이 떼죽음했는데, 탄저병이 박테리아에 감염되어 생긴다는 사실을 알아낸 것이다.

1928년 영국의 미생물학자 플레밍(1881~1955)은 최초의 항생제인 페니실린을 발견했다. 그래서 페니실린으로 박테리아가 옮기는 질병을 치료할 수 있게 되었다. 박테리아의 생장을 억제하거나 죽이는 능력을 발휘하기 때문이었다. 페니실린에 이어 다양한 항생제가 개발되면서 감염병을 이기는 데 도움을 줬고, 인류의 수명도 크게 늘어났다.

▲ 플레밍은 푸른곰팡이에서 최초의 항생제 원료 화학 물질인 페니실린을 발견했다.

그런데 지금은 항생제 내성이 문제가 되고 있다. 항생제 내성이란 박테리아가 항생제의 공격을 방어하는 능력을 갖추어 항생제의 효과가 떨어지는 현상을 말한다. 일부 박테리아가 항생제의 공격에 오랫동안 노출되면서 방어 능력이 생기는 유전자 변이를 일으킨 것이다. 예컨대 항생제는 박테리아의

낱말 로또

탄저병 소나 양, 돼지, 사람 등이 탄저균에 감염되어 생기는 질병. 구토가 나거나 식욕이 떨어지는 등의 증상이 나타나다가 심하면 사망한다.

페니실린 박테리아가 옮기는 감염병을 치료하는 최초의 항생제.

세포막 세포와 세포 외부의 경계를 짓는 막. 세포 안의 물질을 보호하고 세포 간 물질 이동을 조절한다.

세포 안쪽을 공격하는데, 항생제가 세포막을 통과할 수 없도록 진화한 슈퍼 박테리아가 등장하게 되었다. 이렇게 되면 항생제가 박테리아의 생장을 억제하거나 죽이지 못하게 된다.

항생제 내성 왜 널리 퍼지나

▲ 우리나라는 항생제를 오남용해서 항생제 내성을 키웠다.

낱말 로또

바이러스 동식물의 세포에 기생하고 세포 안에서만 증식이 가능한 미생물.

건강보험심사평가원 국민이 낸 의료비가 제대로 쓰였는지 심사하고, 국민이 받은 진료가 적정한지 평가하는 공공 기관.

항생제 내성은 박테리아가 항생제에 맞서는 과정에서 자연적으로 길러진다. 우리나라에서 항생제 내성이 확산하는 중요 원인은 항생제의 오남용 때문이다.

감기나 독감은 바이러스가 옮기는 질병이어서 항생제가 듣지 않는데도 항생제를 처방하는 의사가 적지 않다. 건강보험심사평가원에 따르면 항생제가 필요 없는 감기 환자에게 항생제를 처방한 비율이 2020년에만 36%인 것으로 조사됐다. 의사의 과다 처방도 문제이지만, 환자들도 병이 빨리 나을 것이라는 기대감이 강해 항생제 처방을 요구하기 때문이다.

선진국들은 항생제 사용을 엄격히 제한하고 있다. 이에 비해 개발 도상국은 항생제를 남용해 소비가 증가한다. 우리나라도 사용량이 여전히 많은 편이다. 2019년 기준 우리나라의 항생제 처방량은 하루에 인구 1000명당 23.7명으로, 경제협력개발기구(OECD)에서 3번째로 높다. 국민의 2.61%가 매일 항생제를 복용한다는 의미다. OECD 평균 처방량은 17명이다.

가축에게 먹이는 항생제 남용도 문제가 되고 있다. 항생제의 80%가 가축에게 쓰이는데, 공장식 밀집 사육을 하기 때문에 면역력이 떨어지므로 감염병을 막으려면 항생제를 많이 사용할 수밖에 없다. 항생제는 가축의 몸에 사는 이로운 박테리아까지 포함해 대다수 박테리아를 죽인다. 이 과정에서 항생제 내성이 있는 박테리아만 살아남아 번식한다. 그리고 항생제 성분이 쌓인 고기와 우유, 달걀 등 식품을 먹으면 인체에도 항생제 성분이 축적되어 박테리아의 항생제 내성을 더 쉽게 생기도록 한다.

> **낱말 로또**
>
> **경제협력개발기구** 경제 발전과 국제 무역의 촉진을 목적으로 1961년에 설립된 국제 기구. 선진국 클럽으로 불리며, 가입국은 38개다.
>
> **면역력** 외부에서 체내에 들어온 병원균에 저항하는 힘.

슈퍼 박테리아에 대응하는 방법
항생제 오남용 막고, 치료 신약 개발에 힘써야

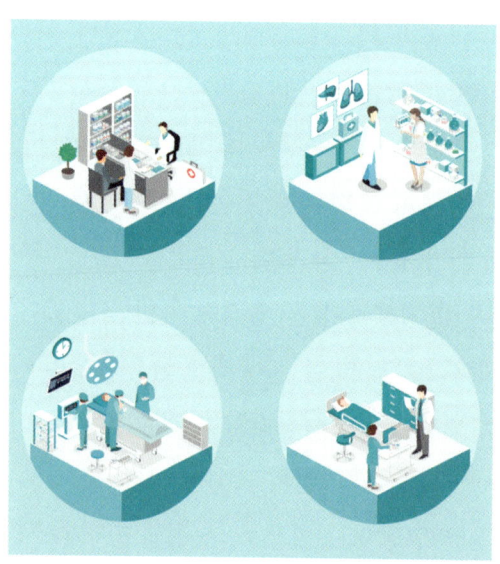

▲ 의사는 필요할 경우에만 항생제를 처방해야 한다.

슈퍼 박테리아의 발생과 확산을 막으려면 개인은 물론 의사와 축산 농가, 정부가 힘을 합쳐 항생제의 오남용을 막도록 해야 한다.

의사는 필요한 경우에만 항생제를 처방하고, 의료 기관은 슈퍼 박테리아의 감염을 막기 위해 주사를 놓거나 소독할 때, 병실을 관리할 때 등에 조심한다. 축산 농가도 되도록 공장식 사육을 하지 말고, 동물 친화적 사육 방식으로 바꿔야 한다. 가축은 원래 습성에 따라 살 때 면역력이 강해지기 때문이다.

기업은 이미 발생한 슈퍼 박테리아의 확산을 막는 신약 개발에 힘써야 한다. 암과 고혈압, 당뇨병 등 비교적 시장 규모가 큰 질병 치료제를 개발할 경우 큰 이윤을 얻을 수 있다. 이에 비해 슈퍼 박테리아의 확산을 막을 신약은 많은 시간과 비용을 들여 개발해도 시장 규모가 크지 않아 수익성이 낮다. 실제로 항생 물질 1종의 개발 비용이 15억 달러에 달하는데, 판매 수익은 연간 4600만 달러밖에 되지 않는다. 그래도 슈퍼 박테리아가 전쟁보다 무서운 재앙을 일으킬 미래를 내다보면, 지금부터 신약 개발에 적극 투자하는 지혜가 필요하다.

정부의 경우 불필요한 항생제 처방을 낮추기 위해 2021년 11월을 기준으로 2025년까지 인체 항생제 사용량은 20%, 가축은 10%를 각각 줄인다는 목표다. 이러한 목표를 달성하려면 항생제 처방률을 전년도보다 낮춘 의료 기관에 더 많은 이익을 올릴 수 있도록 지원하는 제도를 만들어야 한다. 슈퍼 박테리아 치료제를 개발하는 의료 기업에 연구비를 더 많이 지원하는 정책도 수립해야 한다.

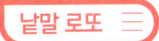

낱말 로또

동물 친화적 사육 동물을 좁은 우리에 가두지 않고, 본래의 습성에 따라 살 수 있는 환경에서 기르는 방식.

신약 개발 국제 연구에 적극 참가해야

2018년 3월 슈퍼 박테리아를 죽이는 합성 항생제가 세계 최초로 개발되었다. 영국 링컨대 신약 연구팀이 토양에서 발견된 자연 항생 물질의 구조를 단순한 형태로 바꾸어 재합성하는 데 성공한 것이다. 이 합성 항생제는 쥐를 대상으로 한 실험에서 슈퍼 박테리아를 죽이는 효과를 냈다.

이러한 연구가 이어져야 슈퍼 박테리아 치료제를 개발할 수 있다. 슈퍼 박테리아 치료제 개발에 가장 힘쓰는 나라는 미국인데, 지난 2012년 '항생제 개발 촉진법'을 마련했다. 이 법은 항생제 신약 물질의 심사 기준을 완화하고, 시장 독

▲ 한국파스퇴르연구소가 2022년 9월 28일 '항생제 내성 대응 혁신 전략 글로벌 워크숍'을 연 모습. (사진 : 한국파스퇴르연구소)

점권을 주는 방식 등으로 신약 개발을 장려한다. 미국은 또 2016년에 항생제 내성 문제 해결에 1조 4000억 원의 예산을 투입했다.

항생제 내성 문제를 해결하려면 국제 사회도 협력해야 한다. 예를 들어 글로벌항생제연구개발을위한비영리국제단체(GARDP)는 신약 개발의 역량을 높이려고 민간 의료 기업과 공동 연구를 수행하고 있다. 이 단체는 2016년에 유엔이 항생제 내성 문제 해결을 위한 국제 협력을 강조하면서, 세계보건기구(WHO)가 설립했다. WHO는 GARDP를 통해 20여 개국의 연구원은 물론 기업들과 협력해 2025년까지 슈퍼 박테리아를 잡을 신약 5가지를 연구 개발한다. 효율적인 새 항생제를 개발해 값싸게 출시하는 것이 목표다.

국내 의료 기업들도 GARDP 등 국제 단체와 협력해 항생제 개발 사업에 적극 참여할 필요가 있다. 신약 개발에 드는 비용을 줄이면서 경쟁력을 확보하는 데 유리하기 때문이다.

> **낱말 로또**
>
> 세계보건기구 보건과 위생 분야의 국제 협력을 위해 설립한 유엔의 전문 기구.

과학 산업

유전자변형식품 정보를 투명하게 밝히자

▲ 우리나라는 식용 GMO를 세계에서 가장 많이 수입한다.

우리나라는 식용 유전자변형식품(GMO)을 세계에서 가장 많이 수입한다. GMO는 인간의 필요에 맞게 조작된 유전 물질을 포함한 식품이다. GMO는 지금까지 인류를 식량 위기에서 구할 수 있는 대안으로 주목받았다. 그러나 소비자 운동 단체들은 GMO가 인체에 해를 끼치고 환경을 파괴한다고 비판한다. GMO의 기술적 원리와 문제점을 살펴보고, GMO에 대처하는 방안을 토론한다.

> 토론 주제

유전자변형식품(GMO)의 기술적 원리와 문제점을 설명하고, 식탁 안전을 위해 이에 대응하는 방법을 토론하세요.

> 함께 읽으면 좋은 책

『우리가 몰랐던 유전자 조작 식품의 비밀』

후나세 슌스케 지음 | 중앙생활사 펴냄 | 200쪽

킹콩이 세계를 지배한다, 식량 전쟁은 이미 시작되었다, 무르지 않는 토마토, 두 배 속도로 성장하는 연어 등이 담겨 있다.

『GMO, 우리는 날마다 논란을 먹는다』

존 T. 랭 지음 | 풀빛 펴냄 | 220쪽

GMO는 과학의 진보일까, GMO는 왜 논란이 끊이지 않을까, GMO 식품이 식량난 해결에 정말 도움이 될까 등이 담겨 있다.

GMO 왜 논란이 되나
식용 GMO 수입 세계 1위는 '한국'

우리나라는 식용 유전자변형식품(GMO)을 세계에서 가장 많이 수입한다. 2021년 수입된 식품용과 사료용 GMO는 1114.5만 톤이다. 이 가운데 식용은 175만 톤이다.

2022년 8월 현재 GMO 수입 승인 현황에 따르면, 농산물 186품목, 식품 첨가물 31품목, 미생물 9품목이 수입되었다. 옥수수가 수입량의 83%를 차지했는데, 아르헨티나(41.4%)와 미국(33.3%)에서 주로 들여왔다.

세계에서 GMO를 가장 많이 수입하는 나라는 일본인데, 2017년 기준 1656만 톤이다. 그런데 식용으로만 따지면 우리나라가 더 많다. 우리나라가 GMO를 많이

▶ 100% 수입 콩으로 제조되었음에도 GMO 표시가 없는 국내 콩기름 제품들.

수입하는 까닭은 곡물 자급률이 낮기 때문이다. 우리나라의 곡물 자급률은 1990년 43.1%이던 것이 2000년에는 29.7%로 떨어졌다. 2021년에는 20.9%를 기록해 가파른 하락 추세가 이어지고 있다. 주식인 쌀을 뺀 옥수수와 콩, 밀 등은 대부분 수입에 의존하고 있다.

GMO 제품 값이 일반 곡물보다 훨씬 싼 점도 GMO 수입을 부추기는 원인이다. 수입 GMO 가운데 옥수수와 콩이 대표적인 작물인데, 식용유와 과자, 빵 등 여러 형태로 소비된다.

사료용 GMO도 식탁에 오르는 가축이 먹는다. 이는 GMO가 우리 국민의 밥상을 점령했음을 뜻한다. 우리나라는 지금까지 상업용 GMO 작물을 재배하지는 않지만, 유전자 변형 기술에 관한 연구는 활발하다. 현재 농업진흥청에서 추진하는 유전자 기능 확인 실험 대상은 벼와 배추, 콩, 사과, 옥수수, 밀 등이다. 상업적인 재배와 유통은 고려하지 않고 있다.

GMO는 1994년 세상에 처음 나온 뒤, 식량 문제 해결의 열쇠라는 기대가 강했다. 하지만 지금은 안전성 논란과 함께 환경을 파괴한다는 목소리가 크다.

GMO 어떻게 생산되나

▲ GMO는 유전자 재조합 기술을 사용한다.

GMO는 유전자를 변형시켜 재배한 작물을 원료로 삼아 만든 식품이다. 유전자는 어버이가 자손에게 특성을 물려주는 현상인 유전을 일으키는 기본 단위다. 다시 말해 모양과 크기, 색깔 등 생물체의 고유한 특성에 관한 정보를 담아 다음 세대에 전달하는 물질이다.

GMO는 유전자 재조합 기술로 만든다. 이 기술은 유전자를 인위적으로 바꾸는 것이다. 생물체의 한 종에서 얻은 유전자를 다른 종에 집어넣어 새로운 유전자를 가진 종을 생산하기 위함이다. 생명 공학자들은 이 기술을 활용해 모양과 맛이 더 좋은 품종을 개발한다. 병충해에 강하고, 살충제와 제초제에 잘 견디는 품종을 만들어 낼 수도 있다.

전통적인 육종 기술은 자연 상태에서 교배할 수 있는 식물들을 사람의 힘으로 교배시켜 더 뛰어난 형질을 가진 품종으로 개량한다. 자연적으로 교배할 수 있으려면 종이 같아야 한다. 그런데 이 기술을 이용하면 후손 가운데 원하지 않은 형질이 나타날 수도 있다. 따라서 후손들 중에서 가장 바람직한 형질을 지닌 개체를 골라 다시 교배하는 과정을 거쳐야 한다. 원하는 품종이 나올 때까지 이러한 교배와 선발 과정을 되풀이해야 하므로 시간과 비용이 많이 드는 단점이 있다.

유전자 재조합 기술은 바람직한 형질을 가진 품종을 인위적으로 만든다는 점에서는 전통 육종 기술

> **낱말 로또**
>
> **종** 생물 분류의 기초 단위. 서로 교배해 자손을 번식할 수 있는 개체의 무리를 말한다.
>
> **육종 기술** 생물체의 형질을 개선해 인류의 생활에 이용 가치가 더 큰 품종을 만드는 기술.

과 같다. 하지만 자연 상태에서는 교배가 불가능한 생물종의 유전자를 이용한다는 점이 다르다. 예를 들어 미생물에서 추출한 유전자를 식물에 집어넣어 원하는 형질을 지닌 GMO를 만들 수도 있는 것이다. 시간과 비용이 적게 드는 점도 구별된다.

GMO 어떤 문제점이 있나

GMO는 식량 문제를 해결할 수 있는 대안으로 주목받는다. 하지만 안전성이 입증되지 않아 논란의 대상이 되고 있다.

전문가들은 GMO가 특히 인체의 항생제 내성을 강화할 수 있다고 우려한다. GMO를 개발할 때 항생제에 저항성을 지닌 유전자를 사용하기 때문이다. 따라서 GMO를 오랫동안 많이 먹으면, 이러한 유전자가 인체 세포나 인체 내부에 서식하는 미생물에 옮겨가 항생제의 내성을 증가시킬 수 있다. 이렇게 되면 기존의 항생제가 잘 듣지 않아 병에 걸렸을 때 고치기 어렵다.

생명 공학자들은 GMO가 안전하다고 주장하지만, 1950~60년대 살충제로 널리 쓰였던 디디티(DDT)는 곤충과 동물, 인간의 몸에 조금씩 쌓이다가 나중에 큰 질병을 일으킨다는 사실이 밝혀졌다. 이처럼 과학 기술의 위험성이 입증되기까지는 시간이 오래 걸리므로, 소비자들이 GMO의 안전성을 의심하는 것이다.

GMO는 환경 파괴도 일으킨다. GMO가 제초제

▲ GMO를 먹어서는 안 된다고 생각하는 소비자가 적지 않다. 건강에 해롭지 않다는 사실이 입증되지 않았기 때문이다.

에 내성을 가진 슈퍼 잡초를 출현시키는데, 이를 없애려면 농약 사용량을 늘려야 하기 때문이다. 예를 들면, 제초제에 잘 견디는 GMO를 기르는 밭에 제초제를 뿌렸을 때 GMO는 살아남고 잡초만 사라져야 한다. 그런데 잡초가 제초제에 내성을 가져 더 많은 제초제를 뿌려야 하므로 환경이 파괴되는 것이다.

GMO는 대기업의 배만 불리는 문제점도 있다. GMO의 종자를 만들고 이를 뿌려 농작물을 재배하는 회사는 대개 미국에 본사를 둔 다국적 기업이다. 또 국내 식품업체들은 이를 수입해 다양한 종류의 식품을 만든다. 국내 식품업체들이 값싼 외국산 농산물을 선호하기 때문에 GMO를 취급하지 않는 소규모 농가는 열심히 농사를 지어도 판매 기회를 얻기 어렵다.

> **낱말 로또**
>
> **항생제 내성** 미생물이, 성장을 억제하는 항생제에 노출되어도 살아남을 수 있는 저항력.
>
> **미생물** 세균과 효모 등 눈으로는 볼 수 없는 아주 작은 생물.
>
> **디디티(DDT)** 과거에 널리 쓰인 살충제. 제2차 세계 대전 이후부터 널리 쓰였으나, 곤충과 동물은 물론 인체에도 쌓여 독성을 나타내므로 제조와 판매, 사용이 금지되었다.

GMO에 대처하는 방법
GMO 완전 표시제 등 도입해 소비자 보호해야

국내에서 GMO 작물의 상업적 재배를 금지해도 수입까지 막을 수는 없다. 그런데 수입된 GMO가 식탁을 점령한 지 오래지만 GMO라는 사실을 알고 먹는 소비자는 많지 않다.

우리나라는 2001년부터 GMO 표시제를 도입했다. 그러나 갖가지 면제 조항이 들어 있어 효과가 떨어진다. 예를 들어 GMO를 사용했어도 가공 식품에서 변형된 유전자나 단백질이 남아 있지 않으면 표시하지 않아도 된다. 콩으로 만든 식용유 외에도 옥수수로 만든 기름과 당류, 전분 등이 여기에 해당한다. 원료 함량 5순위 안에 GMO가 포함되지 않거나 함량이 3% 이하인 경우에도 표시할 필요

▲ 소비자 운동 단체들이 GMO 반대 운동을 벌이고 있다.

가 없다.

하지만 정부는 국민에게 가공 식품의 원료에 GMO가 포함되었는지 알려 줄 책임이 있다. 소비자는 자신이 원하는 식품을 선택할 수 있는 권리와 알권리를 가지고 있기 때문이다.

전문가들은 GMO를 원료로 사용한 모든 식품을 대상으로 GMO 완전 표시제를 하루빨리 도입해야 한다고 주장한다. GMO를 원료로 쓴 모든 식품에 GMO가 포함된 사실을 표시하는 제도다. 통관 제도와 검역 시스템도 고쳐 안전성이 검증되지 않은 GMO의 수입을 막아야 한다. 현재 GMO 수입 식품의 3분의 2는 수입업자가 제출하는 서류만으로 통과된다.

비유전자조작식품(Non-GMO) 표시제를 실시하는 것도 좋은 방법이다. 소비자가 알고 선택할 수 있도록 GMO 원료를 사용했으면 GMO로, 사용하지 않았으면 'Non-GMO'로 표시하는 방식이다. 소비자 단체에서는 기업을 규제하는 데 드는 비용을 줄이면서도 소비자의 선택권을 넓힐 수 있는 방안이라고 말한다.

유럽에서는 GMO 완전 표시제 의무화

유럽은 세계에서 GMO 제품에 대해 가장 거부감이 많은 지역이다. 유럽연합(EU) 회원국은 EU의 법령에 따라 안정성을 인정받은 GMO를 수입하는데, GMO 첨가 식품에는 라벨을 붙여야 한다.

EU는 2015년 10월 GMO를 규제하는 권한을 회원국 정부의 자율에 맡겼다. 그리고 각국 정부는 재배 허용 여부를 EU에 통보하도록 했다. 현재 27개 회원국 가운데 독일과 프랑스, 네덜란드 등 19개국에서 GMO 작물 재배를 금지했다.

유럽에서는 또 GMO를 원료로 사용한 모든 식품을 대상으로 완전 표시제를 실시하고 있다. EU의 경우 1997년부터 모든 식품에 대해 GMO 표시를 의무화했다.

▲ 식용유에 표기된 GMO 표시. (사진 : 코트라 밀라노 무역관)

가공 과정을 거치고 유전자 변형 물질이 나오지 않는 제품까지 생산과 유통 과정을 추적하는 제도를 실시해 GMO가 섞여 있는지 확인하는 것이다.

미국은 2019년 현재 세계 GMO 재배 면적의 37%(7150만 ha)가 넘는 최대 생산국이다. 옥수수, 대두, 면화, 카놀라, 사탕무, 알팔파, 파파야, 호박, 감자, 사과 등을 재배한다. 연방 정부는 GMO 표시제를 도입하지 않고, 기업체가 자율적으로 표시할 수 있다고 정했다. 원료 표시는 작물의 안전성과 영양분 등에 의미 있는 차이가 있을 경우 의무화하는데, GMO는 여기에 해당하지 않는다고 보기 때문이다. 하지만 소비자들의 인식이 바뀌면서 GMO의 안전성을 부정적으로 생각하는 미국인이 늘고 있다. 이에 따라 소비자의 알권리와 선택권을 위해 GMO 표시제를 도입해야 한다는 목소리가 크다. 버몬트주는 미국 최초로 GMO 표시를 의무화하는 법을 만들어 2016년 7월부터 시행에 들어갔다. 코네티컷주과 메인주에서도 GMO 표시제 법이 가결되었는데, 17개 주에서 법제화 논의가 진행 중이다.

낱말 로또

유럽연합 유럽의 정치와 경제 통합을 실현하려고 1993년 출범한 연합 기구. 가입국은 27개국이며 인구는 약 5억 명이다.

버몬트주 미국 동북부에 있는 주. 북쪽으로 캐나다의 퀘벡주와 국경을 접하고 있다.

과학 산업 ④

인류 위협하는 6차 대멸종 막아야 한다

기후 변화로 생물종이 계속 사라지고 있다. 2017년 11월 세계의 과학자들은 이대로 가면 인류가 멸종할 수도 있는 6차 대멸종의 재앙이 곧 시작될 것이라고 경고했다. 대멸종은 대다수의 생물종이 특정한 시기에 한꺼번에 사라지는 현상인데, 지구가 탄생한 이후 지금까지 다섯 차례 발생했다. 그런데 과거 5차례의 대멸종 원인이 자연 현상 때문이라면, 6차 대멸종은 인류에 의해 일어난다는 점에서 구분된다. 대멸종의 역사와 6차 대멸종의 원인을 살펴보고, 대멸종을 막을 수 있는 방법을 토론한다.

◀과학자들은 지구에서 대다수의 생물종이 사라지는 6차 대멸종이 닥칠 것이라고 경고한다.

토론 주제

5차례의 대멸종 원인을 살펴보고, 6차 대멸종을 막을 수 있는 방법을 토론하세요.

함께 읽으면 좋은 책

『여섯 번째 대멸종』

엘리자베스 콜버트 지음 | 쌤앤파커스 펴냄 | 416쪽

인류세에 오신 것을 환영합니다, 중독된 바다, 숲과 나무, 신 판게아, 광기의 유전자, 희망을 찾아서 등이 소개되어 있다.

『대멸종이 온다』

장바티스트 드 파나피외 지음 | 탐 펴냄 | 132쪽

기후 변화 탐사대, 멸종과 생존, 고래들의 죽음, 빙하 속의 코뿔소, 여섯 번째 대멸종, 영원한 작별, 마지막 희망 등이 담겨 있다.

6차 대멸종 재앙이 시작되고 있다
과학자들 "이대로 가면 대멸종 닥쳐 인류 위협" 경고

▲ 인류에 대한 '세계 과학자들의 경고'에는 6차 대멸종이 닥칠 것이라는 경고가 담겨 있다.

세계의 과학자들은 1992년 '인류에 대한 세계 과학자들의 경고'라는 호소문을 통해 환경 문제의 심각성을 제기했다. 그리고 25년이 지난 2017년 11월, 184개국 1만 5000여 명의 과학자들이 자연 파괴와 기후 변화가 이대로 계속되면

6차 대멸종이 시작될 것이라는 내용이 담긴 두 번째 호소문을 발표했다.

지구상의 생물은 지금까지 자연 현상에 의해 5차례 대멸종을 겪었다. 대멸종은 생물종의 70% 이상이 특정한 시기에 한꺼번에 사라지는 현상을 말한다. 인류가 등장하기 전에는 1년에 1000만 종 가운데 하나꼴로 멸종했다. 하지만 지금은 1년에 5000~2만 5000종이 사라지고 있다. 지구에는 2000만~1억 종이 서식하는 걸로 추정되는데, 현재 200만 종이 확인되었다. 과학자들은 이런 추세라면 100년 안에 생물종의 75%가 사라질 것으로 내다봤다.

대멸종의 조짐은 여러 가지 면에서 관찰할 수 있다. 1992년과 비교하면 이용 가능한 민물의 양이 26%가 줄었고, 한반도 면적의 6배인 120만 ㎢의 숲이 사라졌다. 바닷물이 오염되어 산소 부족 현상이 생기는 '죽음의 구역'도 50년간 10배가 늘었다. 같은 기간 세계 인구는 35% 증가했으며, 포유류와 파충류, 양서류, 조류, 어류의 개체 수는 29%나 감소했다.

대멸종은 인류의 생존까지 위협한다. 예를 들면 곤충이 농약의 남용 때문에 멸종 위기에 몰려 있는데, 곤충이 사라지면 농사를 지을 수 없다. 곤충이 가루받이를 해야 농작물과 과일이 열매를 맺기 때문이다.

과학자들은 "재앙을 막으려면 더 늦기 전에 온실가스를 줄이는 등의 대책 마련을 서둘러야 한다."라고 강조했다.

> **낱말 로또**
>
> 생물종 생명을 가지고 스스로 살아가는 모든 종.
>
> 종 생물 분류의 기초 단위. 생식을 통해 후손을 남길 수 있는 개체군을 말한다.
>
> 가루받이 수술의 꽃가루를 암술로 옮기는 일.

대멸종의 역사

지구에 원시적인 생명체가 처음 등장한 때는 34억 6000만 년 전으로 추정된다. 그 뒤 5차례의 대멸종을 겪었다.

과거 대멸종은 자연적인 기후 변화에서 비롯했다. 1차 대멸종은 4억 4000만 년 전에 일어났다. 빙하기가 오랫동안 이어지면서 해수면이 약 100m 내려가는 바람에 85%가 멸종했을 것으로 보고 있다. 2차 대멸종은 3억 7000만 년 전에 진행되었는데, 이때 80%의 생물종이 사라졌다. 기후가 따뜻해지면서 바닷물에 녹아 있던 산소가 감소해 얕은 바다에서 살던 생물이 타격을 받았다. 2억 5000만 년 전의 3차 대멸종에서는 95%의 생물종이 사라졌다. 과학자들은 대규모 화산 폭발이 원인이었을 것으로 추정한다.

▲ 공룡이 사라진 5차 대멸종은 소행성이 지구에 충돌해 발생했다.

그때 지금의 시베리아에서 대규모로 화산이 폭발하면서 엄청난 양의 이산화탄소와 이산화황이 배출됐다. 이에 따라 산성비가 쏟아지고, 기온이 6도가량 상승하면서 생물들이 견딜 수 없었다. 2억 년 전에 일어난 4차 대멸종도 대규모 화산 폭발 때문으로 보고 있다. 이때에는 양서류와 파충류 등 75%의 생물종이 자취를 감췄다.

> **낱말 로또**
>
> **빙하기** 기온이 낮아져 얼음이 지구 표면을 넓게 뒤덮었던 시기.
>
> **시베리아** 러시아의 우랄산맥에서 태평양 연안에 이르는 북아시아 지역.
>
> **산성비** 황산과 질산 등 산성을 강하게 포함하는 비. 물과 토양을 산성화하고, 식물을 말라 죽게 한다.

6500만 년 전에는 5차 대멸종이 발생해 75%가 멸종했다. 과학자들은 소행성의 지구 충돌에서 원인을 찾고 있다. 이때 형성된 지층에 외계 행성에서나 주로 발견되는 희귀 원소인 이리듐이 밀집되어 있기 때문이다. 소행성이 충돌하면서 거대한 지진과 해일이 일어났고, 먼지 구름이 수백 년 동안 지구를 뒤덮어 기후 변화를 일으켰다. 그래서 땅속에 살던 일부 생물을 제외하고 공룡 등 수많은 생물종이 사라졌다는 주장이다.

6차 대멸종의 원인은 무엇인가

6차 대멸종은 인간의 활동이 원인이 된다는 점에서 과거 5차례의 대멸종과 구분된다. 인간이 화석 연료를 남용하는 바람에 온실가스가 증가해 일어난 기후 변화가 중요한 원인인 것이다.

산업 혁명 이후 최근 150년간 지구의 평균 기온은 0.8도 상승했다. 그런데 이 정도의 기온 변화로는 대멸종이 일어나지 않는다. 남쪽에서 키우던 사과를 북쪽에서도 키울 수 있을 정도로 경작의 북방 한계선이 이동하는 수준에 불과하다.

하지만 기온 상승이 인간이 통제할 수 없는 2도 이상 임계점을 넘어서면 열대 우림이 사라지고 해수면이 상승하면서 대멸종이 일어나게 된다. 과학자들은 지금 추세라면 앞으로 100년간 기온이 3~6도 더 상승할 것으로 보고 있다.

개간으로 인한 숲 파괴와 생물 남획도 대멸종의 원인으로 꼽힌다. 수많은 동식물이 숲을 의지해 산다. 특히 지구상에서는 열대 우림에 서식하는 생물종이 가장 많은데, 우림이 지나친 벌목과 개간으로 갈수록 파괴되고 있다. 곡물과 쇠고기 수요

▲ 곡물과 쇠고기 생산에 필요한 땅을 확보하기 위해 아마존의 열대 우림에 불법적으로 불을 질러 파괴한 모습.

를 충당하려고 열대 우림을 개간해 농장이나 목장으로 이용하기 때문이다. 열대 우림은 30년 전만 해도 지표의 12%를 차지했지만 지금은 5%도 남지 않았다. 마구잡이식 어로와 사냥으로 많은 동물이 멸종하는 점도 문제다.

6차 대멸종은 인위적인 결과로, 편리함과 풍요로움을 추구하는 현대인의 생활 방식에 기인한다. 현대인은 더 많은 상품을 생산하고, 편리한 생활을 위해 화석 연료를 남용하고 있다. 또 더 많은 육류를 먹기 위해 숲을 파괴하고 동물의 씨를 말리고 있다.

> **낱말 로또**
>
> **임계점** 어떤 상태가 다른 상태로 바뀌기 시작하는 한계점.
>
> **열대 우림** 적도 근처의 밀림 지역. 1년 내내 덥고 비가 많이 와서 상록 활엽수가 밀림을 이루고 있다.

기온 상승 막아야 대멸종 막는다
신재생 에너지 발전 투자 늘리고, 에너지 절약 힘써야

▲ 정부와 기업은 신재생 에너지 발전을 늘려 탄소 중립을 이뤄야 한다. 탄소 중립은 개인과 기업 등에서 배출한 이산화탄소를 다시 흡수해 실질적인 배출량을 0(Zero)으로 만드는 개념이다.

대멸종을 막으려면 임계점인 2도 이상 기온이 오르지 못하도록 관리해야 한다. 기온 상승을 막으려면 온실가스의 배출을 줄여야 하는데, 신재생 에너지 발전 기술 개발과 보급이 시급하다.

신재생 에너지는 태양광이나 바람, 바닷물처럼 자연에서 얻는 에너지다. 온실가스도 배출하지 않고 고갈되지도 않는 장점이 있다. 특히 원자력 발전처럼 대규모 인명 피해를 일으키는 사고 위험도 없다. 우리나라는 2021년 기준 신재생 에너지 발전 비중이 7.5%로, 경제

협력개발기구(OECD) 평균인 30%의 4분의 1에 불과하다.

신재생 에너지의 발전 비율을 높이려면 기업과 정부가 협력해야 하는데, 기업은 관련 기술 개발에 적극 투자해야 한다. 최근 태양광 발전 기술이 개선되면서 발전 효율이 크게 높아졌다. 문제는 발전 장비를 설치하는 데 비용이 많이 든다는 점이다. 따라서 정부에서 관련 기술 개발에 투자하는 기업의 세금 부담을 덜어 주는 등 혜택을 확대하고, 발전 장비를 설치하는 기업이나 가정에는 보조금을 지원한다.

무엇보다 개인의 마음가짐이 중요하다. 공동체의 지속을 위해 일회용품 사용을 줄이는 등 조금은 불편해도 감수하는 것이다. 에너지 절약에도 힘써 냉난방을 할 때 적정 온도로 맞추고, 쓰지 않는 전기 코드는 뽑아 둔다. 집을 지을 때 보온 효과를 높이는 것도 좋은 방법이다. 육류 소비를 줄일 필요도 있다. 가축을 기르기 위해 열대 우림을 파괴하고, 가축을 기르는 과정에서도 온실가스를 많이 배출하기 때문이다. 결국 인류가 속도를 줄이고 불편함을 받아들이는 생활 방식으로 전환해야 대멸종의 재앙에서 벗어날 수 있다.

온실가스 배출 줄이려면 국제 협력 필수

세계 여러 나라는 오존층 파괴를 막기 위해 1987년 캐나다의 몬트리올에 모여 국제 협약(몬트리올 의정서)을 맺었다. 그 뒤 오존층 파괴의 주범인 프레온 가스의 배출을 줄이기 위해 힘쓴 결과, 남극 대륙 상공에 난 오존층 구멍의 크기가 계속 축소되는 것으로 나타났다. 오존층은 태양에서 방출되는 자외선을 흡수해 지구의 생명체를 보호한다. 자외선은 사람에게 피부암과 백내장 등을 일으킨다. 이는 세계가 협력하면 대멸종도 막을 수 있다는 모범을 보여 줬다. 온실가스 배출은 지구 전체에 영향을 미치므로 어느 한 나라의 노력만으로는 줄이기 어렵기 때문이다. 이에 따라 우리나라 등 195개국이 온실가스를 줄이기 위해 2015년 프랑스 파리에서 파리기후변화협약을 맺었다. 산업화 이전과 대비해 2100

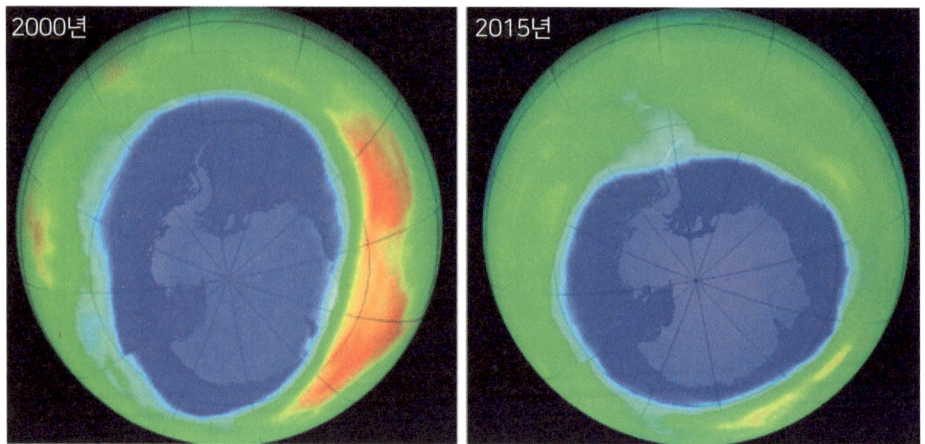
▲ 2000년에 관측된 남극 대륙 위의 오존층 구멍(왼쪽)과 2015년 눈에 띄게 감소한 오존층 구멍. (사진 : NASA 홈페이지)

년까지 기온의 상승 폭을 2도보다 낮은 수준으로 유지하는 것이 협약의 목표다. 가입국들은 할당된 온실가스 배출량을 지키기 위해 노력해야 한다.

기후 변화를 막으려면 무엇보다 선진국들이 화석 연료 대신 신재생 에너지를 앞장서서 사용해야 한다. 그리고 개발 도상국은 에너지 전환에 필요한 비용과 기술 개발을 감당하기 어려우므로, 이들 나라에 자금과 기술을 지원할 필요가 있다. 유럽연합(EU)은 2016년 개발 도상국들에 200억 유로를 지원했다. 하지만 미국은 2016년 파리기후변화협약에서 탈퇴했다가 2021년 2월 복귀했다. 에너지 전환이 자국의 경제에 부담을 주고 기업의 경쟁력을 떨어뜨린다는 것이 탈퇴 이유였다. 모범을 보여야 할 선진국들이 책임을 저버리면 기후 변화를 막기 어렵게 된다.

> **낱말 로또**
>
> **오존층** 오존을 많이 포함하고 있는 대기층. 지상에서 20~25km의 상공에 있다.
>
> **프레온 가스** 염소와 불소를 포함한 유기 화합물의 총칭.
>
> **파리기후변화협약** 2020년 만료된 교토 의정서를 대체, 2021년부터 적용된 기후 변화 협약. 선진국에만 온실가스 감축 의무를 부과한 교토 의정서와 달리, 195개 당사국 모두에게 국가 사정에 맞게 감축 의무가 부과된다.

과학 산업 ⑤

우주 쓰레기가 우주 개발 막는다

▲ 지구 궤도에 우주 쓰레기가 넘치며 우주 개발을 막고 있다.

우주 쓰레기가 증가하면서 인공위성과의 충돌 위험성이 커지고 있다. 국제 우주 정거장(ISS)은 1999년부터 2020년까지 29차례나 우주 쓰레기를 피하려고 회피 기동을 했다. 그런데 우주 쓰레기가 증가하기 때문에 언제 다시 이러한 일이 일어날지 모르는 상황이다. 우주에서 유영하며 작업하는 우주인은 아주 작은 쓰레기와 충돌해도 생명이 위험하다. 우주 쓰레기가 위험한 까닭과 발생 원인을 알아보고, 우주 쓰레기를 줄일 수 있는 방법을 토론한다.

토론 주제

우주 쓰레기가 위험한 까닭과 발생 원인을 설명하고, 우주 쓰레기를 줄일 수 있는 방법을 토론하세요.

함께 읽으면 좋은 책

『코스모스 특별판』

칼 에드워드 세이건 지음 | 사이언스북스 펴냄 | 720쪽

코스모스의 바닷가에서, 시공간을 가르는 여행, 별들의 삶과 죽음, 은하 대백과사전, 누가 지구를 대변해 줄까 등이 담겨 있다.

『우주 쓰레기가 온다』

최은정 지음 | 갈매나무 펴냄 | 276쪽

인공위성이 우주 쓰레기가 되기까지, 추락하는 우주 물체, 인공위성과 우주 쓰레기의 충돌, 인류가 지켜야 할 우주 규범 등을 다뤘다.

우주 쓰레기 왜 생길까
우리 위성 우주 쓰레기와 충돌할 뻔… 재발 가능성 커

우주 쓰레기가 증가하면서 인공위성과의 충돌 위험성이 커지고 있다. 국제 우주 정거장(ISS)은 1999년부터 2020년까지 29차례나 우주 쓰레기 때문에 회피 기동을 했다.

일본의 요미우리 신문 보도(2022년 5월 16일자)에 따르면, 일본 우주항공연구개발기구(JAXA)가 운용하는 인공위성이 우주 쓰레기와 충돌할 가능성이 높다고 판단한 사례는 2021년에 268건으로 가장 많았다. 2020년까지는 200건을 넘지 않았다. JAXA는 충돌 확률이 1만분의 1을 넘으면 '고위험'으로 분류한다.

실제로 2021년에는 ISS에 설치된 로봇 팔이 우주 쓰레기와 충돌해 5㎜의 구멍이

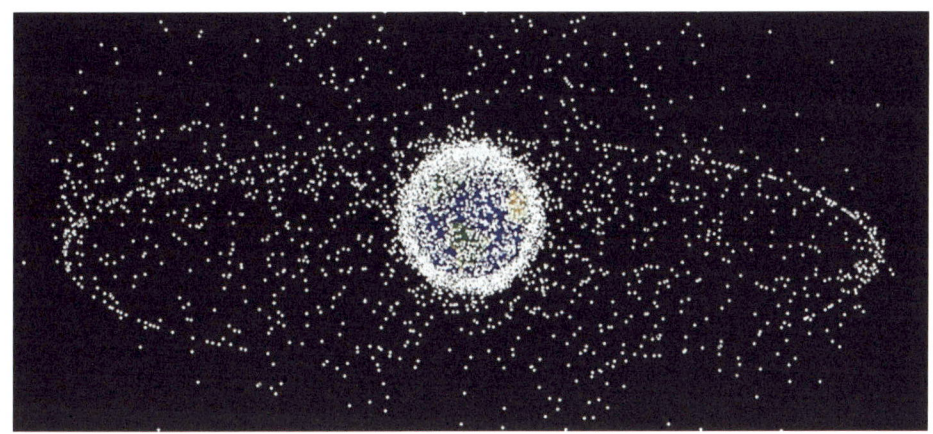
▲ 미국 항공우주국(NASA)이 컴퓨터 모델로 만든 우주 쓰레기 분포도. 지구 저궤도와 정지 궤도(3만 5786㎞ 상공)에 가장 많이 몰려 있다. (사진 : NASA 홈페이지)

생겼다. 또 같은 해 러시아가 자국 위성을 미사일로 폭파시키는 실험을 해서 우주 쓰레기가 대량으로 발생했다. 이에 앞서 1996년에는 프랑스의 인공위성이 우주 쓰레기와 충돌해 고장나기도 했다.

우주 쓰레기는 1957년 러시아에서 처음 인공위성을 발사한 뒤부터 인류가 우주에 남겨 놓은 쓸모없는 물체를 말한다. 문제는 우주 쓰레기가 워낙 많아 비슷한 사건이 되풀이될 수 있다는 데 있다. 우주 쓰레기의 또 다른 문제는 우주 개발을 가로막는다는 것이다. 지구 궤도가 쓰레기로 가득 차면 새로운 위성을 띄우기 어렵다. 우주 쓰레기는 지구에 사는 사람들에게 피해를 줄 수도 있다. 일주일에 한 번꼴로 우주 쓰레기가 지구로 떨어진다.

지구 환경 보호만큼 우주 환경 보호의 중요성이 갈수록 커지고 있다. 그래서 유엔도 우주 쓰레기를 처리하는 방안을 논의하고 있다. 하지만 우주 개발 선진국들과 뒤늦게 뛰어든 국가들 사이 입장 차이가 커서 갈등이 깊어지고 있다.

낱말 로또

국제 우주 정거장 미국과 러시아 등 16개국이 참여해 만든 유인 우주 기지. 무게는 420톤, 길이 108.5m, 폭 72.8m이다. 고정된 지구 궤도를 돌면서 과학 관측과 실험, 우주선 연료 보급, 위성 발사 등을 지원한다.

일본 우주항공연구개발기구 일본의 우주 개발 정책을 담당하는 정부 소속 기관.

우주 쓰레기가 위험한 까닭

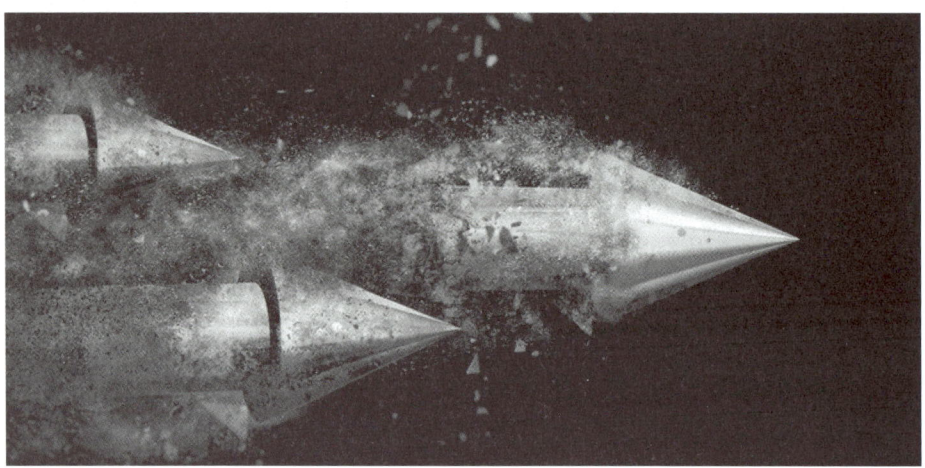

▲ 우주 쓰레기는 크기가 작아도 속도가 빨라 파괴력이 엄청나다.

우주인이 빈 콜라병을 우주에 버리면 어떻게 될까. 아주 작은 천체가 되어 지구 주위를 맴돌게 된다. 그러다 인공위성이나 우주 왕복선, 우주 정거장과 충돌할 수 있다. 충돌 사고가 나면 이들 인공물은 크게 부서진다.

우주 쓰레기는 운동 에너지가 막대해 파괴력도 크다. 운동 에너지는 속도의 제곱에 비례한다. 속도가 빨라지면 운동 에너지가 엄청나게 커진다는 뜻이다. 우주 쓰레기는 총알 속도(초속 700~800m)의 10배 이상이므로 운동 에너지가 막대하다. 지름 10㎝의 우주 쓰레기는 다이너마이트 25개(1개의 폭약량은 112.5g)를 동시에 터뜨리는 파괴력과 맞먹는다. 이만큼 크기의 우주 쓰레기 하나면 인공위성이나 우주 정거장을 파괴하기에 충분하다.

인공위성은 초속 7~8㎞의 속도로 지구 궤도를 돈다. 이 속도보다 느리면 지구 중력에 이끌려 대기권으로 빨려 들어온다. 인공위성이 폭발하면 이때 발생하는 힘을 받아 파편들의 운동 속도는 더욱 빨라진다. 지름이 10㎝를 넘는 우주 쓰레기는 레이더 등으로 위치를 추적할 수 있기 때문에 상대적으로 안전하다. 실제로 미국 우주군이 운영하는 우주감시네트워크(SSN)는 10㎝ 이상 크기의 우주 물체를 추적한다. 2022년 현재 약 2만 5000개로, 전년보다 10% 증가했다. 문제는 지금의 기술로는 위치를 파악할 수 없는 1~10㎝의 작은 물체들이다. 주로 로켓이나 인공위성에서 떨어져 나간 작은 부품, 페인트 부스러기 등이다. 이들은 언제 어디서 나타날지 예측할 수 없다. 우주 쓰레기는 지름이 1㎝만 되어도 시속 482㎞의 볼링공으로 얻어맞는 것과 비슷하므로 얕잡아보면 안 된다.

> **낱말 로또**
>
> **운동 에너지** 물체가 운동할 때 지니는 에너지. 속도가 빨라지면 운동 에너지가 기하급수적으로 커진다.

우주 쓰레기의 발생 원인

▲ 1960년대 이후 러시아와 중국, 미국은 모두 10여 차례의 인공위성 요격 시험을 실시해 6300여 개의 우주 쓰레기를 만들었다.

우주 쓰레기가 발생하는 주요 원인은 수명이 다한 인공위성의 폭발이다. 스페이스트랙에 따르면 2022년 7월 현재 인류가 우주에 쏘아 올린 인공 우주 물체는 5만 2898개이다. 이 가운데 지구 궤도를 도는 인공물은 2만 5453개이다. 여기서 정상 작동되는 인공위성은 6081기이다. 나머지는 우주 쓰레기로, 작동이 중단된 인공위성(3029기)과 위성 운반체 로켓 등이다. 우리나라는 2022년 현재 24기의 인공위성을 쏘아 올렸고, 16기가 작동 중이다.

인공위성에서 태양을 향한 쪽의 온도는 섭씨 영상 120도, 그늘 쪽은 영하 180도에 이른다. 인공위성은 통닭처럼 빙글빙글 돌거나 냉각수를 이용해 온도를 골고루 분산시킨다. 그런데 인공위성의 수명이 다해 가동을 멈추면 극심한 온도 차이 때문에 몸체가 깨지거나 폭발한다. 우주 쓰레기의 40%쯤을 차지하는 파편이 여기서 생긴다. 인공위성들끼리 충돌할 때 나온 파편도 우주 쓰레기다. 인공위성을 쏘아 올리기만 했을 뿐 수명이 다한 인공위성을 내버려두다 보니 충돌하면서 우주 쓰레기가 만들어지고 있다. 지난 2009년에는 미국과 러시아의 위성이 충돌해 2400여 개의 파편이 나왔다.

미국과 러시아, 중국 등의 미사일 방어 계획도 우주 쓰레기를 낳는다. 1968~1986년에 미국과 러시아는 20차례 이상 대륙간탄도미사일(ICBM)로 인공위성을 맞히는 실험을 했다. 우주인이 우주에서 유영할 때 잃어버린 장갑과 카메라, 공구도 우주 쓰레기가 된다. 이렇게 만들어진 우주 쓰레기는 10㎝ 이상이 2만 5000여 개이며, 1~10㎝가 50만 개, 0.1~1㎝가 1억 개를 넘을 것으로 추정된다.

> **낱말 로또**
>
> **스페이스트랙** 미국과 캐나다가 만든 북미 방공 사령부의 시설. 레이더 등을 이용해 인공위성을 탐지하고 추적한다.
>
> **냉각수** 높은 열을 내는 기계를 식히는 데 쓰이는 물.
>
> **대륙간탄도미사일** 핵탄두를 장착하고 다른 대륙까지 대기권 밖을 비행해 목표물을 파괴하는 장거리 탄도 미사일. 사정거리는 8000~1만㎞이다.

우주 쓰레기를 없애는 방법
감시 강화하고, 쓰레기 발생 없는 위성 만들어야

우주 환경 보호의 중요성이 커지며, 미국과 유럽 등 인공위성을 많이 띄운 나라들을 중심으로 우주 쓰레기 처리를 위한 연구가 본격 진행되고 있다.

지난 2009년 미국은 인공위성들이 충돌하는 우주 교통사고를 예방하기 위해 '우주 기반 위성 탐사 위성'을 쏘아 올렸다. 이 위성은 우주 쓰레기의 위치를 파악하고 이동 경로까지 예측한 뒤, 정보를 지구 기지국으로 전송한다. 이를 바탕으로 우주 쓰레기와 충돌할 가능성이 있는 위성의 궤도를 계산해 사고를 미리 막겠다는 것이다. 지금까지는 어쩔 수 없었지만 앞으로는 더 이상 우주 쓰레기를 만들지 않겠다는 전략이다.

인공위성의 설계 단계부터 쓰레기가 발생하지 않도록 하는 전략도 필요하다. 쓰레기가 잘 생기지 않는 재료와 부품을 사용하고, 충돌 사고가 나도 파편이 덜 나오도록 하는 것이다.

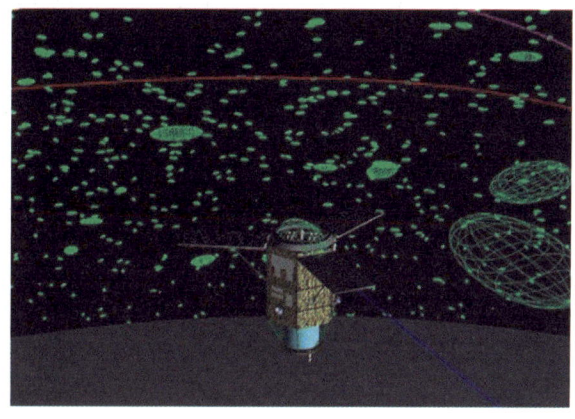
▲ 우주 쓰레기 충돌 사고를 막으려면 우주 쓰레기의 움직임을 철저하게 감시해야 한다.

수명이 다한 인공위성을 안전하게 폐기하는 일도 중요하다. 인공위성은 궤도 조정에 필요한 연료를 모두 쓰면 쓰레기가 된다. 수명이 다한 위성이 정지 궤도에 있으면 다른 위성과 충돌하지 않도록 궤도를 변경시킨다. 남은 연료를 이용해 원래 고도에서 약 150㎞ 이상 더 높은 궤도로 위성을 올려 보낸 뒤, 모든 전자 장치의 작동을 중지시킨다. 그럼 위성은 그 궤도에서 영원히 지구 주위를 돈다. 저궤도 위성의 경우 지구 대기권으로 끌어들여 마찰열로 태우면 된다. 일정한 궤도를 도는 위성을 대기권까지 억지로 끌어들이려면 별도의 로켓과 연료가 필요하다.

인공위성을 고의로 폭파시키는 일도 삼가야 한다. 중국과 미국, 러시아는 최근까지도 미사일을 쏘아 자국의 위성을 폭파하는 바람에 우주 쓰레기가 폭증했다.

진화하는 청소 기술… 비용 마련이 문제

우주 쓰레기를 가장 많이 발생시킨 국가는 미국과 러시아, 중국 등이다. 그런데 이들 나라는 사이가 좋지 않아 공동 대응하지 못하고, 국가별로 추진하고 있다. 우주 쓰레기를 청소하는 효과적인 방법은 저궤도를 도는 인공물은 대기권으로

▲ 중국의 창정 2호 로켓에 펼쳐진 드래그돛. (사진 : 웨이보)

끌어들여 마찰열로 태우는 것이다. 영국은 2018년 4월 청소 위성을 발사해 쓰레기를 그물로 포획하는 실험을 했다. 하지만 쓰레기 모형을 포획하는 데는 성공했으나, 대기권으로 끌어들이는 데는 실패했다. 이에 따라 티타늄 작살을 우주 쓰레기에 맞혀 대기권으로 끌어들이는 방안을 추진하고 있다.

일본은 2022년 5월 민간 기업과 손잡고 2030년까지 세계 최초의 우주 쓰레기 처리 서비스를 제공한다는 계획이다. 이 기업은 고장난 위성을 수리해 수명을 연장하는 기술도 함께 개발한다. 중국도 2022년 1월 우주 쓰레기 처리 위성을 보내 수명이 다한 자국의 인공위성을 폐기 궤도로 견인하는 데 성공했다. 중국은 또 우주 쓰레기에 설치해 대기권에 진입시킬 수 있는 우주돛(드래그돛)을 개발해 로켓에 적용했다. 미국과 유럽 등도 위성을 대상으로 우주돛을 적용했지만, 로켓은 중국이 처음이다.

미국은 도마뱀 발바닥을 모방한 테이프를 이용해 우주 쓰레기를 잡는 로봇 집게를 개발 중이다. 온도 변화가 큰 우주에서는 지구에서 사용하는 접착제로는 쓰레기를 붙잡지 못하기 때문이다. 미국은 또 레이저를 쏴서 우주 쓰레기를 대기권으로 떨어뜨린 뒤 태우는 계획을 추진하고 있다.

문제는 이런 아이디어들을 구체화하려면 막대한 비용이 필요하다는 점이다. 따라서 우주 쓰레기를 만든 당사자들이 일차적 책임을 지고 먼저 대책을 내놓아야 한다는 목소리가 크다.

과학 산업
⑥

청색 기술은 미래의 성장 동력이다

▲ 한국과학기술연구원(KIST)이 식충 식물인 네펜데스의 섬모를 본떠 개발한 기름 뜰채.

한국과학기술연구원(KIST)은 2022년 바다에 유출된 기름(저유황유) 성분만 골라 제거하는 '나노 기름 뜰채'를 개발했다. 식충 식물인 네펜데스의 섬모를 모방했다. 이에 앞서 삼성물산은 2016년에 연잎 효과를 이용해 빗물이나 국물이 묻어도 손으로 닦아 내면 깨끗해지는 오염 방지 의류를 개발했다. 이처럼 생물의 구조와 기능을 모방하는 기술을 청색 기술이라 한다. 청색 기술은 앞으로 경제 발전을 이끌고 많은 일자리를 창출하리란 기대를 받고 있다. 청색 기술의 원리와 활용 현황을 살펴보고, 청색 기술을 발전시킬 수 있는 방법을 탐구한다.

토론 주제

청색 기술이 최근 주목을 받는 까닭과 활용 가치를 설명하고, 발전 방안을 토론하세요.

함께 읽으면 좋은 책

『자연에서 배우는 청색기술』
이인식 지음 | 김영사 펴냄 | 372쪽

자연을 본뜬 물질, 에너지 전환과 자연 중심의 청색 기술, 자연에서 배우는 건축·도시 설계, 청색 경제의 구축 등이 담겨 있다.

『자연을 닮은 생태모방건축기법』
마이클 폴린 지음 | 광문각 펴냄 | 176쪽

폐기물 제로, 열 환경 제어, 생물학이 빛에 대해 가르쳐 주는 이야기, 건물 전력 공급 방법, 생태 모방의 의미 등을 소개했다.

청색 기술이 미래 경제 좌우한다
식충 식물 본뜬 '기름 뜰채' 등 개발

한국과학기술연구원(KIST)은 2022년 12월 바다에 유출된 기름(저유황유) 성분만 골라서 제거하는 '나노 기름 뜰채'를 개발했다. 식충 식물인 네펜데스의 섬모를 모방했다. 뜰채 표면이 물과 만나면 물막을 만들어 물 분자는 막의 기공 사이로 빠져나가지만 기름은 통과하지 못하고 표면에 남게 된다.
해양 사고로 기름이 유출되면 대부분 흡착포 등을 이용해 방제 작업을 한다. 하지만 흡착포는 기름을 많이 흡수하지 못하고, 일회용이라서 쓰레기도 많이 나온다. 그런데 이 뜰채는 수천 번 기름을 떠내도 계속 사용할 수 있다.
이처럼 생물의 특성을 분석해 실생활에 응용하는 청색 기술이 주목받고 있다.

▲ 삼성물산은 2016년에 연잎 효과를 이용해 빗물이나 국물이 묻어도 손으로 닦아 내면 깨끗해지는 오염 방지 의류를 개발했다. 연잎 효과는 연잎이 물에 젖지 않고 항상 깨끗한 상태를 유지하는 현상을 말한다.

지구에 서식하는 생물은 환경에 적응하는 과정에서 시행착오를 거듭하며 살아남았다. 따라서 이러한 생물의 구조와 기능을 모방하거나 창의적 발상을 얻을 경우 경제적 효율성이 뛰어난 물건을 만들 수 있다.

청색 기술이 가능한 까닭은 현재 생명 공학과 나노 기술, 로봇 공학 등 다양한 첨단 과학 기술이 발전했기 때문이다. 청색 기술은 온실가스나 오염 물질 등의 배출을 최소화하는 친환경 기술이라는 점에서는 녹색 기술과 닮았다. 그런데 녹색 기술은 이미 발생한 환경 오염에 대처하는 성격이고, 청색 기술은 환경 오염 물질의 발생을 사전에 막을 수 있다는 점이 다르다.

선진국에서는 도마뱀과 거미, 모기 등을 모방하려는 청색 기술 연구가 활발하다. 전문가들은 앞으로 청색 기술이 경제 발전을 이끄는 원동력이 될 것으로 본다. 미국의 한 컨설팅 기관은 세계의 청색 기술 시장이 2025년에 1조 달러에서 2030년에는 1조 6000억 달러로 커질 것으로 내다봤다.

낱말 로또

한국과학기술연구원 기초 과학 기술 개발을 담당하는 국가 정책 종합 연구 기관.

저유황유 유황의 함유량이 1% 이하인 기름. 유황이 함유된 기름은 태울 때 아황산가스 등의 대기 오염 물질을 배출하므로 유황 함유량을 규제한다.

나노 10억분의 1을 나타내는 분수.

섬모 세포 표면의 가는 털 같은 돌출부. 일제히 흔들려 움직인다.

청색 기술이란 무엇인가

인류는 아주 오래전부터 생물을 모방하기 시작했다. 원시인들이 사나운 동물의 이빨을 보고 칼을 만든 것을 청색 기술 역사의 시작으로 보는 견해도 있다.

청색 기술의 목표는 생물의 구조와 기능을 정확하게 이해하고, 이를 모방해 경제적 효율성을 갖춘 물질(또는 물건)을 만들어 내는 데 있다. 구조 모방은 생물의 외형적 구조를 본뜨는 것이다. 소음 문제를 해결하기 위해 길쭉하고 날렵하

▲ 일본 신칸센 열차는 소음 문제를 해결하기 위해 물총새의 부리와 머리 모양을 모방했다.

게 생긴 물총새의 부리와 머리 모양을 본뜬 일본의 신칸센 열차가 대표적인 사례다. 기능 모방은 생물의 신체 기능을 응용하는 것이다. 도마뱀붙이의 발가락을 모방한 접착제가 나와 있다. 도마뱀붙이의 발가락에는 뻣뻣한 털로 뒤덮인 빨판이 달려 있어 벽이나 천장에 붙어 걸어 다닐 수 있다. 이러한 기능을 적용하면 강력한 접착제를 만들고, 청소용 위성에도 적용할 수 있다.

최근에 청색 기술이 주목을 받는 까닭은 나노 기술의 발달 덕분이다. 나노는 10억분의 1을 나타낸다. 1나노미터는 머리카락 굵기의 약 10만분의 1 크기다. 이렇게 작은 크기의 물질을 다루는 기술을 나노 기술이라고 한다. 나노 기술이 발달했기 때문에 생물의 구조와 기능을 아주 작은 단위로 분석해 파악할 수 있고, 생물을 본뜬 물질을 정교하게 만들 수 있게 된 것이다.

청색 기술은 일자리 창출 효과도 크다. 전문가들은 앞으로 1억 개의 일자리가 새로 생길 것으로 보고 있다. 환경 오염 물질의 발생을 원천적으로 억제할 수 있으므로, 지구의 환경 위기와 기후 위기 해결에도 도움이 된다.

> **낱말 로또**
>
> **신칸센** 세계 최초로 개통된 일본의 고속 철도.
>
> **도마뱀붙이** 중앙아시아와 남미 등에 서식하는 도마뱀의 한 종류.

청색 기술 어떻게 활용되나

▲ 얼룩말의 무늬를 본떠 만든 일본의 한 건물. 이 건물은 여름에 냉방비를 20% 절감한다고 한다.

인간은 아주 오래전부터 생물을 모방해 기술을 발전시켰다. 생물이 어떻게 움직이고 환경에 적응해 살아남는지 알면 최고의 기술을 만들 수 있기 때문이다.

오늘날 청색 기술은 다양한 방식으로 활용된다. 특히 제품의 기능을 개선하거나 강화하는 데 널리 쓰인다. 예를 들어 모기는 동물의 피부에 침을 꽂을 때 조금이라도 통증을 느끼게 하면 그 동물에 의해 목숨을 잃을 수 있다. 그래서 피를 빨기 위해 아프지 않게 침을 놓는 기술을 발전시켰다. 모기는 주삿바늘보다 훨씬 가늘고 긴 주둥이를 위아래로 움직이면서 여러 번에 걸쳐 피부에 조금씩 구멍을 뚫는다. 일본의 한 의료기 회사는 모기의 주둥이를 모방해 통증이 없이 놓을 수 있는 주삿바늘을 개발했다.

청색 기술은 신소재 개발에도 활용된다. 벌레잡이통풀의 원리를 이용해 세탁이 필요 없는 옷을 개발한 경우다. 이 풀의 잎은 주머니 모양인데, 잎의 안쪽은 기름을 칠해 놓은 듯 미끄럽다. 따라서 잎 속에 들어간 벌레가 탈출하려고 애써도 미끄러질 수밖에 없다. 벌레잡이통풀처럼 미끄러운 표면을 입힌 소재로 옷을 만들면 때가 타지 않아 빨아 입을 필요가 없는 것이다.

에너지 문제 해결에도 청색 기술이 활용된다. 얼룩말의 줄무늬는 자연 냉방의 실마리가 된다. 흰 줄무늬는 햇빛을 반사시켜 온도를 낮추고, 검은 줄무늬는 햇빛을 흡수해 온도를 높인다. 이렇게 되면 검은 줄무늬 위의 더운 공기와 흰 줄무늬 위의 찬 공기 사이에 기압 차이가 생겨 표면 온도가 8도까지 내려간다. 이런 원리를 적용해 건물을 지으면 에너지를 절약할 수 있다.

> **낱말 로또**
>
> **벌레잡이통풀** 벌레를 잡아먹는 식충 식물의 한 종류.

청색 기술 시장을 선점하는 방법
청색 기술 친화적인 교육 환경부터 만들어야

청색 기술은 저탄소 산업 생태계 구축에 필수적이다. 생물은 화석 연료를 고갈시키지 않고 환경을 오염시키지도 않는다. 청색 기술은 일자리 창출의 잠재력도 막대하다. 청색 경제를 창안한 군터 파울리(1956~)는 2015년 펴낸 『청색 경제』에서 "200개의 청색 기술 프로젝트를 40억 달러를 들여 추진한 결과, 300만 개의 청색 일자리가 창출되었다."라고 밝혔다.

따라서 기업은 청색 기술이 미래의 성장 동력이라는 사실을 인식하고, 연구 개발에 적극 투자해야 한다. 대기업도 청색 기술 개발에 앞장설 필요가 있는데, 특히 벤처 기업이 활발하게 진출할 수 있어야 한다. 대학과 연구 기관에서 기술력을 축적한 사람들이 벤처 기업을 만들어 상품화할 수 있는 환경을 만드는 것이다.

정부는 청색 기술을 국가 전략 산업으로 지정해 다양한 방식으로 지원할 필요가 있다. 정부 산하의 연구 기관에서 기초 기술을 집중 개발해야 한다. 또 청색

▲ 청색 기술은 저탄소 산업 생태계 구축에 필수적이다.

기술을 개발하는 벤처 기업에는 낮은 이자로 자금을 지원하고, 세금을 감면해 준다. 청색 기술에 친화적인 교육 환경을 조성하는 일도 중요하다. 생물의 지혜에서 배우려면 각종 생물의 외형과 움직임에 호기심과 흥미를 가져야 한다. 또 생물의 구조와 기능을 세심하게 반복적으로 관찰할 수 있어야 한다. 무엇보다 사회 구성원들이 생물을 존중하는 세계관을 가져야 한다. 청색 기술은 자연 환경에서 살아남은 생물의 지혜에서 배우는 것이다. 따라서 생물을 인간의 필요를 충족시키기 위한 도구가 아니라, 자연과 더불어 사는 지혜를 전달하는 스승으로 여겨야 한다.

낱말 로또

군터 파울리 벨기에의 환경 운동가. 세계 최대의 환경 기업인 에코버의 설립자이다.

미국의 청색 기술 어디까지 왔나

미국과 독일, 일본은 청색 기술 산업을 국가에서 신성장 동력 산업으로 집중 육성하고 있다. 청색 기술 분야의 선두 주자는 미국이다. 미국은 세계 전체의 청색 기술 특허의 36%를 차지한다. 청색 기술을 활용한 로봇 기술 특허도 33%로 가

▲ 파리를 모방한 초소형 비행 로봇. 1초에 120번씩 날개를 퍼덕일 수 있다. 무게 0.056g에 날개 길이는 2cm이다.

장 많다.

미국의 과학 저술가인 재닌 베니어스(1958~)는 이미 1997년에 지은 『생물 모방』이라는 책을 통해 청색 기술의 중요성을 알렸다. 그리고 청색 기술의 상용화를 위해 다양한 동식물 모방·응용 기술을 강연과 교육 프로그램을 통해 소개했다. 또 베니어스를 중심으로 운영되는 한 인터넷 사이트는 지금까지 개발된 청색 기술을 공개해 놓았고, 누구나 이를 활용해 기술 혁신을 이룰 수 있도록 허용했다.

미국은 대학에서도 청색 기술의 연구 개발 단계부터 생명 공학과 나노 기술, 로봇 공학 등 다양한 분야의 연구자들이 서로 긴밀하게 협력한다. 같은 대학뿐만 아니라 다른 대학들끼리도 연구자들이 협력할 수 있는 기반이 짜여 있다. 또 연구 개발된 기술은 기업과 연계해 빠르게 상용화하고 있다.

그런데 미국에서 청색 기술이 발전한 가장 큰 원인은 정부에서 적극적으로 투자하기 때문이다. 미국은 군사용 로봇 분야에서 다수의 청색 기술을 개발하고 있다. 국방부가 대학이나 기업들에게 연구 과제를 위탁하기 때문이다. 하버드대 전기공학과 연구팀은 파리를 모방한 초소형 비행 로봇을 개발했다. 생김새와 크기, 무게가 실제 파리와 비슷하다. 손가락 끝에 올려놓을 수 있을 정도로 작고, 두 날개를 초당 120회나 퍼덕이기 때문에 날개의 움직임이 눈에 보이지 않는다. 국방부가 연구 개발의 자금을 댄 이 로봇은 앞으로 전쟁터나 재난 현장에서 정찰용으로 활용된다.

과학 산업 ⑦

지진 피해 어떻게 막을까

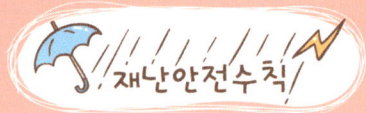

◀ 지진 대피 요령. 지진이 일어나면 땅이 갈라지고, 건물이 진동을 견디지 못해 무너지기 때문에 인명과 재산 피해가 생긴다.

우리나라에서 최근 10년(2012~21) 동안 해마다 평균 100회가 넘는 지진이 발생했다. 규모 3이 넘는 지진은 2000년대 85회에서 2010년대에는 131회로 급증했다. 2021년 12월에는 제주도와 가까운 바다에서 규모 4.9의 지진이 일어났다. 지진이란 땅속에서 오랫동안 쌓인 에너지가 갑자기 방출되면서 지각이 흔들리는 현상을 말한다. 전문가들은 우리나라도 지진이 잦아지면서 더 이상 지진 안전지대가 아니라고 말한다. 따라서 지진 대책을 촘촘하게 세워야 한다는 목소리가 커지고 있다. 지진의 발생 원인과 지진의 피해를 줄일 수 있는 방법 등을 토론한다.

> **토론 주제**

지진의 발생 원인과 피해를 설명하고, 지진 피해를 줄일 수 있는 방법을 토론하세요.

> **함께 읽으면 좋은 책**

『쓰나미를 예측할 수 있을까?』
엘렌 에베르 외 지음 | 민음인 펴냄 | 76쪽

쓰나미는 어떻게 일어날까, 다음 쓰나미는 언제 어디에서 일어날까, 쓰나미를 어떻게 피할까, 쓰나미를 누가 알릴까 등이 담겨 있다.

『지진과 화산 쫌 아는 10대』
이지유 지음 | 풀빛 펴냄 | 160쪽

지진계의 원리, 지구의 내부, 대륙 이동설, 판구조론, 암석과 광물, 화산, 지구에서 평화롭게 살아가기 위해 등이 담겨 있다.

우리나라도 지진 안전지대 아니다
갈수록 자주 일어나고 규모도 커져

우리나라에서 지진 발생 횟수도 늘어나고 규모도 점점 커지고 있다. 지난 2021년 12월에는 제주도 서귀포시와 가까운 바다에서 규모 4.9의 지진이 일어났다. 인명 피해는 없었고, 건물 몇 채가 파손되는 등 경제적 피해도 적었다.

지진이란 땅속에서 오랫동안 쌓인 에너지가 갑자기 방출되면서 지각이 흔들리는 현상을 말한다. 지진이 일어나면 지표면이 갑자기 갈라지고 움직인다. 이에 따라 건물이 진동을 견디지 못해 무너지고, 도로가 파손되어 교통이 막힌다. 가스관이나 송전선이 손상되어 화재가 발생하기도 한다. 또 상하수도관이 파손되면서 급수가 중단되거나 오염된 하수가 상수도로 스며들어 질병을 일으킬 수 있다. 바다 밑에서 큰 지진이 일어나면 쓰나미가 밀려와 바닷가 도시를 덮친다.

지진은 21세기에 들어 가장 많은 인명 피해를 낳은 천재지변의 하나다. 2004년 12월에는 초대형 쓰나미가 발생해 인도네시아 등 인도양 연안의 14개국에서 23만 명이 숨지거나 실종되었다. 2010년 1월 아이티에서 일어난 지진은 22만 명의 사망자를 냈다. 2011년 3월에는 동일본에서 대지진이 발생해 1만 5868명이 죽고, 2848명이 실종되었다. 게다가 후쿠시마 원자력 발전소가 폭발해 방사능 오염까지 일으켰다.

우리나라의 최근 10년(2012~21) 동안 지진 발생 횟수는 1058회다. 해마다 평균 100회가 넘는다. 규모 3이 넘는 지진은 2000년대 85회에서 2010년대에는 131회로 급증했다. 작은 지진이 자주 발생하면 큰 지진이 닥칠 가능성이 커진다. 우리나라도 더 이상 지진 안전지대가 아니므로 대책을 세워야 한다는 주장이 나오는 이유가 여기에 있다.

▲ 우리나라는 더 이상 지진 안전지대가 아니다. 2021년 12월 14일 오후 5시 19분 제주도 서귀포시에서 서남서쪽으로 41km 떨어진 바다에서는 규모 4.9의 지진이 일어났다.

낱말 로또

지각 지구의 겉 부분. 평균 두께가 대륙에서는 35km, 해양에서는 5~10km다.

쓰나미 지진이나 화산 폭발 때문에 생기는 해일.

방사능 오염 핵폭발로 발생한 방사능 낙진을 맞거나, 원자력 발전소 등에서 방사성 물질이 유출되어 생명체를 포함한 자연 환경에 일으키는 피해.

지진의 세기와 발생 원인

지진의 세기를 나타내는 단위는 규모와 진도가 있다. 규모란 지진 발생으로 방

FAULT

Transform fault

Horst and graben

Thrust fault

▲ 단층 운동은 지진 발생의 주요 원인 가운데 하나인데, 지각이 단층면을 따라 이동할 때 지진이 일어난다.

출된 전체 에너지의 양을 표시한 수치다. 진도란 지진이 일어났을 때 사람의 느낌이나 주변 물체 또는 건물 등의 흔들림 정도를 표시한 수치다.

규모는 지진의 세기를 객관적으로 나타낸 값이므로 지역에 관계없이 동일하다. 1935년 미국의 지진학자 리히터(1900~85)가 제안했는데, 세계적으로 사용되는 표준 척도다. 진도는 지진 발생으로 나타난 영향을 표시한다. 따라서 같은 규모의 지진이라도 진앙에서 멀수록 값이 감소한다.

낱말 로또

진앙 지진이 발생한 진원에서 수직으로 만나는 지표상의 지점. 가장 큰 진동이 느껴진다.

맨틀 지구 내부의 핵과 지각 사이에 있는 부분. 지구 부피의 83%, 질량의 68%를 차지한다.

대류 운동 뜨거운 기체(액체)가 위로 올라가고 차가운 기체(액체)가 아래로 내려가는 현상.

단층·단층면 단층이란 지각 변동의 결과 지각에 생긴 틈을 경계로 양쪽 지각이 움직여 어긋나는 현상. 단층면은 단층 운동으로 어긋난 경계면을 가리킨다.

지구의 내부는 내핵과 외핵, 맨틀, 지각으로 구성된다. 내핵은 뜨거운 고체 상태이고, 외핵은 뜨거운 액체 상태로 추정된다. 핵을 둘러싼 맨틀은 지각 아래에 있는데, 지각보다는 무거운 고체 상태의 물질로 되어 있다. 외핵과 지각의 온도 차이가 심해 장기간에 걸쳐 대류 운동이 일어난다. 이런 운동은 지각을 일정한 방향으로 잡아당기거나 밀어낸다. 이 과정에서 힘의 균형이 깨지면 지각이 움직이면서 지진이 발생한다.

단층 운동과 화산 활동의 결과로 지진이 일어나기도 한다. 단층 지진은 지각이 단층면을 따라 이동하면서 발생한다. 단층면을 따라 진동이 전달될 때 양쪽 지각이 서로 멀어질 경우 한쪽이 반대쪽 아래로 내려가고, 양쪽 지각이 서로 밀면 한쪽이 위로 솟구친다. 수평 방향으로 미끄러지기도 한다. 화산 지진은 화산의 폭발이나 마그마의 움직임 때문에 일어난다.

> **낱말 로또**
>
> 마그마 땅속 깊은 곳에서 암석이 지열에 녹아 반액체 상태로 된 물질.

우리나라의 지진 발생 역사

우리나라 최초의 지진 발생 기록은 『삼국사기』에 나온다. 서기 2년 고구려 유리왕(재위 기원전 19~서기 18) 때 지진이 일어난 사실이 적혀 있다. 통일 신라 때인 779년에는 경주에서 100여 명의 지진 피해 사망자가 나왔다.

가장 큰 지진은 1643년 7월 울산 근처에서 일어났다. 『조선왕조실록』에 따르면, 당시 울산에서 땅이 갈라지고 물이 용솟음쳤다. 김해와 대구에서는 성과 봉화대가 무너졌다. 서울과 전라도에서도 진동을 느낄 수 있었다. 과학자들은 규모 7~8로 추정한다.

최근에는 2016년 9월 경주에서 규모 5.8의 지진이 일어났다. 기상청에서 지진을 처음 관측한 1978년 이래 최대 규모였다. 원인은 양산단층 또는 주변 단층에서 수평 이동이 일어났기 때문으로 추정한다. 2017년 11월에는 포항에서 규모 5.4의 지진이 일어나 1명이 숨지고 117명이 부상했다. 재산 피해는 846억 원에 이른다. 정부는 포항 지열발전소 건설 과정에서 땅속에 물을 주입해 지진을 촉발했다고 발표했다.

큰 지진은 대부분 지각판의 경계에서 생긴다. 일본

> **낱말 로또**
>
> 조선왕조실록 조선 태조(재위 1392~8)부터 철종(재위 1849~63)까지 25대 472년간의 역사적 사실을 적은 기록.
>
> 양산단층 경북 영덕군에서 경남 양산시를 거쳐 부산에 이르는, 길이 170㎞의 단층. 횡적으로 이동하는 단층이다.
>
> 지열 발전소 지열을 이용해 터빈을 돌려 전기를 생산하는 발전소.
>
> 지각판 지구 겉 부분을 둘러싼 두께 100㎞ 안팎의 암석 판. 유라시아판과 태평양판, 북미판, 남미판, 아프리카판, 인도판 등 크고 작은 10여 개의 지각판이 모자이크 모양을 이루고 있다.

◀ 지난 2017년 11월 포항에서 규모 5.4의 지진이 일어나 건물과 도로 등이 파손되었다.

은 유라시아판과 태평양판이 만나는 곳이어서 지진이 빈번하다. 우리나라는 유라시아판 내부에 자리를 잡아 비교적 안전하다. 하지만 갈수록 지진의 빈도가 높아지고 세기도 커지고 있다. 특히 양산단층처럼 가까운 지질 시대에 단층 운동이 일어난 흔적이 있는 활성 단층에서 대지진의 발생 가능성이 크다.

> **낱말 로또**
>
> **지질 시대** 지구가 만들어진 뒤부터 역사 시대 이전까지의 시대. 시생대와 원생대, 고생대, 중생대, 신생대로 크게 나뉜다.

지진 피해를 줄이는 방법
조기 경보 시스템과 건물 내진 설계 강화 필요

지진을 막을 수는 없지만, 피해를 줄일 수는 있다. 정부는 지진 조기 경보 시스템을 더욱 발전시킬 필요가 있다. 지진이 일어나면 P파(초속 7~8km)와 S파(초속 3~4km) 등 두 종류의 지진파가 동시에 발생한다. P파는 S파보다 빨리 전파되지만, 진폭이 작아 파괴력은 약하다. S파는 느린 대신 진폭이 커서 파괴력이 강하다. 따라서 기상청이 P파를 감지한 뒤 경보를 발령하기까지 걸리는 시간을 1초라도 단축하면 피해를 줄일 수 있다. P파와 S파의 간격은 길어야 수십 초이지만, 지진 발생 5초 전에 예보하면 사망률

> **낱말 로또**
>
> **지진파** 지진으로 생기는 탄성파. P파는 진행 방향과 물질의 진동 방향이 평행한 종파이며, 전파 속도가 느리고 진폭은 작아 피해가 적다. S파는 고체만 통과하는데 진행 방향과 물질의 진동 방향이 수직인 횡파여서, 전파 속도가 느리지만 진폭의 크기가 커 피해도 크다.

을 80%, 20초 전에 예보하면 95%를 줄일 수 있다는 연구 결과도 있다. 건축물의 내진 설계가 제대로 되었는지 관리와 감독도 강화한다. 우리나라는 2017년 12월부터 2층 이상 또는 연면적이 200㎡가 넘는 건축물을 새로 지을 때 내진 설계를 의무화했다.

▲ 우리나라도 지진의 안전지대가 아니다. 지진을 알고 행동 요령을 숙지하면 피해를 줄일 수 있다.

건축업계는 내진 설계 기술을 한층 더 발전시킨다. 내진 설계가 안 된 기존 건물의 내구성을 강화하는 기술도 개발해야 한다. 서울의 경우 내진 성능을 갖춘 건물이 20%가 안 된다. 지질학자는 지진 가능성이 있는 단층대를 항상 감시하고, 진동이나 산사태를 탐지해 지진 발생을 정확히 예측한다.

> **낱말 로또**
>
> **내진 설계** 지진에 대비해 건물이 진동을 견딜 수 있는 힘을 강화하는 일.
> **연면적** 하나의 건물에서 각 층의 바닥 면적을 합친 면적.
> **단층대** 여러 개의 단층이 평행하게 일정한 폭의 띠 모양으로 겹쳐 나타나는 지질 구조.

개인은 정부가 정한 지진 발생 대비 국민 행동 요령을 잘 따른다. 실내에 있을 때 지진이 일어나면 전기와 가스를 차단하고, 건물의 뒤틀림에 대비해 문을 열어 두어 출구부터 확보한다. 그리고 건물 밖으로 뛰어나가다 다칠 위험이 있으니, 이불이나 방석으로 머리를 보호한 채 책상 등 단단한 물체 밑으로 들어가 안전을 지킨다.

일본은 세계 최고 수준의 조기 경보 시스템 갖춰

세계 어느 곳도 지진 안전지대는 없기 때문에 나라마다 나름의 방법으로 지진에 대비한다.

일본은 크고 작은 지진이 자주 발생한다. 그래서 지진 예측과 대비 기술력이 세

▲ 일본의 기상청 청사. 지진 발생 후 5초 만에 지진 피해 예상 지역과 규모를 알리는 조기 경보 시스템을 갖추고 있다.

계 최고 수준이다. 전국에 지진계를 20㎞ 간격으로 촘촘하게 설치했는데, P파를 감지한 뒤 5초 만에 피해 예상 지역과 지진의 규모를 알리는 조기 경보 시스템을 갖췄다. 일본 기상청은 2곳 이상에서 P파가 감지되면 진원과 진앙을 빠르게 파악해 방송사와 통신사에 경보를 보낸다. 지진이 예상되는 지역의 주민에게는 지진 속보가 자동으로 전송된다. 진앙에서 거리가 먼 곳은 진동을 느끼기 전에 지진 속보가 전달되므로 대피 시간을 확보할 수 있다.

미국의 지질조사국(USGC)은 스마트폰을 활용한 조기 경보 시스템을 개발했다. 일정한 지역에서 스마트폰 수천 대의 GPS 수신기가 갑자기 한 방향으로 휘청거리는 현상이 동시에 일어나면 지진일 가능성이 큰 원리를 적용했다. 스마트폰에 지진 조기 경보 시스템 애플리케이션을 내려받는 사람이 많을수록 수집 가능한 데이터가 증가하므로 지진 정보가 더 정확해진다.

중국은 땅이 흔들릴 때 생기는 전파의 변화를 감지해 지진을 예측한다. 지진이 일어나기 전에 지각이 움직이면서 주변 전파에 영향을 미치는 원리를 적용했다. 전파의 세기는 아주 약하므로 지진 위험 지역 주변에 안테나를 묻어 설치한다. 그런 뒤 인공위성과 수시로 전파를 주고받으며 전파의 변화 상태를 확인한다.

> **낱말 로또**
>
> **진원** 지진이 발생한 땅속 깊은 곳. 진원은 대부분 지표에서 72㎞ 이내의 땅속에 있다.
>
> **지질조사국** 미국 정부가 자국 영토의 지형과 천연 자원, 자연 재해 등을 조사하고 지형도와 지질도를 제작하려고 만든 연구 기관.
>
> **GPS** 인공위성에서 보내는 신호를 받아 사용자의 현재 위치를 계산하는 위성 항법 시스템.

과학 산업
⑧

4차 산업 혁명의 두 얼굴

우리나라가 4차 산업 혁명 시대에 효과적으로 대비하지 못한다는 우려의 목소리가 높다. 4차 산업 혁명은 인공 지능과 로봇, 사물 인터넷 기술 등의 발전과 융합에 의해 이뤄진다. 이는 산업 전반뿐만 아니라, 인간의 삶과 사회 환경에까지 큰 변화를 부른다. 따라서 4차 산업 혁명의 실체를 이해하고, 적극 대응할 필요성이 커지고 있다. 4차 산업 혁명의 양면성을 살펴보고, 이에 대응하는 방법을 토론한다.

▼ 4차 산업 혁명은 인공 지능과 로봇, 사물 인터넷 등에 의해 자동화와 연결성이 극대화하는 산업 환경의 변화를 말한다.

토론 주제

4차 산업 혁명의 의미와 양면성을 설명하고, 우리나라가 4차 산업 혁명 시대에 효과적으로 대비할 수 있는 방법을 토론하세요.

함께 읽으면 좋은 책

『클라우스 슈밥의 제4차 산업혁명』

클라우스 슈밥 지음 | 메가스터디북스 펴냄 | 288쪽

4차 산업 혁명의 정의, 4차 산업 혁명을 이끄는 기술과 영향력, 4차 산업 혁명의 방법론과 성공을 위한 제언 등이 담겨 있다.

『십 대가 알아야 할 인공지능과 4차 산업혁명의 미래』

전승민 지음 | 팜파스 펴냄 | 240쪽

예측하지 못한 신세계, 인공 지능에 담긴 허상, 영화 속 상상을 현실로 만드는 기술, 미래의 일자리 등이 담겨 있다.

4차 산업 혁명은 기회이자 위기
우리나라는 준비 부족… 전문 인력 양성 서둘러야

4차 산업 혁명이 본격화하고 있다. 4차 산업 혁명은 독일 출신 스위스의 경제학자 클라우스 슈밥(1938~) 세계경제포럼(WEF) 회장이 2016년 초 스위스의 다보스에서 열린 총회에서 "4차 산업 혁명의 막이 올랐다."라고 선언하면서 수면 위로 떠올랐다.

4차 산업 혁명이란 인공 지능과 로봇, 사물 인터넷 등에 의한 자동화와 연결성이 극대화된 산업 환경의 변화를 말한다.

인공 지능을 탑재한 로봇을 도입해 인간의 노동이 없어도 생산부터 판매 업무까지 자동으로 처리하는 기업이 갈수록 증가하고 있다. 연결성은 생산 기기와

▲ 2016년 1월 세계경제포럼 총회에서 연설하는 슈밥 회장.

제품, 사용자 간의 소통 체계를 사물 인터넷으로 구축하는 것이다. 이를 통해 축적한 빅 데이터는 인공 지능의 능력을 크게 향상시킬 수 있다.

이러한 변화로 인해 스마트 공장이 나오게 되었다. 스마트 공장은 제품의 기획과 생산, 판매에 이르는 모든 과정에 인공 지능과 사물 인터넷, 3D 프린팅 기술을 적용한 맞춤형 공장이다. 스마트 공장에서는 다양한 제품을 값싸게 제작할 수 있기 때문에 생산성이 무척 높아진다. 4차 산업 혁명이 본격화하면 산업 환경뿐만 아니라 인간의 삶까지 바뀐다. 인간은 생산성 향상 덕분에 더 적게 일하고 더 많은 여가 생활을 누릴 수 있다. 또 의학 기술이 발전해 건강이 증진되고 수명도 연장될 것이다.

하지만 전문가들은 "우리나라 기업들이 우물쭈물하는 사이 선진국 기업들이 앞서 나가고 있어 문제."라며 "4차 산업 혁명의 흐름에서 뒤지지 않으려면 지금부터라도 전문 인력의 양성에 적극 투자해야 한다."라고 조언한다. 4차 산업 혁명은 기술 혁신을 발판으로 삼지만 기술 혁신도 창의성과 문제 해결 능력을 갖춘 사람에 의해 이뤄지기 때문이다.

낱말 로또

세계경제포럼 해마다 1~2월 스위스 다보스에서 유명한 기업인, 경제학자, 정치인이 참여한 가운데 열리는 국제 민간 회의.

인공 지능 인간의 지능으로 할 수 있는 학습과 사고, 적응 등의 기능을 갖춘 컴퓨터 시스템.

사물 인터넷 사물에 센서를 부착해 인터넷을 통해 실시간으로 데이터를 주고받는 기술.

빅 데이터 수치와 문자, 영상 자료 등 디지털 환경에서 생성되는 방대한 양의 데이터.

4차 산업 혁명이란 무엇인가

산업 혁명은 기술 혁신이 산업 구조는 물론 사회 구조까지 바꿔 놓는 변화를 말한다. 인류는 지금까지 세 차례의 산업 혁명을 겪었다.

1차 산업 혁명은 18세기 후반부터 증기 기관을 이용해 면직물 산업 등에서 공장식 생산이 이뤄진 것을 말한다. 이 때문에 대규모 노동력이 농업에서 제조업으로 이동했다.

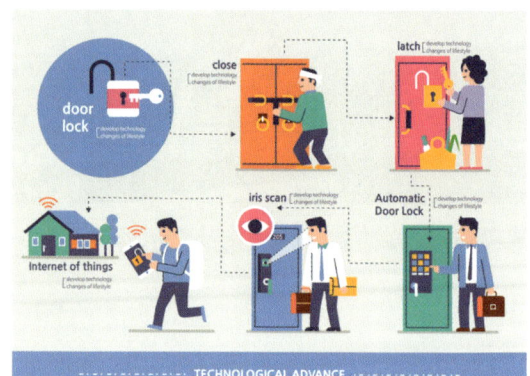

▲ 인류는 세 차례 산업 혁명을 겪었고, 이제 네 번째 산업 혁명을 맞고 있다.

또 도시화가 이뤄지고 핵가족이 등장했으며, 시장이 형성되는 산업 사회가 자리를 잡았다. 2차 산업 혁명은 19세기 후반부터 전기를 이용해 가전제품과 자동차 산업 등에서 대량 생산이 이뤄진 것을 가리킨다. 개인의 원자화가 발생하고, 대중 매체와 대중문화의 발달을 특징으로 하는 고도 산업 사회가 등장했다. 3차 산업 혁명은 20세기 후반부터 컴퓨터와 인터넷 기술을 이용해 정보 통신 산업이 크게 발전한 것이다. 생산의 중심 요소가 자본과 노동에서 지식과 정보로 바뀐 것이 특징이다. 사회는 명령과 복종의 위계질서를 강조하던 수직 구조에서 소통과 협력을 중요하게 여기는 수평 구조로 바뀌었다.

인류는 이제 4차 산업 혁명을 맞고 있다. 인공 지능과 사물 인터넷 기술 등의 발전과 융합에 의해 산업 환경의 변화를 일으키는 것이다. 이러한 융합은 빅 데이터와 로봇, 3D 프린팅, 생명 공학 기술 등이 하나로 연결되고, 다양한 조직과 업종이 서로 연계

낱말 로또

면직물 무명실로 짠 옷감.

핵가족 한 쌍의 부부와 미혼의 자녀만으로 구성된 가족.

개인의 원자화 개인이 사회적 유대감을 잃고 개별화된 존재가 되어 버리는 현상.

되는 것을 뜻한다. 제조업 중심의 산업 구조는 인공 지능을 기반으로 하는 플랫폼 비즈니스 중심으로 바뀌게 된다. 4차 산업 혁명이 진행되면 수평 구조가 더 강화된다. 다양한 기술과 조직, 업종이 연계되고 융합하려면 신뢰를 바탕으로 한 소통과 협력이 중요하기 때문이다.

> **낱말 로또**
>
> **플랫폼** 비즈니스 사업자가 구축한 네트워크에 소비자가 시간과 공간의 제약 없이 참여할 수 있는 사업 형태.

삶의 질 개선되지만 대량 실업 부를 수도 있어

4차 산업 혁명이 변화시킬 미래 사회를 놓고 낙관론과 비관론이 엇갈리고 있다.

낙관론자들은 기술 혁신을 통해 불편함과 위험성이 사라져, 삶의 질이 높아질 것으로 기대한다. 인공 지능과 사물 인터넷을 적용한 스마트 공장이 확산하면, 소비자는 자신의 기호를 만족시킬 수 있는 맞춤형 제품을

▲ 낙관론자들은 4차 산업 혁명이 본격화하면 생산성이 향상되므로 노동 시간이 줄어 인간의 삶의 질이 크게 향상될 것으로 기대하고 있다.

손쉽게 얻을 수 있다. 생산성도 높아져 노동 시간은 크게 줄고 더 많은 시간을 여가 생활에 사용할 수 있다. 질병에 시달리지 않고, 노후 생활도 행복하게 지내게 될 것이다.

비관론자들은 기술 혁신이 인간과 사회를 위기로 몰아넣을 것이라고 주장한다. 인공 지능을 탑재한 로봇은 인간보다 생산성이 훨씬 더 높다. 따라서 경쟁에서 이기는 것을 최우선 목표로 두는 사회 환경이 바뀌지 않으면, 로봇 도입으로 인

한 대량 실업이 발생한다는 말이다. 예를 들면 3차 산업 혁명은 단순 업무에 종사하던 육체 노동자와 사무직 노동자들의 일자리를 빼앗았다. 이에 비해 4차 산업 혁명은 기자와 회계사, 은행원, 의사 등 전문직 종사자들의 일자리까지 위협을 받게 된다는 얘기다.

부의 양극화를 심화시킨다는 우려도 크다. 첨단 기술을 마음대로 활용할 줄 아는 사람은 막대한 부를 쌓을 것이다. 하지만 대다수는 일자리를 잃고 생계를 잇기에도 어려울 만큼 빈곤에 시달리게 된다는 말이다.

인간의 가치가 추락하는 점도 문제다. 인공 지능을 탑재한 로봇은 다양한 분야에서 인간보다 훨씬 뛰어난 능력을 발휘하게 된다. 이렇게 되면 인간은 무력감을 느끼고 자신의 존재를 스스로 업신여긴다는 주장이다.

4차 산업 혁명에 대응하는 길
사람 제일주의 경영 필요… 창의성 교육 강화해야

우리나라가 4차 산업 혁명에서 뒤지지 않으려면 기업들이 인공 지능과 로봇 등 기술 혁신에 앞장서야 한다. 우리 기업들은 지금까지 선진 기술을 재빨리 받아들여 성과를 올리는 방식으로 성장했다.

하지만 4차 산업 혁명 시대에는 이러한 방식이 통하지 않는다. 기술 혁신을 이끌려면 전문 인력을 키워야 하고, 기업 발전의 원동력을 자본에서 사람으로 전환해야 한다. 사람을 귀하게 여기고 사람에게 투자해야 기술 혁신이

▲ 4차 산업 혁명에 대비해 창의성을 기르는 방향으로 교육 구조를 바꿔야 한다.

일어나기 때문이다. 또 조직 구조를 소통과 협력에 적합하도록 바꾸고, 다른 업종과도 긴밀하게 연계할 필요가 있다.

교육 제도도 창의성과 문제 해결 능력을 기르는 방향으로 전환해야 한다. 논리적 추론 능력과 비판적 사고력, 창의성을 바탕으로 한 문제 해결 능력이 4차 산업 혁명을 이끄는 원동력이기 때문이다. 이러한 능력은 교과서의 지식을 외우고 정답을 맞히는 방식으로는 기를 수 없다. 학습자가 자기 주도적인 학습을 통해 지식을 비판적으로 수용할 줄 알아야 이를 터득할 수 있다. 따라서 학습자가 자신의 경험을 바탕으로 지식의 의미를 해석할 수 있도록 도와야 한다.

정부는 대량 실업과 부의 양극화를 막기 위해 좋은 일자리를 창출하고, 부의 편중을 조정하는 정책을 실행한다. 기업이 기술 혁신을 통해 경쟁력을 높이고 고용을 확대하도록 지원하고, 공공 부문의 일자리도 늘려야 한다. 일자리가 없는 사람들을 위해서는 사회 안전망을 확충해야 한다. 이를 위해 기본 소득 제도를 채택하는 방법도 있다. 예컨대 기업이 로봇을 도입할 때 로봇세를 물려 그 재원으로 삼을 수 있다.

공공 부문 공기업과 공공 기관 등 정부가 투자한 기관을 통틀어 이름.

기본 소득 제도 재산이나 일자리가 있건 없건 모든 국민에게 일정한 액수의 생계비를 지급하는 제도.

로봇세 노동자의 일자리를 대체하는 로봇 도입에 매기는 세금.

독일은 일자리 감축 없이 공장에 로봇 도입

독일 등 선진국의 기업들은 4차 산업 혁명에 대비하기 위해 인공 지능과 로봇 기술 등의 개발에 막대한 자금과 인력을 투입하고 있다. 이처럼 기업의 기술 혁신 투자가 효과적으로 이뤄지는 배경에는 정부의 지원이 뒤따르고 있다.

독일 정부는 지난 2012년 '인더스트리 4.0'이라는 정책을 발표하며 세계에서 가장 먼저 4차 산업 혁명에 대비하기 시작했다. 이 정책은 인공 지능과 사물 인터넷을 발전시키고 융합해 미래에도 세계 산업의 주도권을 놓지 않겠다는 전략에서 나왔다. 정부가 앞장서서 비전을 제시한 덕분에 독일은 세계적으로 4차 산업 혁명을 선도하고 있다. 유럽에서는 '인더스트리 4.0'이라는 용어가 4차 산업 혁명과 동의어로 쓰일 정도다.

독일 정부는 기업의 기술 혁신을 돕기 위해 제도를 정비하고, 교육 제도를 개혁 중이다. 기업과 학자, 언론인 등이 4차 산업 혁명에 대응하는 방법을 논의하는 공간을 마련하는 것도 정부의 몫이다. 하지만 정부는 기업이 혁신을 이뤄 나갈 수 있도록 지원만 할 뿐, 생산성을 높이기 위해 기업 구조를 개편하거나 전략을 수립하는 일은 기업의 몫으로 남겨 둔다.

독일 기업들이 좋은 일자리를 지키기 위해 애쓰는 일도 주목할 만하다. 독일의 세계 최대 자동차 부품업체인 보쉬는 고객의 요구에 따라 다품종 소량 생산이 가능하도록 공장에 로봇을 도입했다. 하지만 노동자를 재교육해 일자리 감축 없이 자동화를 이뤄 내는 데 성공했다. 로봇 도입 과정에서 기업과 노동조합이 함께 노력했기 때문이다.

▲ 독일 바덴뷔르템베르크주 게를링겐에 있는 보쉬의 본사.

인터넷 필터 버블에서 벗어나기

한 국회의원이 2022년 2월에 인터넷 이용자에게 추천 알고리즘 서비스의 선택권을 보장하는 내용이 담긴 법안을 발의했다. 인터넷 사업자는 추천 알고리즘을 적용해 이용자의 선호 성향을 파악한 뒤, 이를 바탕으로 맞춤형 정보를 제공한다. 그런데 이용자가 맞춤형 정보를 지속적으로 소비할 경우 자기만의 세계에 갇히는 필터 버블이 생긴다. 필터 버블의 문제점과 필터 버블에서 벗어날 수 있는 방법 등을 토론한다.

◀구글과 유튜브 등 인터넷 사업자는 추천 알고리즘을 이용해 사용자에게 맞춤형 정보를 제공한다.

> 토론 주제

인터넷 추천 알고리즘의 원리와 필터 버블의 문제점을 설명하고, 필터 버블에서 벗어날 수 있는 방법을 토론하세요.

> 함께 읽으면 좋은 책

『카지노와 소셜 스낵』

최영 지음 | 이담북스 펴냄 | 296쪽

관심이 먹여 살리는 세상, 당신의 중독은 설계되었다, 왜 멈출 수 없는가, 견고한 정신의 감옥, 디지털 미니멀리즘 등이 담겨 있다.

『유튜브에 빠진 너에게』

구본권 지음 | 북트리거 펴냄 | 208쪽

슬기로운 SNS 활용법, 슬기로운 유튜브 시청법과 인스타그램 사용법, 슬기로운 뉴스 독해법과 가짜 뉴스 판별법 등이 담겨 있다.

편견과 갈등 부추기는 필터 버블
이용자의 추천 알고리즘 선택권 보장 법안 나와

한 국회의원이 2022년 2월 인터넷 사업자가 제공하는 추천 알고리즘 서비스의 선택권을 이용자에게 보장하는 내용이 담긴 법안을 발의했다. 인터넷 추천 알고리즘 서비스는 개인 정보는 물론 검색과 소비 이력 등으로 파악된 이용자의 선호 성향을 고려해 맞춤형 정보를 제공한다. 이러한 알고리즘이 적용될 경우 검색 창에 같은 단어를 입력해도 이용자에 따라 다른 결과가 나온다.

인터넷에는 정보가 넘치지만 개인에게 가치 있는 정보는 상대적으로 적다. 데이터 스모그란 말이 생겼을 정도다. 따라서 정보를 선택하는 일이 중요한데, 이용자는 원하는 정보를 찾지 못해 스트레스를 받기도 한다. 이런 상황에서 추천 알

▲ 필터 버블이란 인터넷 이용자가 추천 알고리즘 서비스에 의해 제공된 맞춤형 정보를 소비하면서 자기만의 세계에 갇히는 현상을 말한다.

고리즘 서비스는 유익한 정보를 빠르게 찾아 주는 장점이 있다.

하지만 추천 알고리즘 서비스는 이용자의 선택권을 약화시키는 문제가 있다. 자신의 필요나 성향에 맞춰 정보를 스스로 선택하는 일은 이용자의 권리이다. 그런데 맞춤형 정보에 길들여지면 이러한 권리를 지킬 수 없다. 이용자가 자기만의 세계에 갇히는 필터 버블이 일어나는 단점도 있다. 맞춤형 정보를 따라가다 보면 특정한 성향의 정보만 편식해 고정 관념과 편견이 강화된다. 전문가들에 따르면 인터넷 이용자의 경우 자기 성향에 맞는 콘텐츠는 적극 수용하고, 그렇지 않으면 무시하는 경향이 강하다. 또 콘텐츠의 내용이 긍정적이든 부정적이든 이용자의 기존 의견을 강화하는 쪽으로 작용한다.

> **낱말 로또**
>
> **알고리즘** 주어진 문제를 논리적으로 해결하기 위해 필요한 절차와 방법, 명령어들을 모아 놓은 것.
>
> **발의** 국회에서 국회의원이 의결할 안건을 제출하는 일.
>
> **데이터 스모그** 스모그가 대기를 오염시키듯 쓰레기 같은 정보가 인터넷 공간을 어지럽힌다는 뜻에서 나온 말.
>
> **필터 버블** '걸러진(filtering)' 정보만 소비하면서 '거품(bubble)' 안에 갇히는 현상. 걸러진 정보란 맞춤형 정보를 가리키고, 거품은 자기만의 세계를 뜻한다.

필터 버블에 갇히는 이유

필터 버블이 생기는 주된 이유는 대다수 개인이 확증 편향 심리를 가지고 있기 때문이다. 확증 편향이란 자기의 신념과 일치하는 정보만 받아들이고, 그렇지 않은 정보는 무시하는 심리다. 넘치는 정보와 추천 알고리즘 서비스의 편의성도 필터 버블을 발생시킨다. 현대에는 정보량이 너무 많아 개인 스스로 가치 있는 정보를 선별하기 어렵다. 그런데 편리하게도 맞춤형 정보가 제공되기 때문에 보고 싶은 뉴스나 콘텐츠에만 계속 노출된다.

필터 버블에 갇히면 세상을 보는 관점이 비뚤어진다. 예를 들어 유튜브에는 한쪽으로 치우친 정치 콘텐츠가 넘친다. 그런데 특정 정치 성향을 띤 이용자의 휴대 전화에서는 성향이 다른 콘텐츠가 자동으로 걸러진다. 따라서 성향이 비슷한 콘텐츠만 소비하면서 자신의 생각만 옳고 상대의 생각은 틀렸다는 신념이 강화된다.

필터 버블은 민주주의를 약화시키는 문제도 있다. 생각이 다른 사람들이 대화하는 문화가 자리를 잡아야 민주주의가 발전한다. 또 어떤 정책이든 구성원들의

▲ 필터 버블에 갇히면 다른 의견을 가진 사람들과 소통하거나 합의하기 어렵게 만들어 민주주의를 가로막는다.

합의에 의해 제도화되어야 권력자가 바뀌어도 지속성을 유지할 수 있다. 상대를 공존해야 할 동반자로 인정할 때, 대화와 합의 문화가 뿌리를 내릴 수 있다. 하지만 필터 버블에 갇히면 상대를 타도해야 할 적으로 여기게 된다. 커뮤니티의 게시판에 반대 의견을 달면 벌떼처럼 달려들어 인신공격을 퍼붓는다. 의사를 소통하면서 정치적 갈등을 해소하지 못하고 오히려 상황이 악화되는 것이다.

> **낱말 로또**
>
> 콘텐츠 인터넷으로 제공되는 각종 정보나 내용물.
>
> 제도화 법률을 만들어 사회 구조의 일부로 삼는 일.
>
> 커뮤니티 공동의 목적 또는 이념을 가진 네티즌이 모여서 인터넷 공간에 만든 공동체.
>
> 인신공격 남의 신상에 관한 일을 들어 비난함.

추천 알고리즘이란 무엇인가

▲ 추천 알고리즘에 내장된 인공 지능의 경우 개인 정보는 물론 검색과 소비 이력 등을 바탕으로 이용자가 좋아할 만한 콘텐츠를 예측한다.

인터넷 추천 알고리즘에 내장된 인공 지능(AI)은 개인 정보와 검색 이력, 소비 이력 등을 바탕으로 이용자의 선호 성향을 학습하는 딥 러닝을 거친다. 인공 지능은 이 과정을 통해 이용자가 좋아할 만한 콘텐츠를 예측할 수 있게 된다.

추천 알고리즘에는 협업 필터링 기술과 콘텐츠 기반 필터링 기술이 있다. 협업 필터링 기술은 성향이 비슷한 이용자들이 소비한 콘텐츠를 기반으로 이와 비슷한 콘텐츠를 추천한다. 선호 성향이 비슷한 다른 이용자를 찾아낸 뒤, 그가 소비한 콘텐츠 목록 가운데 이용자가 아직 소비하지 않은 콘텐츠도 추천 목록에 포함시킨다. 이에 비해 콘텐츠 기반 필터링 기술은 이용자가 소비한 콘텐츠 정보를 바탕으로 다른 콘텐츠를 추천한다. 이용자가 유튜브에서 특정 영화를 감상했을 경우, 줄거리, 장르, 감독, 배우, 등장인물 등 주요 정보를 추출해 이와 비슷한 특성의 다른 영화를 추천하는 식이다.

협업 필터링 기술은 많은 이용자가 다수의 콘텐츠를 소비한 경우에만 콘텐츠 추천이 가능하다. 이에 비해 콘텐츠 기반 필터링 기술은 이용자가 콘텐츠를 소비한 데이터가 적어도 맞춤형 정보를 제공할 수 있다. 인공 지능이 비슷한 유형의 콘텐츠를 판단할 수 있기 때문이다. 하지만 콘텐츠를 소비한 이력이 많은 이용자에게는 한쪽으로만 치우친 콘텐츠를 추천할 가능성이 크다. 콘텐츠 소비 이력이 없는 새로운 이용자에게는 맞춤형 정보를 제공할 수 없는 단점도 있다.

> **낱말 로또**
>
> **인공 지능** 인간의 지능이 가지는 학습, 추리, 적응, 논증 등의 기능을 갖춘 컴퓨터 시스템.
>
> **딥 러닝** 컴퓨터가 대량의 정보를 분석해 스스로 학습하는 능력을 갖추도록 한 기술.
>
> **장르** 소설이나 영화 등을 주요한 특징에 따라 분류하는 갈래. 영화 장르에는 멜로, 코미디, 로맨틱 코미디, 액션 등이 있다.

필터 버블을 벗어나는 방법
알고리즘에 적용되는 정보 공개하도록 해야

필터 버블에서 벗어나려면 정부는 이용자가 추천 알고리즘 서비스에 대한 선택권을 가질 수 있도록 법을 만들어야 한다. 인터넷 사업자가 추천 알고리즘을 적용할 경우 이용자의 동의를 받게 하는 방법이 있다. 연령과 성별, 검색과 소비 기록 등 추천 알고리즘에 적용되는 정보를 이용자에게 의무적으로 공개하도록 하는 제도도 갖춰야 한다.

사업자는 이용자에게 편향된 정보만 추천하지 않도록 한다. 이용자의 성향이나 관심사에 맞지 않는 뉴스와 콘텐츠도 함께 추천하도록 알고리즘을 개선할 필요가 있다. 예를 들어 특정 주제에 대해 보수와 진보 성향의 사설을 같이 보여 주는 식이다.

학교에서는 미디어 리터러시 교육을 강화한다. 많은 청소년이 유튜브의 자극적인 콘텐츠를 비판 없이 받아들이면서 문제 행동을 일으킨다. 스웨덴과 덴마크, 프랑스 등은 미디어 리터러시를 공교육의 정규 과목으로 도입했다. 우리나라도 학교에서 나쁜 콘텐츠를 거를 수 있도록 가르쳐야 한다.

▲ 이용자에게 추천 알고리즘 서비스에 대한 선택권을 주어야 필터 버블에서 벗어날 수 있다.

> **낱말 로또**
>
> 사설 신문이나 시사 잡지에서 중요한 이슈에 대한 의견을 밝히는 논설.
>
> 미디어 리터러시 미디어가 제공하는 정보를 비판적으로 수용하고, 미디어를 활용해 자신의 생각을 공유할 수 있는 능력.
>
> 쿠키 인터넷 웹 사이트의 방문 기록을 남겨 사용자와 웹 사이트 사이를 맺어 주는 정보.

무엇보다 이용자가 개인 정보를 스스로 지켜야 한다. 쿠키를 주기적으로 삭제해 인터넷 방문과 검색 기록을 남기지 않는다. 이용자가 정보를 비판적으로 수용하는 일도 중요하다. 이를 위해 독서를 통해 비판적 사고력과 균형 감각을 갖춘다. 폭력이나 혐오를 부추기는 콘텐츠는 선택하지 않는다. 자신의 관심사에 대해 서로 다른 입장을 보여 주는 콘텐츠를 함께 보면서 근거를 따지고 비교하는 습관도 들인다.

해로운 콘텐츠 제공 사업자 처벌하는 법안 내놔

미국의 민주당 하원 의원들은 2021년 10월 고유 접속자가 500만 명을 넘는 플랫폼을 대상으로 악성 알고리즘 방지 법안을 발의했다. 이 법안에는 사업자가 해로운 콘텐츠를 추천할 경우 법적인 책임을 지게 하는 내용이 담겨 있다.

▲ 미국의 악성 알고리즘 방지 법안에는 해로운 콘텐츠를 추천한 사업자에게 법적인 책임을 지게 하는 내용이 담겨 있다.

알고리즘은 사용자의 참여를 적극 유도할 수 있는 콘텐츠를 추천하는 까닭에 사용자들이 극단적인 의견에 노출되기 쉽다. 하지만 지금까지 알고리즘이 추천한 콘텐츠가 해악을 끼쳐도 사업자가 처벌을 받지는 않았다.

미국의 언론사들은 독자들이 균형 감각을 유지하도록 돕는다. 뉴욕타임스 등은 정보의 사실 여부를 철저하게 검증해 허위 정보가 퍼지지 않게 한다. 또 앱 스토어에서 뉴스를 균형 있게 소비하도록 돕는 애플리케이션을 내려받아 이용하도록 한다. 독자가 읽은 뉴스가 한쪽으로 치우치면, 반대 성향의 뉴스를 읽으라고 권고하는 알림을 발송한다. 또 특정 주제에 대해 진보 성향과 보수 성향의 사설을 함께 보여 준다. 이를 통해 서로 다른 의견을 동시에 보면서 근거를 따지고 비교하게 만든다.

미국은 학교에서 미디어 리터러시 교육을 실시한다. 이 교육은 청소년들이 비판적인 사고력을 갖춰 필터 버블에 갇히지 않게 돕는다. 워싱턴주는 2016년 최초로 미디어 리터러시 교육에 관한 학교법을 통과시켰다. 그 뒤 14개 주에서 미디어 리터러시 교육을 위한 교육법을 만들었다. 이 법에는 학교에서 뉴스와 콘텐츠에 담긴 내용의 사실 여부를 검증하고, 근거 있는 주장인지 분석하는 능력을 기르도록 가르치는 내용이 담겨 있다.

낱말 로또

뉴욕타임스 1851년에 창간된 미국의 대표적인 일간 신문. 정치와 국제 문제에 관한 기사는 높은 평가를 받는다.

애플리케이션 특정한 업무를 수행하기 위해 개발된 응용 소프트웨어.

워싱턴주 미국 태평양 연안에 있으며, 북쪽으로 캐나다에 접한 주.

과학 산업 ⑩

윤리적 소비가 지속 가능한 성장 이끈다

▲ 국제공정무역기구는 5월 둘째 주 토요일을 '공정 무역의 날'로 지정해 해마다 기념하고 있다.

지속 가능성이 세계적인 이슈로 떠오르며 윤리적 소비가 관심을 끌고 있다. 국제공정무역기구는 해마다 5월 둘째 주 토요일을 '공정 무역의 날'로 정해 기념한다. 그러나 우리나라의 경우 젊은층을 중심으로 가치 소비 바람이 불고는 있지만, 아직 뿌리를 내리지 못하고 있다. 윤리적 소비란 상품의 윤리성을 중요하게 여기는 소비 활동이다. 윤리적 소비의 의미와 우리나라에서 윤리적 소비가 정착하지 못한 까닭을 살펴보고, 윤리적 소비를 활성화하는 방법을 토론한다.

토론 주제

윤리적 소비의 개념과 우리나라에서 윤리적 소비가 활성화하지 못한 까닭을 설명하고, 윤리적 소비를 촉진할 수 있는 방법을 토론하세요.

함께 읽으면 좋은 책

『사회 선생님이 들려주는 공정무역 이야기』

전국사회교사모임 지음 | 살림출판사 펴냄 | 272쪽

사회를 움직이는 소비자의 힘, 무역의 중요성, 희망을 만드는 공정 무역, 공정 무역 생산자와 소비자 이야기 등이 들어 있다.

『세상에 대하여 우리가 더 잘 알아야 할 교양 59 윤리적 소비, 윤리적 소비와 합리적 소비, 우리의 선택은?』

위문숙 지음 | 내인생의책 펴냄 | 128쪽

윤리적 소비가 필요한 이유와 개념, 생명·인권·동물·환경·공동체를 위한 윤리적 소비, 윤리적 소비의 힘 등이 담겨 있다.

윤리적 소비로 약자 돕고 환경도 지킨다
우리나라는 아직 윤리적 소비 뿌리 못 내려

커피는 대표적인 불공정 무역 상품으로 분류된다. 프랜차이즈 카페에서 커피 한 잔을 팔 때 커피 생산 농가에 돌아가는 이윤은 1~3% 수준이다. 나머지는 식품 회사에서 가져간다. 이 같은 행태를 바꾸려고 시작된 운동이 공정 무역이다. 생산자에게 정당한 대가를 제공하고, 소비자에게는 좀 더 질 좋은 제품을 공급하자는 취지다.

하지만 우리나라는 아직 윤리적 소비가 활성화하지 못했다. 2022년 기준 세계 공정 무역 시장 규모는 15조 원으로 추정된다. 우리나라는 500억 원 수준이다. 이에

◀공정 무역을 실천하지 않으면 생산자 농가의 어린이들은 학교에 가지 못하고 노동에 시달려야 한다.

앞서 2016년 아시아·태평양 지역 14개국을 대상으로 '착한 소비 지수'를 조사한 결과에서도 우리나라는 11위를 기록했다. '착한 소비 지수'는 공정 무역 제품과 친환경 제품, 기부금 자동 적립 제품의 구매 비율을 합쳐 산출한 점수다.

윤리적 소비란 상품의 윤리성을 중요하게 여기는 소비 활동을 말한다. 모든 상품은 생산 과정에서 인간과 동물, 환경과 밀접한 관계를 가진다. 이러한 관계를 따져 인간과 동물, 환경에 해로운 상품을 사지 않는다면 소극적인 차원의 윤리적 소비를 하는 것이다. 나아가 좀 귀찮고 비싸더라도 인간과 동물, 환경에 선한 영향을 미치는 상품을 사는 행위는 적극적인 차원의 윤리적 소비다.

윤리적 소비의 대표적인 사례는 공정 무역 제품을 사는 행위다. 대다수 개발 도상국의 농민과 노동자들은 다국적 기업들의 힘에 눌려 커피 원두나 카카오 등을 헐값에 판매한다. 공정 무역은 직거래를 통해 커피와 초콜릿 등을 정당한 가격에 구입하는 일이다. 이를 통해 소비자들은 개발 도상국의 농민과 노동자들에게 정당한 대가를 지불해 경제적 자립을 지원할 수 있다.

낱말 로또

개발 도상국 산업의 근대화와 경제 개발이 선진국에 비해 뒤진 나라.

다국적 기업 세계 각지에 공장과 회사를 설치하고 생산과 판매 활동을 하는 기업.

윤리적 소비란 무엇인가

소비는 인간의 생존 욕구를 충족시키기 위해 필요한 물건을 사는 행위다. 합리적인 소비는 자신이 가진 돈의 범위 안에서 꼭 필요한 물건을 사서 가장 큰 만족감을 얻는 활동이다. 이를 위해서는 상품의 가격과 만족감을 비교해야 한다. 같은 값이면 더 큰 만족감을 얻을 수 있는 상품을 선택하고, 같은 만족감을 얻는다면 값이 더 싼 상품을 구입해야 한다.

합리적 소비에 치중할 때 만족감을 좌우하는 가장 중요한 기준은 품질

▲ 윤리적 소비는 만족감을 얻는 기준을 제품의 윤리성에서 찾는다.

이었다. 그런데 오늘날에는 소비자들이 만족감을 느끼는 기준에 변화가 생겼다. 소비가 생존 욕구를 충족시키는 데 머물지 않고, 자신의 정체성을 표현하는 행위로 바뀌었다. 따라서 상표의 상징성이 만족감의 기준이 되었다. 예를 들면 '베블런 효과'는 상품의 가격이 오를 때 오히려 이를 구매하려는 사람이 늘어나는 현상을 말한다. 소비를 통해 자신의 사회적 지위를 과시하려는 욕구 때문이다. 따라서 오늘날에는 상징적 소비가 합리적 소비 못지않게 중요한 의미를 갖는다. 최근에는 윤리적 소비가 주목을 받는다. 윤리적 소비란 만족감을 얻는 기준을 제품의 윤리성에서 찾는 가치 소비를 말한다. 공정 무역에서 보듯 소비를 통해 사회적 약자를 도울 수 있다는 깨달음이 윤리적 소비 의식을 일깨웠다. 동물을 보호하면서도 환경을 지킬 수 있다는 생각이 윤리적 소비를 더욱 확산시키고 있다. 환경을 보호하기 위해 제조 과정에서 자투리 천을 덜 남긴 옷이나, 오래

입을 수 있는 옷을 사는 행위도 윤리적 소비에 해당한다. 전문가들은 윤리적 소비가 정착되면 지속 가능한 성장을 이루는 데 크게 기여할 것으로 보고 있다.

> **낱말 로또**
>
> **가치 소비** 자신이 지향하는 가치를 포기하지 않는 대신 가격이나 만족도 등을 세밀히 따져 소비하는 성향.

윤리적 소비 왜 확산되지 않을까

▲ 우리 사회에는 윤리적 소비보다는 합리적 소비나 상징적 소비를 중요하게 여기는 소비자들이 더 많다.

윤리적 소비는 기업의 사회적 책임을 강화해 더 좋은 세상을 만드는 데 이바지할 수 있다. 하지만 우리나라에서는 아직 정착되지 못하고 있다.

합리적 소비나 상징적 소비를 윤리적 소비보다 더 중요하게 여기는 소비자가 더 많기 때문이다. 소비자는 구매 행위를 통해 자신의 목소리를 기업과 사회에 전달할 수 있다. 대다수 소비자는 만족감을 얻는 기준을 품질이나 상표의 상징성에서 찾는다. 기업은 사회적 약자를 존중하고 환경을 지켜야 할 책임이 있는데, 소비자들이 합리적 소비나 상징적 소비를 중요하게 여긴다면, 사회적 책임을 다하기 위해 노력할 이유가 없다.

윤리적 소비가 정착되지 못한 까닭은 유통망이 제한되어 있는 탓도 크다. 윤리적 소비에 호소하는 제품은 전문 매장과 대형 마트, 백화점 등을 통해서도 판매되지만, 생활 협동조합이 가장 중요한 유통망이다. 생활 협동조합은 소비자와 생산자의 협력을 통해 공정한 사회를 만들려는 목적을 가지고 있기 때문이다.

그런데 생활 협동조합을 이용하는 소비자가 많지 않아 윤리적 소비를 접할 기회가 적다.

윤리적 소비에 호소하는 상품이 다양하지 않고, 품질이 좋은 제품이 많지 않은 점도 문제다. 소비자의 의지가 선하다고 곧바로 윤리적 소비가 이뤄지지는 않는다. 자기에게 필요하지도 않거나 품질이 나쁜 제품을 착하다는 이유만으로 구매할 수는 없기 때문이다. 소비자의 욕구를 충족시킬 수 있는 제품이 제공되지 못하면 윤리적 소비를 하고 싶어도 실천으로 이어지지는 못한다.

생활 협동조합 생산자와 공정한 거래를 통해 생활 물자를 구입하기 위해 소비자들이 만든 협동조합.

윤리적 소비를 촉진하는 방법
소비자가 공정 무역과 친환경 상품 적극 구매해야

▲ 공정 무역 상품을 많이 소비할수록 스스로를 돕게 된다.

윤리적 소비를 활성화하려면 소비자들이 생각을 바꿔야 한다. 유권자들이 투표권을 행사해 자신의 의견을 정치에 반영하듯, 소비자들도 자신의 소비 선택 행위에 따라 사회를 바람직한 방향으로 이끌 수 있음을 알아야 한다. 소비자들이 인간과 동물, 환경에 해로운 상품을 거부하면, 기업이 사회적 책임을 다하려는 의지가 강화되기 때문이다. 또 친환경 제품과 공정 무역 제품을 선택할 경우 지속 가능한 성장을 이룰 수 있다.

윤리적 소비에 호소하는 기업들이 다양하고 질 좋은 제품을 만드는 일도 중요하다. 윤리적 소비를 하고 싶어도 필요한 물건을 찾지 못해 빈손으로 돌아가는 소비자가 적지 않다. 품질이 기대만큼 좋지 않아 윤리적 소비를 외면하는 소비자도 있다. 바람직한 사회적 가치를 추구하는 기업도 경쟁력을 갖춰야 살아남을 수 있다. 친환경 제품을 생산하고 공정 무역 제품을 취급하는 기업은 기술 혁신을 통해 소비자의 욕구를 충족시킬 수 있어야 한다.

정부는 인증 제도를 강화하고, 널리 알릴 필요가 있다. 윤리적 소비와 관련해 현재 다양한 인증 마크가 활용되고 있다. 공정 무역 마크와 친환경 상품 마크 외에도 에너지 절약 마크, 동물 복지 마크, 사회적 기업 인증 마크 등이 있다. 정해진 기준을 통과한 상품에 이런 마크를 표시할 수 있도록 해서 소비자의 선택을 도우려는 목적이 있다. 하지만 소비자들이 이러한 인증 제도를 잘 모르기 때문에 실효성이 떨어지는 것이다. 정부는 인증 제도를 적극 알리고, 통과 기준을 더 엄격하게 정해 소비자들의 신뢰도 얻어야 한다.

> **낱말 로또**
>
> 인증 제도 정부가 특정한 요건을 충족한 제품을 보증하는 제도.

선진국엔 윤리적 소비 실천하는 소비자 많아

영국은 윤리적 소비가 처음 시작된 나라다. 한 소비자 단체가 1989년에 간행한 잡지에서 '윤리적 소비'라는 말을 처음 사용했다. 역사가 오래된 만큼 윤리적 소비를 선호하는 소비자들의 의식도 강하다. 예를 들어 2023년 1월 현재 '공정 무역 마을'이 세계 37개국 2209곳이 인증되어 있는데, 영국에만 377곳이 있다. 공정 무역 매출 규모도 2020년 현재 2조 4000억 원을 넘는다. 윤리적 소비가 활성화된 배경에는 생활 협동조합이 있다. 영국의 생활 협동조합이 취급하는 모든 커피는 오래전에 공정 무역 커피로 교체되었다. 나아가 초콜릿과 바나나, 파인애플, 와인도 공정 무역 제품의 비중이 높다.

미국에서는 교회와 학교 등이 윤리적 소비를 알리는 통로 역할을 하고 있다. 미국은 세계 공정 무역 시장의 약 3분의 1을 차지하는 최대 시장이다. 공정 무역 제품을 취급하는 협동조합은, 기독교 단체와 공동으로 운영하는 프로그램을 통해 공정 무역을 알리고 있다. 공정 무역을 위한 모금 행사도 벌인다. 미국의 공립 학교들은 부족한 재정을 충당하기 위해 정기적으로 모금 행사를 벌인다. 많은 학교에서 이 행사를 주도하는 학부모들은 공정 무역 제품을 팔아 수익을 남기고 개발 도상국의 농민과 노동자들을 돕

▲ 영국에서 발행되는 잡지 '윤리적 소비자'는 윤리적 소비에 관한 정보를 풍부하게 제공한다.

는다. 미래의 소비자가 될 학생들도 이 행사에 참여해 윤리적 소비를 배운다. 또 공정 무역 교재들이 출간되어 윤리적 소비에 대한 이해를 돕는다. 한 협동조합이 개발한 교재는 4~9학년생을 대상으로 사회나 경제, 수학 등의 과목과 연계해 학생들이 식품의 생산과 교역, 공정 무역을 두루 배울 수 있도록 했다.

과학 산업 ⑪

대체육 산업 어떻게 육성할까

▶ 젊은층을 중심으로 축산육 대신 대체육을 찾는 소비자들이 늘고 있다.

대체육 시장이 빠르게 성장하고 있다. 이에 따라 대체육 산업에 대한 투자도 크게 늘어나고 있다. 한 투자 은행이 2022년 3월 발표한 보고서에 따르면, 지난해 세계 대체육 산업 투자액이 전년의 2배를 기록했다. 대체육은 고기와 식감, 모양이 비슷한 대체 단백질 식품이다. 대체육 시장이 빠르게 커지는 이유는 환경과 건강에 대한 소비자의 관심도가 높기 때문이다. 대체육 시장이 커지는 까닭을 분석하고, 대체육 산업을 육성할 수 있는 방법을 토론한다.

> 토론 주제

대체육 시장이 커지는 이유와 대체육의 제조 방법을 설명하고, 대체육 산업을 육성할 수 있는 방법을 토론하세요.

> 함께 읽으면 좋은 책

『고기에 대한 명상 인공 고기와 육식의 미래』

벤저민 A. 워개프트 지음 | 돌베개 펴냄 | 444쪽

배양 고기는 세상을 바꿀 수 있을까, 고기에 대한 갈망은 인간의 본성인가, 배양 고기의 산업화를 둘러싼 우려 등이 담겨 있다.

『왜 육식이 문제일까?』

이수종 지음 | 반니 펴냄 | 136쪽

인간과 육식, 육식의 도구가 된 지구, 기후 위기와 육식, 과도한 육식이 건강을 망치다, 미래를 위한 식생활 등이 담겨 있다.

대체육 시장이 커진다
대체육에 투자 몰려… 환경과 건강에 관심 높아져

대체육 시장이 빠르게 성장하고 있다. 세계 대체육 시장 규모는 2021년 8조 원을 넘었고, 2025년에는 13조 원으로 커질 전망이다. 이에 따라 대체육 산업에 대한 투자도 크게 늘어나고 있다. 한 투자 은행이 2022년 3월 발표한 보고서에 따르면, 2021년 세계 대체육 산업 투자액이 전년의 2배를 넘는 12조 2000억 원을 기록했다.

대체육이란 고기와 모양, 식감이 비슷한 대체 단백질 식품을 말한다. 전문가들은 대체육 시장의 성장 추이를 볼 때, 2040년에는 세계 육류 시장의 60%를 차지할 것으로 보고 있다. 국내 대체육 시장 규모는 2021년 약 200억 원이다. 전년 대

▲ 젊은층을 중심으로 대체육을 선호하는 사람이 늘어나고 있어 대체육 시장의 전망은 밝다.

비 30%쯤 성장한 것으로 추산된다. 젊은층을 중심으로 대체육의 선호도가 높아지고 있어 전망은 더욱 밝다. 2022년 2월 한 여론 조사 기관이 전국 20~30대 남녀 1000명을 대상으로 대체육에 대해 조사한 결과, 68%가 '긍정적으로 생각한다.'고 대답했다. 환경 또는 동물 복지를 위해서라는 답변이 많았다. 대체육을 경험한 적이 있다고 한 응답자는 43%였다.

대체육에 대한 인식이 바뀌는 점도 주목된다. 과거에는 대체육을 '콩고기'라고 부르며 채식주의자만 찾는 특수 식품으로 취급했다. 하지만 최근에는 '웰빙 식품'으로 여기는 사람이 늘고 있다. 특히 소화가 안 되는 노인, 대사성 질환이나 심혈관 질환에 걸린 환자가 축산육보다는 대체육을 먹는 게 낫다.

> **낱말 로또**
>
> **투자 은행** 증권 투자를 전문으로 하는 은행.
>
> **대사성 질환** 당뇨병, 고혈압, 고지혈증 등 인체 내 물질대사의 이상으로 생기는 질환.
>
> **심혈관 질환** 심장과 주요 혈관에 발생하는 질환.

대체육 시장이 커지는 이유

사람은 단백질 식품을 먹어야 한다. 체중 1kg에 하루 0.8~1g의 단백질을 섭취해야 건강에 좋다. 단백질은 열량도 내지만, 근육을 만들고 그 기능을 발휘하도

▲ 공장식 축산으로 사육하는 닭은 횃대에 오르고 모래 목욕을 하는 습성을 억압해 동물 복지를 훼손한다.

록 하는 데 필요하다. 세포를 구성해 머리카락과 피부 등의 주성분을 이루며, 물질대사의 촉매 작용을 해서 생명 현상을 유지하도록 돕는다. 사람들 대다수는 쇠고기나 돼지고기, 닭고기 등의 축산육을 먹어 단백질을 섭취한다.

대체육 시장이 빠르게 성장한 배경에는 지구 온난화가 있다. 온실가스가 지나치게 늘어나 생존 환경에 악영향을 미친 결과, 생물체를 멸종 위기에 몰아넣고 있다. 온실가스의 약 80%는 이산화탄소이고, 5%는 메테인이 차지한다. 메테인의 비중은 적지만 온실 효과는 이산화탄소보다 훨씬 더 강력하다. 그런데 메테인의 14.5%는 축산업에서 발생한다. 육류 소비가 많으면 그만큼 지구 온난화가 빨라진다는 얘기다.

동물 복지에 대한 관심도 대체육 시장의 성장을 촉진하고 있다. 축산육은 대부분 공장식 축산을 통해 생산된다. 그런데 공장식 축산은 동물 복지를 해친다. 동물 복지에는 학대와 살상 등을 당하지 않을 권리, 고통을 최소화하는 환경에서 살 수 있는 권리 등이 포함된다. 동물 복지를 보장하려면 생태적 습성을 최대한 지킬 수 있도록 해야 한다. 예를 들어 닭은 횃대에 오르고 모래 목욕을 하는 습성이 있다.

낱말 로또

물질대사 생물체가 몸 밖에서 섭취한 영양 물질을 몸 안에서 분해 또는 합성해 생체 성분이나 생명 활동에 쓰이는 물질이나 에너지를 만들고, 필요하지 않은 물질을 몸 밖으로 내보내는 작용.

촉매 자신은 변하지 않으면서 다른 물질의 화학 반응 속도를 빠르게 하거나 늦추는 물질.

온실가스 이산화탄소와 메테인 등 태양열을 머금었다가 내뿜어 기온을 상승시키는 가스.

메테인 천연 가스의 주된 성분. 이산화탄소와 함께 지구 온난화를 일으키는 주요 원인이다.

공장식 축산 최소 비용으로 최대 생산량을 산출할 수 있도록 동물을 대규모 밀집 사육하는 방식.

공장식 축산은 밀집 사육을 하기 때문에 생태적 습성을 억압한다.

대체육을 제조하는 방법

대체육은 동물성과 식물성으로 나뉜다. 동물성 대체육은 동물 세포를 배양해 만든다. 배양이란 인공 환경을 만들어 생물 세포와 조직, 미생물 등을 기르는 것이다. 식물성 대체육은 식물에서 추출한 단백질을 가공해 만든다.

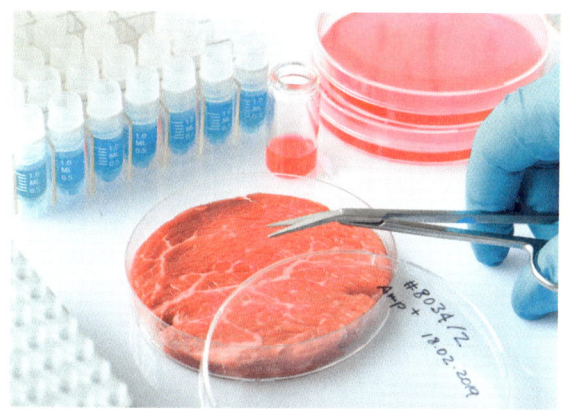

▲ 동물성 대체육은 인공 환경에서 동물 세포를 배양해 만들기 때문에 배양육으로도 불린다.

동물성 대체육을 만들려면 수준 높은 기술이 필요하다. 그래서 식물성 대체육보다 역사가 짧은데, 선진국에서 시제품이 나오는 정도다. 줄기세포는 세포 분열이 왕성하다. 동물성 대체육은 소나 돼지, 닭의 근육에서 추출한 줄기세포를 배양액에 주입한 뒤 2~3주 동안 증식시켜 만든다. 배양액에는 줄기세포의 증식에 필요한 영양소가 들어 있다. 줄기세포는 고기의 근육 조직과 비슷한 구조체 안에서 분화와 성숙 단계를 거친다. 실제 고기는 동물의 근육이고, 단순한 세포 덩어리는 씹히는 맛이 없다. 그래서 줄기세포를 대량으로 배양한 뒤 근세포를 만들고, 이를 성장시켜 고기의 조직을 생산한다. 여기에 전기 충격을 가하면 씹히는 맛을 늘릴 수 있다.

> **낱말 로또**
>
> **조직** 같은 기능과 구조를 가진 세포의 집단. 동물에서는 근육 조직, 신경 조직, 상피 조직 등이 있다.
>
> **줄기세포** 여러 종류의 세포로 분화할 수 있는 미분화 세포. 분화란 생물의 세포나 조직이 각각에게 주어진 일을 수행하기 위하여 형태나 기능이 변화하는 것을 말한다.

식물성 대체육의 원료는 녹두와 밀도 쓰이지만 대개 콩을 사용한다. 콩에서 추출한 단백질에 섬유질과 효모 등을 섞어 만든다. 실제 고기와 비슷한 모습과 특성을 갖추려고 여러 첨가물을 넣는다. 불그스름한 색감은 당근이나 식물의 뿌리혹 등에서 추출한 색소를 사용해 재현한다. 또 감자 전분 등에서 추출한 섬유질을 넣어 고기와 비슷한 식감을 구현한다. 여기에 고기의 육즙 맛을 내기 위해 코코넛 오일을 넣기도 한다.

> **낱말 로또**
>
> **근세포** 근육 조직을 구성하는 섬유 모양의 세포.
>
> **섬유질** 섬유로 이루어진 물질. 섬유는 단백질 실을 말한다.
>
> **효모** 엽록소가 없는 단세포로 이루어진 원형 또는 타원형의 균류. 식품을 제조할 때 발효와 부풀리기에 이용한다.

대체육 산업을 육성하는 방법
식감 개선 시급… 환경 등 고려한 가치 소비 늘려야

대체육 산업을 키우려면 정부가 지원을 아끼지 말아야 한다. 정부는 2020년에 대체육 중심의 대체 식품을 유망 식품으로 지정했다. 2022년까지 대체 식품 산업을 집중 육성하기 위한 로드맵도 마련하겠다고 발표했다. 로드맵에는 연구 개발비를 세금 공제 대상에 포함하고, 대체육 표시 기준도 들어간다.

하지만 2023년 1월 현재 제시되지 않고 있다. 대체육 산업과 축산업계의 갈등부터 해결해야 하기 때문이다. 축산업계는 대체육은 고기가 아니므로 대체 식품이라는 명칭을 써야 한다고 주장한다. 이런 목소리에 밀려 기업은 투자를 꺼리고, 소비자도 혼란을 느낀다.

기업은 기술 개발을 통해 대체육의 식감을 향상시켜야 한다. 대체육의 식감은 축산육에 미치지 못한다. 특히 식물성 대체육의 식감을 개선하려면 고기 근육 조직에 가까운 섬유질을 개발할 필요가 있다. 동물성 대체육도 고기 근육 조직에 가까운 구조체를 개발해야 식감 개선이 가능하다. 구조체에 줄기세포를 채

▲ 대체육 산업을 육성하려면 환경과 동물 복지에 관심을 가진 소비자가 늘어나야 한다.

워 대체육을 배양하는데, 구조체가 맛과 질감을 결정하기 때문이다. 지금의 기술로는 한계가 있어 두툼한 생고기 크기로 배양하지 못하고, 작은 고깃덩어리를 뭉쳐 놓은 패티 형태로 개발 중이다. 따라서 대형 배양 장비를 개발해 가격을 낮출 필요가 있다. 소비자는 가치 소비에 힘쓴다. 국내 채식 인구는 300만 명이 안 된다. 이들만으로는 대체육 산업이 성장하기 어렵다. 더 많은 소비자가 환경 보전과 동물 복지에 관심을 갖고, 대체육을 소비해야 시장 규모가 커진다.

> **낱말 로또**
>
> **유망 식품** 성장 가능성이 큰 식품. 정부는 특수 식품(대체 식품 등), 기능성 식품, 친환경 식품 등을 유망 식품으로 지정했다.
>
> **로드맵** 어떤 사업을 추진하기 위해 목표, 기준, 일정 등을 담아 짠 종합 계획.
>
> **패티** 쟁반 모양의 고기나 다진 고기. 대개 햄버거에 넣는 고기를 가리킨다.

대학과 기업, 국민이 한몸 되어 대체육 시장 키워

네덜란드는 1년에 1인당 약 17유로를 대체육 소비에 쓴다. 전국적으로 1년 평균 1500만 kg의 대체육을 소비한다. 인구 대비 세계에서 가장 많이 먹는 나라다. 최근 대체육 판매량은 50%포인트 이상 증가한 데 비해, 축산육은 9%포인

▲ 와게닝겐대학교 식품·바이오연구소의 내부 모습. 세계적인 기업과 정부, 연구소 등과 함께 식품 개발에 관련된 연구 프로젝트를 추진한다.

트 감소했다. 많은 네덜란드인은 대체육이 축산육의 대안이 될 수 있다고 본다.

네덜란드 정부는 최근 미래 식품으로 대체육을 선택했다. 전문가들은 푸드 밸리 덕분에 네덜란드가 미국에 이어 세계 2위의 농식품 수출국으로 자리매김했다고 말한다. 푸드 밸리는 국토의 중서부에 있는 인구 4만 5000명의 와게닝겐에 구축된 대규모 식품 클러스터다. 1997년 와게닝겐대학과 기업의 협력으로 출범했는데, 세계에서 가장 성공한 식품 클러스터로 성장했다. 이곳에는 대체육과 관련된 기업과 연구소만 260곳이 넘는다. 연구소의 기술 혁신과 기업의 상용화가 시너지 효과를 내며, 네덜란드를 세계 대체육 산업의 선두 주자로 이끌었다.

네덜란드의 대체육 산업 성장의 배경에는 정부의 지원이 있다. 그중에서도 대체육 시장의 성장 추세에 적응하도록 축산업계의 변화를 유도하는 정책이 주목된다. 이에 따라 축산업계는 환경 보전과 동물 복지가 거스를 수 없는 가치임을 인식하고, 축산육에서 대체육으로 전환했다. 예를 들어 유럽 최대의 육류 가공 업체인 비온은 2019년 대체육 브랜드를 내놓고, 도축장을 대체육 공장으로 바꿨다.

낱말 로또

클러스터 기업과 대학, 연구소 등이 한데 모여 연결망을 구축하는 산업 연구 단지.

시너지 효과 여러 요인이 함께 작용해 하나씩 작용할 때보다 더 커지는 효과.

과학 산업 ⑫

국민연금 어떻게 개혁할까

윤석열 정부는 국민연금을 더 내고 지급 시기는 늦추는 방안을 추진하고 있다. 기금이 2056년쯤에 고갈될 것으로 전망되기 때문이다. 국민연금은 노령, 장애, 사망 등에 의해 경제 활동 능력이 없어졌을 때 본인이나 유족의 생활을 국가가 보장하려고 정기적으로 급여를 지급하는 공적 연금 제도이다. 국민연금의 운영 방식과 고갈 원인, 국민연금의 개혁 방법을 토론한다.

▼ 2056년쯤에 국민연금이 고갈될 위기에 놓이자, 정부와 정치권이 개혁에 나섰다.

토론 주제

국민연금의 시행 목적과 고갈 원인을 설명하고, 국민연금이 공적 연금 기능을 제대로 수행할 수 있도록 개혁 방안을 토론하세요.

함께 읽으면 좋은 책

『복지국가란 무엇인가』

데이비드 갈런드 지음 | 밀알서원 펴냄 | 248쪽

복지 국가의 개념과 복지 국가의 탄생, 복지 국가의 다양성, 복지 국가의 문제점, 신자유주의와 복지 국가 등이 소개되어 있다.

『국민연금, 공공의 적인가 사회연대 임금인가』

오건호 지음 | 책세상 펴냄 | 212쪽

공적 연금의 성격, 연금은 어떻게 누가 받는가, 국민연금은 가입자에게 이익인가 손해인가, 국민연금 지속 가능한가 등이 담겨 있다.

국민연금 개혁 추진한다
2056년 기금 고갈… 과거에 반대 여론 강해 미뤄져

국회 연금개혁특별위원회 산하 민간자문위원회는 2023년 1월 국민연금 보험료를 올리고, 연금을 받기 시작하는 나이를 늦추는 방안을 제안했다. 국민연금의 기금이 2056년쯤에 고갈될 것으로 보이기 때문이다.

국민연금은 노령, 장애, 사망 등에 의해 경제 활동 능력이 없어졌을 때, 본인이나 유족의 생활을 국가가 보장하려고 급여를 정기 지급하는 공적 연금 제도이다. 공무원과 군인 등을 제외하고, 소득이 있는 만 18세 이상 60세 미만의 국민은 매월 일정액을 보험료로 납부해야 한다. 그리고 만 60~65세에 도달하면 납부한 보험료에 비례해 급여를 받는다.

◀ 국회 연금개혁특별위원회는 보험료를 올리고 연금 수급 개시 연령을 늦추는 개혁 방안을 추진하고 있다.

우리나라의 국민연금은 1988년에 도입되었다. 그리고 1999년부터는 소득이 있는 모든 국민을 대상으로 확대되었다. 국민연금 가입자는 2022년 6월 말 현재 2229만 명이나, 2060년쯤에는 1220만 명대로 줄어들 것으로 추정된다. 수급자는 2022년 10월 기준 622만 명인데, 2048년쯤에는 그 수가 가입자를 추월하고, 2060년쯤에는 1689만 명에 이를 것으로 보고 있다. 국민연금 기금 총액은 2022년 6월 말 기준으로 883조 원이다. 2041년에는 1778조 원까지 늘어난다. 하지만 그 뒤 빠르게 소진되어 2056년쯤에 고갈이 예상된다.

국민연금 개혁은 새로운 정부가 출범할 때마다 시급한 과제로 꼽혔다. 하지만 보험료 인상과 수급 개시 시기 조정 등은 부정적 여론 때문에 미루어졌다.

> **낱말 로또**
>
> **연금개혁특별위원회** 국민연금과 공무원·사학·군인 연금 등의 공적 연금, 기초 연금 등을 종합적으로 개혁해 노후 소득 보장의 틀을 마련하기 위해 2022년 7월 국회에 한시적으로 설치된 특별 위원회.
>
> **기금** 국가가 어떤 사업이나 계획을 수행하기 위하여 마련하는 자금.
>
> **공적 연금** 국가가 운영 주체가 되는 연금. 가입과 탈퇴가 자유로운 사적 연금과 달리 가입이 강제되는 사회 보험이다.
>
> **수급자** 연금이나 급여 등을 받는 사람.

국민연금 어떻게 운용되나

정부는 국민연금의 기금을 효율적으로 관리하기 위해 국민연금공단을 두었다.

▲ 국민연금은 2022년 3월 말 현재 운용 자산이 929조 원에 이르는데, 세계 3위 규모다.

기금은 가입자에게 거둔 보험료로 만들어진다. 소득이 있는 국민은 의무적으로 국민연금에 가입해야 한다. 가입자는 근로자와 사용자로 이뤄진 사업장 가입자, 지역 가입자, 임의 가입자로 구분된다. 가입자는 월 소득의 9%를 보험료로 낸다. 사업장 가입자는 본인과 회사가 절반씩 부담한다.

국민연금은 기금을 늘리기 위해 국내외의 각종 주식과 채권에 투자한다. 2022년 3월 말 기준으로 국내외 주식에 기금의 43.8%인 409조 원, 국내외 채권에 390조 원(42%)을 각각 투자했다. 이 밖에 벤처 기업이나 부동산, 사회간접자본(SOC) 등에 대한 투자도 127조 원(13.7%)에 이른다. 2021년 수익금은 91조 원이었고, 수익률은 10.77%였다. 1988년 도입 시점부터 지난해까지 누적 수익금은 531조 원이며, 연평균 수익률은 6.76%였다.

가입자는 10년 이상 보험료를 낸 상태에서 만 60~65세가 되면 연금 급여를 받을 수 있다. 보험료를 40년 납입한 경우 평균 소득의 40%를 연금으로 받는다. 국민연금은 동일한 세대의 고소득 계층에서 저소득 계층으로 소득을 재분배하는 역할을 한다. 그리고 미래 세대가 현재의 노인 세대를 부양하는 재분배 기능이 있다. 그래서 저소득층이 고소득층보다, 부모 세대가 자녀 세대보다 더 많은 혜택을 받는 사회 통합 기능을 하므로 국민연금 가입을 의무화했다.

낱말 로또

지역 가입자 국내 거주 만 18세 이상 60세 미만의 국민 가운데 사업장 가입자가 아닌 사람.

임의 가입자 사업장 가입자와 지역 가입자가 아닌 사람 가운데 본인이 가입을 희망하는 사람.

채권 국가나 지방 자치 단체, 회사 등이 사업에 필요한 자금을 빌리기 위해 발행하는 유가 증권. 국공채와 지방채, 회사채 등이 있다.

국민연금의 고갈 원인과 문제점

국민연금 기금의 근본적인 고갈 원인은 적게 내고 많이 받는 구조로 설계되어 있기 때문이다. 한 정부 기관에서 계산한 바에 따르면 월평균 227만 원의 임금을 받는 가입자가 30년간 국민연금 보험료를 납부했을 때 수익비는 1945년생이 3.75배이다. 1975년생은 2.7배이고, 2015년생은 2.47배에 달한다.

▲ 우리나라의 국민연금은 적게 내고 많이 받는 구조여서 기금 고갈 속도가 빠르다.

저출산과 고령화도 기금 고갈의 원인이 된다. 연금 가입자 수는 줄고 수급자는 증가하기 때문이다. 우리나라는 경제협력개발기구(OECD) 회원국 가운데 출산율이 가장 낮고 고령화의 속도는 제일 빠르다. 가입자 100명당 부양해야 할 수급자가 현재 19.4명에서 2050년에는 93.4명으로 치솟을 것으로 예상된다. 연금 수급자가 늘어날수록 미래 세대의 부담이 커지는데, 장기적으로는 기금이 고갈될 수밖에 없다.

월평균 급여액이 55만 원에 불과해 노인 빈곤을 예방하는 역할을 하지 못하는 점도 문제다. 2021년 기준 OECD 회원국의 소득 대체율은 평균 51.8%이지만, 우리나라는 31.2%에 불과하다. OECD

낱말 로또

수익비 납부한 보험료 총액에 비해 얼마만큼의 연금을 받는지 보여 주는 비율. 퇴직 이후 받는 연금 총액을 납부한 보험료 총액으로 나누어 산출한다.

경제협력개발기구 회원국끼리 상호 협력을 통해 세계 경제의 공동 발전과 인류의 복지 증진을 도모하는 정부 간 정책 연구 협력 기구. 회원국은 38개국이다.

소득 대체율 수령하는 연금액이 생애 평균 소득의 몇 %가 되는지 보여 주는 비율. 월 연금 수령액을 연금 가입 기간의 월평균 소득으로 나눠 구한다. 안락한 노후 보장을 위한 소득 대체율은 65~70%로 알려져 있다.

회원국 가운데 우리나라의 65세 이상 노인 빈곤율이 가장 높은 이유가 여기에 있다. 2020년 기준으로 우리나라의 노인 빈곤율은 OECD 회원국의 평균인 13.1%의 3배가 넘는 40.4%로 가장 높다. 이런 관점에서 보면 국민연금 개혁의 방향이 기금 고갈 대비보다는 노후 안락한 생활 보장이라는 취지에 맞게 재정비되어야 바람직하다는 것이 전문가들의 의견이다.

보험료 인상만으론 기금 고갈 막지 못해
노후 생활 보장 기능 축소와 강화 의견 맞서 합의 필요

정부의 국민연금 개혁안이 현재 구체적으로 제시되어 있지는 않다. 국회 연금개혁특별위원회 산하 민간자문위원회는 보험료를 올리고, 연금을 받기 시작하는 나이를 늦추는 방안을 제안했다. 정부 개혁안도 이 원칙에서 벗어나지는 않을 것으로 보인다. 하지만 이런 방식으로 개혁하면 기금이 고갈되는 시기를 잠시 연장할 수 있을 뿐이다.

보수 학자들은 국민연금의 노후 생활 보장 기능을 축소하는 방안을 제시한다. 중하위층은 기초 연금에 의지하고, 중상위층은 퇴직 연금이나 개인 연금 등 사적 연금에 의지하는 방향으로 바꾸자는 얘기다. 기초 연금은 국민연금을 받지 않거나 국민연금의 월 급여액이 31만 4940원 이하인 경우 기준 연금액을 제공한다. 2023년 기준 기초 연금액은 32만 3180원이다. 퇴직 연금은 기업이 매월 일

▲ 국민연금의 노후 생활 보장 기능을 놓고 축소하자는 의견과 강화하자는 의견이 맞서 사회적 합의가 필요하다.

정액의 보험료를 금융 기관에 내고 근로자가 퇴직한 뒤 연금 형태로 받는 제도다. 개인 연금은 개인이 금융 기관에 보험료를 내고 노후에 연금을 받는 장기 저축 상품이다.

진보 학자들은 오히려 노후 생활 보장 기능을 강화하는 방안을 제시한다. 노후 생활 보장에 충실할 수 있도록 국민연금을 재정비하자는 얘기다. 대개 소득 대체율을 OECD 회원국의 평균인 51.8%에 맞춰 50%로 끌어올리자고 주장한다. 보험료는 OECD 회원국의 평균 보험료율인 18.2%까지 점진적으로 인상하고, 기금이 고갈되면 국가 재정을 투입하면 된다는 것이다.

기초 연금 소득 하위 70%인 만 65세 이상 고령자에게 최소한의 기본 생활을 유지할 수 있도록 국가가 제공하는 연금.

더 내고 덜 받는 방식으로 개혁… 정년도 연장

일본의 공적 연금은 우리나라의 기초 연금에 해당하는 국민연금 외에, 공무원과 회사원이 가입하는 후생 연금이 있다.

우리나라의 국민연금에 해당하는 후생 연금은 2017년에 더 내고 덜 받는 방식으로 개혁되었다. 소득의 18.3%(본인 부담 9.15%)에 해당하는 보험료를 내는데, 2021년 말 기준 월평균 납입액은 약 59만 원이다. 수급액은 은퇴 이후 부부 2인 기준 월평균 약 219만 원이다.

후생 연금 개혁은 오랜 사회적 논의와 정치적 결단을 거쳐 이뤄졌다. 일본은 1994년 고령 사회에 진입하면서 연금 개혁 논의가 활발해졌지만 실제로 이뤄지지는 않았다. 초고령 사회 진입을 2년 앞둔 2004년 고이즈미 총리(재임 2001~6)가 연금 개혁에 나섰다. 개혁안은 2003년 13.58%였던 보험료율을 2017년에 18.3%까지 올리고, 수급액은 평균 소득의 59.3%에서 2023년까지 50.2%로 낮추는 내용이었다. 여당은 개혁안 때문에 2004년 참의원 선거에서 참

◀ 일본은 2017년에 후생 연금을 더 내고 덜 받는 방식으로 개혁했다. 사진은 도쿄에 있는 일본연금 기구본부.

패했지만, 고이즈미 총리는 개혁을 밀어붙였다. 일본은 2015년에는 공무원 연금과 후생 연금을 통합했다. 공무원과 교원의 반발이 거셌지만, 10년 넘게 사회적 합의를 이루는 과정을 거친 결과였다. 지난 4월에는 후생 연금 수급 연령을 기존의 65세에서 60~70세에 자유롭게 선택할 수 있도록 바꾸었다. 정년을 연장해 더 오래 일하는 환경을 만들고, 연금 고갈을 막자는 취지가 있다.

낱말 로또

고령 사회 전체 인구 가운데 65세 이상 인구가 14% 이상인 사회.

초고령 사회 전체 인구 가운데 65세 이상 인구가 20% 이상인 사회.

참의원 중의원과 함께 일본의 국회를 구성하는 의원. 미국의 상원에 해당한다.

인문 사회

공적 개발 원조 늘려야 한다

경제협력개발기구(OECD) 산하 개발원조위원회(DAC)의 통계에 따르면 2021년도 우리나라의 공적 개발 원조(ODA) 지원 실적은 2020년 대비 27% 늘어난 28.6억 달러로 잠정 집계되었다. 공적 개발 원조란 선진국이 개발 도상국에게 돈이나 물자, 기술을 지원하는 사업이다. 우리나라는 원조를 받던 나라에서 하는 나라로 바뀐 유일한 사례다. 공적 개발 원조를 제공하는 이유는 자선적 관점과 도덕적 의무의 관점이 맞서고 있다. 공적 개발 원조의 역사와 제공 이유를 공부하고, 공적 개발 원조의 개선 방법을 토론한다.

▼ 우리나라의 공적 개발 원조(ODA)를 국력에 걸맞게 대폭 늘려야 한다는 목소리가 높다.

> 토론 주제

우리나라의 공적 개발 원조의 역사와 증액해야 하는 이유를 설명하고, 공적 개발 원조의 문제점을 개선할 수 있는 방법을 토론하세요.

> 함께 읽으면 좋은 책

『왜 세계의 절반은 굶주리는가?』
장 지글러 지음 | 갈라파고스 펴냄 | 232쪽

굶주리는 사람들, 소는 배를 채우고 사람은 굶는다. 기아를 악용하는 국제 기업, 사막화로 인한 환경 난민, 산림 파괴 등이 담겨 있다.

『일본의 공적 개발 원조와 기업의 인프라 수출』
최영호 지음 | 논형 펴냄 | 208쪽

일본의 ODA 현황, 아시아 태평양 지역의 일본 ODA, 일본의 아시아 인프라 수출, 일본 기업의 아시아 진출 사례 등이 담겨 있다.

경제 규모보다 공적 개발 원조 너무 적다
국민총소득 0.16% 불과… 유엔 권고 0.7%보다 낮아

경제협력개발기구(OECD) 산하 개발원조위원회(DAC)의 통계에 따르면, 2021년도 우리나라의 공적 개발 원조(ODA) 지원 실적은 2020년 대비 27% 늘어난 28.6억 달러로 집계되었다. 우리나라가 DAC에 가입한 2010년 이후 최대 폭으로 늘어난 수치다. 하지만 DAC 회원국 가운데 15위 수준이다. 공적 개발 원조란 선진국이 개발 도상국에게 돈이나 물자, 기술을 지원하는 사업이다.

공적 개발 원조는 갚을 의무가 있느냐에 따라 무상과 유상 원조로 나뉜다. 무상 원조는 갚을 의무가 없다. 현금과 식량, 의약품 등을 제공하거나 전문가 또는 자원 봉사자를 파견한다. 이에 비해 유상 원조는 갚을 의무가 있다. 대개 차관 형

▲ 우리나라가 국제 사회의 이미지를 개선하려면 공적 개발 원조 규모를 늘려야 한다.

태인데, 전체 차관의 25% 이상은 무상으로 제공해 상업 차관보다 유리한 조건이어야 한다. 댐과 도로, 병원 등의 건설 자금을 빌려주거나 우리나라에서 물자를 수입하는 데 필요한 자금을 빌려준다.

우리나라는 공적 개발 원조 규모가 상대적으로 적어 국제 사회에서 이미지가 좋지 못하다. 국민 총소득(GNI)의 0.16% 수준인데, 유엔 권고 기준 0.7%와는 거리가 멀다. DAC 회원국 평균인 0.32%에 견줘도 차이가 있다. 2021년 우리나라의 경제 규모는 세계 10위, 무역 규모는 8위다. 그럼에도 국제 사회에 대한 기여는 경제적 위상을 따라가지 못하고 있다. 전문가들은 우리나라가 무역 의존도가 높은 만큼 국가의 이미지에 신경써야 한다고 말한다. 공적 개발 원조의 규모를 늘릴 경우 국제 사회에 긍정적인 이미지를 심어 줄 수 있다.

낱말 로또

개발원조위원회 선진국들이 국제 원조에 협력할 목적으로 1961년에 만든 국제 기구. 회원국은 29개국이다.

차관 정부나 은행 등이 외국 정부나 공적 기관에서 자금을 빌리는 일.

국민총소득 1년 동안 한 나라의 국민이 생산 활동에 참여해 벌어들인 총소득.

무역 의존도 한 나라의 국민 경제에서 무역이 차지하는 비중을 표시하는 지표. 대개 수출액과 수입액의 합계를 국내 총생산(GDP)으로 나눈 비율로 나타낸다.

국제 원조 받는 나라에서 하는 나라로 바뀌다

우리나라는 얼마 전까지만 해도 국제 원조를 받는 나라였다. 일제 강점기와 6·25 전쟁을 겪으면서 나라를 스스로 운영할 수 없었기 때문이다.

1950년대까지는 주로 미국의 무상 원조를 받았다. 미국은 원조 물자를 제공해 굶주림과 질병으로 고통을 받는 우리 국민을 도왔다. 공산권의 확장을 막고, 자국의 잉여 농산물을 처리하려는 목적도 있었다. 1960년대부터 1970년대까지는 유상 원조를 받아 경제 개발에 나섰다.

◀한국국제협력단(KOICA)은 아프리카의 식수 부족 문제를 해결하기 위해 우물 파기 사업을 펼치고 있다.

지금은 원조를 하는 국가로 바뀌었다. 우리나라는 1980년대 말에 국제 원조를 시작했다. 1987년에 300억 원으로 대외경제협력기금(EDCF)을 조성해 개발 도상국에 유상 원조를 제공했고, 1991년에는 한국국제협력단을 설립해 무상 원조를 시작했다. 2009년에는 개발원조위원회에 24번째 회원국으로 가입했다.

국제 사회는 우리나라의 성공 사례가 반가울 수밖에 없었다. 국제 원조가 개발 도상국의 경제 성장을 돕는 효과가 있다는 사실을 입증했기 때문이다. 우리 정부도 경제 개발에 성공한 경험을 활용해 한국형 공적 개발 원조 모델을 추진하고 있다. 아직 모델이 확정된 것은 아니고 빠른 경제 성장 경험을 공유하겠다는 목표를 내세웠다. 2021년 마련한 정부의 공적 개발 원조 계획에 따르면 2030년까지 원조 규모를 2019년 대비 2배 이상 수준으로 늘리기로 했다. 하지만 경제 성장에만 치중하다 보니 자유와 인권, 민주주의를 억압하고 사회적 갈등을 키웠으며, 자연을 심하게 파괴했다는 비판도 받는다. 전문가들은 공적 개발 원조 모델에 이런 경험에 대한 반성이 담겨야 한다고 말한다.

> **낱말 로또**
>
> **잉여 농산물** 실제 수요보다 많이 생산되어 소비되지 못하고 남아도는 농산물.
>
> **대외경제협력기금** 우리나라가 개발 도상국의 경제 발전을 지원할 목적으로 설치한 기금. 한국수출입은행이 관리한다. 융자 조건은 5년 거치에 15년 상환이 보통이고, 이율은 연 5% 이내다.

공적 개발 원조를 해야 하는 까닭

▲ 지구촌 인구 가운데 10%는 굶주림에 시달리고 있다.

개발 도상국 국민 대다수는 굶주림과 질병으로 시달린다. 80억 명의 세계 인구 가운데 8억 명 이상이 굶주리는데, 특히 어린이의 피해가 가장 크다. 많은 어린이가 영양실조에 걸려 제대로 성장하지 못한다. 또 가난 때문에 소독약과 항생제 등 기초 의약품을 구하지 못해 간단히 치료할 수 있는 병도 고치지 못한다. 우리나라는 굶주림과 질병으로 고통을 당하는 사람들을 돕기 위해 공적 개발 원조를 제공하고 있다. 원조 제공의 이유를 놓고 자선이라는 관점과 도덕적 의무라는 관점이 대립한다. 자선이라는 입장에서 보면 선진국이 개발 도상국을 돕는 일은 자발적으로 선의를 베푸는 행위이다. 그런데 자선을 권장할 수는 있어도 의무가 아니어서 강제할 수는 없다. 자선을 베풀지 않는 행위를 잘못된 일로 비난하기도 어렵다. 이에 비해 도덕적 의무라는 입장에서 보면 인간은 타인의 어려움과 불행을 외면하면 안 된다. 따라서 힘이 있는데도 타인을 돕지 않으면 도덕적으로 비난을 받아 마땅하다고 간주한다.

잠재 시장을 선점하는 경제 효과를 강조하는 관점도 있다. 공적 개발 원조는 국내 기업에 해외 시장을 개척할 수 있는 기회를 열어 준다. 원조를 하면서 국내 기업의 물건을 사도록 하거나 국내 기업에 공사를 맡기는 조건을 붙일 수도 있다. 하지만 전문가들은 국제 원조의 기본 취지는 인류애의 실천 차원에서 굶주림과 질병으로 고통을 당하는 사람을 돕는 데 있다. 따라서 경제 효과만 강조하면 안 된다고 강조한다.

공적 개발 원조를 개선하는 방법
원조 규모 늘리고, 지속 가능하게 기술도 제공해야

▲ 우리나라는 공적 개발 원조의 규모를 늘리고, 유상 원조의 비중을 낮춰야 한다. (사진 : 한국 ODA)

우리나라의 공적 개발 원조는 양과 질에서 개선할 필요가 있다. 높아진 국제 위상에 걸맞게 원조 규모를 국민총소득 대비 0.3% 이상으로 늘려야 한다. 개발원조위원회 회원국의 평균 원조 규모는 0.32%인데, 우리나라는 절반 수준이다. 원조를 0.3%대로 늘리면 국민 1인당 1개월에 1만 원 정도를 지불하면 된다. 한 달에 커피 두세 잔만 덜 마시면 원조에 참여할 수 있다는 얘기다.

원조의 질도 개선해야 한다. 유상 원조의 비중과 국내 기업이 개발 사업을 맡는 비율을 낮출 필요가 있다. 개발원조위원회 회원국의 유상 원조 비율은 지난 2021년에 평균 9%대였지만 우리나라는 36.3%나 된다. 원조하면서 조건을 다는 구속성 원조의 비율도 우리나라는 지난 2018년에 55.4%인데 비해 개발원조위원회 평균은 16.1%다. 유상 원조를 할 때 국내 기업과 물자 공급 계약을 맺게 할 경우 원조를 받는 나라가 기피할 가능성이 있다.

개발 도상국 국민의 역량 개발에도 힘쓴다. 장기적 관점에서 원조를 받는 나라가 스스로 지속 가능한 발전을 이룰 수 있도록 돕는 일이 중요하다. 돈이나 물자를 지원해도 개발 도상국 정부의 무능과 부정부패로 국민의 삶을 개선하는 데 쓰이지 못한다. 따라서 돈이나 물자보다 기술과 지식을 전수하는 방식이 더 효과적이다. 학교와 병원, 관개 시설, 발전소 등을 지어 주는 데 그치지 말고, 이를 운영할 수 있는 지식과 기술까지 알려 주어야 한다.

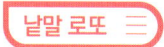

관개 시설 농경지에 물을 대고 빼는 시설.

스웨덴은 원조 받는 나라에 맞춤식으로 제공

스웨덴은 세계적으로 공적 개발 원조에 가장 적극적인 나라다. 1975년 이후 유엔이 권고한 기준 0.7%를 넘어섰다. 지난 2021년에는 국민총소득 대비 0.92%인 59억 2700만 달러를 제공해 세계에서 3위권을 유지했다. 또 구속성 조건 없이 무상 원조를 제공하는 비율이 100%에 가깝다.

스웨덴은 원조를 받는 나라의 상황에 맞춰서 지원한다. 외교부 산하의 국제개발협력기구(SIDA)가 공적 개발 원조를 담당한다. 이 기구는 50여 개 국가에 사무소를 두고 원조 업무를 체계적으로 관리한다. 사무소에서는 주재국에서 무엇이

▲ 스웨덴의 수도 스톡홀름에 있는 정부 청사. 스웨덴은 세계에서 공적 개발 원조에 가장 적극적인 나라다.

필요한지 파악하고, 원조 사업의 선정과 집행을 감독한다. 일회성 원조와 사후 관리 부실 등의 문제점이 있는 우리나라의 원조 정책과 대비된다.

스웨덴은 사회민주주의에 근거해 개발 도상국 국민의 생활 개선을 돕는 데 원조의 목표를 둔다. 스웨덴은 제1차 세계 대전 이후 사회민주주의 세력이 장기 집권을 하면서 북유럽 복지 국가의 모델을 만들었다. 이 모델은 시장 경제의 기반 위에서 보편적 복지를 통해 사회적 약자들이 안정된 생활을 할 수 있도록 돕는다. 스웨덴 국민은 개발 도상국 국민을 지원하는 일을 도덕적 의무로 받아들이면서 사회민주주의 정신이 국제 사회에도 적용되어야 한다고 생각한다. 그래서 개발 도상국을 조건 없이 돕는 인도주의적 지원을 긍정적으로 본다. 또 개발 도상국의 민주주의와 인권을 향상시키고 기후와 환경을 지킬 수 있도록 지지한다.

낱말 로또

사회민주주의 의회와 노동조합을 통해 합법적이고 점진적으로 사회주의를 실현하려는 사상.

제1차 세계 대전 1914년부터 1918년까지 프랑스·영국 등의 연합국과 독일·오스트리아 등의 동맹국이 맞서 싸운 전쟁.

보편적 복지 자격이나 조건을 따지지 않고 모든 국민에게 복지 혜택을 주는 정책.

인문 사회
⑭

독도는 우리 영토다

▼ 독도는 동도와 서도로 이루어진 화산섬인데, 우리나라의 가장 동쪽에 있는 영토다.

 일본의 고등학생들이 2023년부터 배우는 대부분의 사회과 교과서에 독도가 일본 고유의 영토라는 내용이 실린다. 초등학생과 중학생은 이미 같은 내용이 담긴 교과서로 배우고 있다. 일본이 교과서에 독도가 자국 땅이라는 억지 주장을 넣는 까닭은, 독도를 국제 분쟁 지역으로 만들어 국제사법재판소에서 독도를 자국 땅으로 인정받기 위함이다. 일본이 독도를 빼앗으려는 이유를 알아보고, 독도가 우리 땅인 근거를 토론한다.

토론 주제

일본이 독도를 빼앗으려는 이유를 설명하고, 독도가 우리 땅인 근거를 토론해 보세요.

함께 읽으면 좋은 책

『독도, 1500년의 역사』

호사카 유지 지음 | 교보문고 펴냄 | 268쪽

일본의 항복과 독도, 한일 회담과 독도, 한국 문헌이 말하는 독도와 일본 문헌이 말하는 독도, 독도 문제 해법 등이 담겨 있다.

『독도를 부탁해』

전국사회과교과연구회 편저 | 서해문집 펴냄 | 238쪽

우리나라의 끝, 숨겨진 자원의 보고, 한일 역사에 등장하는 독도, 영토 분쟁과 국제법, 회복해야 할 우리 바다 등이 담겨 있다.

일본이 독도를 빼앗으려는 이유
일본 고교생 '독도가 자국 땅'이라고 배운다

일본의 고등학생들은 2023년부터 독도가 자국 영토라고 배우고 있다. 일본 정부가 지난 2018년 모든 종류의 고등학교 사회 교과서에 2022년부터 독도를 일본 고유의 영토라고 넣도록 법으로 강제했기 때문이다. 이에 앞서 2017년에는 초등학교와 중학교 사회 교과서에 독도가 자국 영토라는 내용을 의무적으로 넣게 법으로 정했다. 이에 따라 초등학교 교과서에는 2020년부터, 중학교 교과서에는 2021년부터 적용되었다.

독도는 경북 울릉군 울릉읍에 딸린 섬(독도리 1~96번지)이다. 동도(해발 98.6m)와 서도(168.5m) 등 2개의 큰 섬과 89개의 작은 바위섬으로 이뤄져 있

▲ 일본의 고등학생들은 2023년부터 독도가 자국 땅이라고 엉터리 주장이 담긴 사회 교과서로 배운다.

다. 면적은 18만 7544㎡이다. 국제해양법에 따르면 섬을 암초와 구별하는 기준은 사람과 동식물이 살며, 식수로 사용할 수 있는 물이 있는 곳이다. 독도는 이런 기준을 충족하므로 암초가 아니라 섬이다.

독도는 삼국 시대부터 우리 영토였고, 우리나라는 독도경비대를 주둔시켜 독도의 실효적 지배를 하고 있다. 그럼에도 일본이 교과서에 독도가 자국 영토라는 억지 주장을 넣는 까닭은, 독도를 국제 분쟁 지역으로 만들어 국제사법재판소에서 독도를 자국 땅으로 인정받기 위함이다. 일본 정부가 교과서를 통해 억지 주장을 계속할 경우, 일본 학생들은 독도를 빼앗겼다고 생각해 어른이 되면 되찾으려는 사람이 늘어난다. 우리나라와 일본 국민 사이의 불신과 편견이 커져서 사이가 나빠지는 것이다.

> **낱말 로또**
>
> **국제해양법** 해양에 관련된 분쟁, 환경 오염, 영해에 관한 내용을 정해 놓은 국제법.
>
> **독도경비대** 독도를 지키는 20~30명의 경찰 부대.
>
> **실효적 지배** 개인이나 회사가 아닌 국가 기관이 특정 지역을 먼저 점유해 실제로 다스림.
>
> **국제사법재판소** 국가들 사이의 분쟁에 대해 국제법을 적용해 해결하려고 유엔이 1945년 설립한 사법 기관. 국적이 모두 다른 9년 임기의 재판관 15명으로 구성되는데, 재판소는 네덜란드의 헤이그에 있다.

독도는 어떤 섬인가

▲ 독도 등 동해안에는 19세기 초까지 바다사자의 일종인 강치 수만 마리가 살았다. 하지만 일본인들이 1905년 이후 마구 잡는 바람에 멸종하고 말았다.

독도는 우리나라의 동쪽 끝에 있는 섬이다. 약 460만 년 전과 250만 년 전 두 차례의 화산 폭발로 생긴 희귀 해산이다. 바닷물의 영향을 받아 여름에는 시원하고, 겨울에는 따뜻한 편이다. 안개가 자주 끼고, 비와 눈이 자주 내린다. 연평균 강수량은 전국 평균보다 약간 적은 1240㎜이며, 기온은 섭씨 12도다.

독도에 사는 동식물은 울릉도와 비슷하다. 곰솔과 보리밥나무 등 식물은 물론, 괭이갈매기와 바다제비 등 동물도 산다. 자생하는 야생 포유류는 없고, 독도경비대에서 기르는 삽살개가 있다. 독도에는 19세기 초까지 바다사자의 일종인 강치가 수만 마리나 서식했다. 하지만 일본인들이 1905년 이후 가죽과 기름을 얻기 위해 마구 잡는 바람에 거의 멸종했으며, 결국 1994년에 자취를 감췄다.

독도는 오래전부터 우리 영토였다. 『삼국사기』에는 신라의 이사부(?~?) 장군이 우산국(울릉도와 독도)을 정벌해 신라에 편입했다는 기록이 있다. 따라서 우리나라가 삼국 시대부터 독도를 우리 영토로 지배했음을 알 수 있다. 『고려사』에는 우산국이 태조(재위 918~43) 때부터 고려에 토산물을 바쳤고, 고려는 관리를 보내 섬을 관리

낱말 로토

해산 바다 밑바닥에서 원뿔 모양으로 우뚝 솟은 높이 1000m 이상의 봉우리.

삼국사기 고려 시대 김부식 등이 인종(재위 1122~46)의 명령을 받아 1145년에 펴낸 삼국의 역사책.

고려사 조선 시대 김종서 등이 세종(재위 1418~50)의 명령을 받아 1451년 펴낸 고려의 역사책.

했다고 적혀 있다. 조선 초기에 펴낸 『세종실록』에도 울릉도와 독도가 강원도 울진현에 속한 두 섬이라고 기록했다. 독도는 돌이 많아 조선 시대에는 돌섬이나 석도로 불리다가 19세기 후반 이후 독도라는 이름으로 굳어졌다.

> **낱말 로또**
>
> 세종실록 조선 제4대 임금인 세종의 재위 기간(1418~50)의 역사를 기록한 책.

일본은 왜 독도를 노릴까

일본이 독도를 노리는 까닭은 영토의 가치가 크기 때문이다. 독도를 소유하면 국제법상 독도를 둘러싼 사방 12해리(1해리는 약 1852m)가 영해로 편입된다. 또 독도의 연안에서 사방 200해리의 바다를 배타적 경제 수역(EEZ)으로 지정할 수 있다. 이 수역 안에서는 어업권과 광물 등의 자원 소유권이 주어지고, 해양 오염을 막을 수 있는 권한도 생긴다. 한일 양국은 1998년부터 협정을 맺고 겹치는 EEZ를 공동 관리하고 있다.

▲ 독도에 군사 기지를 세우면 주변국 군대의 움직임을 빨리 알 수 있다. (사진 : 독도홍보대사)

독도는 경제 가치도 크다. 독도 주변 바다는 난류와 한류가 만나는 곳이어서 플랑크톤이 풍부하므로 명태와 오징어 등 물고기가 많이 잡힌다. 바다 밑에는 공해가 적은 천연 고체 연료인 메테인 하이드레이트가 6억 톤이나 묻혀 있다. 물에 녹은 메테인이 바다 밑에서 높은 압력을 받아 얼어붙어 생긴 것인데, 우리나라가 약 30년간 쓸 수 있는 양이다. 비료나 합성 세제의 원료인 인산암염도 20 미터 두께로 매장되어 있다. 깊은 바닷물에는 마그네슘과 칼슘이 많이 녹아 있다. 오염 물질과 세균이 적어 소금이나 식수, 화장품의 원료로 쓸 수 있다.

독도의 군사 가치도 무시할 수 없다. 독도는 동해의 한복판에 있어서 군사 기지를 세울 경우 북한과 러시아, 중국, 일본 등 주변국 군대의 움직임을 빨리 알 수 있다. 우리나라는 독도에 통신 기지를 세워 이들의 움직임을 파악한다. 기상 관측 시설이나 해양 관측 시설을 설치하기에도 적합하다.

낱말 로또

영해 한 나라의 주권이 미치는 12해리까지의 바다.

인산암염 주로 인 성분으로 이루어진 암석.

역사적·국제법적으로 독도는 한국 땅
1956년부터 실효적 지배… 거리도 더 가까워

한 지역이 특정 국가의 영토임을 입증할 때는 현재 누가 실효적 지배를 하며, 본토에서 어느 나라에 더 가까운지를 따진다. 또 영토의 소속을 국제법적으로 인정받았는지, 역사적으로 누구의 지배를 받았는지도 본다.

▲ 독도 경비대의 모습. 우리나라는 독도를 실효적으로 지배하고 있다.

독도는 우리나라가 1956년부터 경찰 경비대를 보내 관리하고 있다. 실효적 지배를 하는 것이다. 거리상으로도 우리나라가 더 가깝다. 울릉도와 독도는 87.4km, 일본의 오키시마와는 157.5km이다.

역사적으로 볼 때도 독도

는 삼국 시대부터 우리나라 영토였다. 일본 정부도 독도가 우리나라 영토임을 인정했다. 숙종(재위 1674~1720) 때 어부 안용복은 일본의 호키슈(지금의 돗토리현) 태수에게 울릉도와 독도가 조선 땅임을 문서로 확인 받았다. 1877년에는 일본의 최고 국가 기관인 태정관이 울릉도와 독도가 일본의 영토가 아니라고 확인하는 공식 문서를 발행했다.

우리나라가 일본보다 앞서 독도가 우리 영토라고 선언한 사실도 독도가 우리 영토임을 뒷받침하는 국제법적 근거가 된다. 대한제국은 1900년에 칙령(제41호)을 통해 울릉도를 울도군으로 바꾼 뒤, 그 관할 구역을 울릉도와 독도로 표시했다. 그리고 이 사실을 관보에 싣고 각국의 외교관에도 알렸다. 독도가 우리 땅임을 국제 사회에 공식적으로 선포한 것이다. 일본은 1945년 태평양 전쟁에서 패해 우리나라의 영토에 대한 모든 권리를 포기할 때 이미 독도를 반환했다.

낱말 로또

태정관 일본에서 1868년 이전까지 입법, 사정, 행정을 총괄하던 최고 관청.

칙령 황제(여기선 대한제국의 황제 고종)가 내린 명령.

관보 정부가 국민에게 널리 알릴 내용을 전하는 공고 소식지.

태평양전쟁 제2차 세계 대전 당시인 1941년부터 1945년까지 일본과 연합국 사이에 벌어진 전쟁.

샌프란시스코 강화 조약에서도 우리 영토로 인정

◀ 일본은 독도를 다케시마로 부르면서 자국의 고유한 영토라고 주장한다.

일본은 자기네 영토인 독도를 우리나라가 불법 점거하고 있다는 억지 주장을 끈질기게 펴고 있다. 이런 주장은 1905년 이전에 독도가 주인이 없는 땅이었고, 자기네가 실효적 지배를 먼저 시작했다는 근거를 바탕으로 한다. 일본은 1905년에 독도를 우리나라 몰래 시마네현에 편입한 뒤 '다케시마'로 부른다고 결정했다.

하지만 당시 국제법상 어떤 지역을 자국의 영토로 삼으려면 주인이 없어야 하고, 주변 국가의 동의를 얻어야 했다. 그런데 독도는 주인이 있었고, 일본은 우리의 동의를 받은 적도 없었다. 게다가 우리나라는 일본보다 5년 앞선 1900년에 대한제국 칙령을 통해 독도를 우리 영토에 편입했다.

일본은 1910년 우리나라를 빼앗았다. 그리고 해방 이듬해인 1946년에 울릉도와 독도를 자국의 영토에서 제외하는 방식으로 반환했다. 1951년에는 샌프란시스코 강화 조약에서 한국의 독립을 인정하고 제주도와 울릉도 등을 포함해 한국에 대한 모든 권리를 포기한다는 내용에 서명했다. 그런데 일본은 1952년부터 이 조약의 반환할 섬 목록에 독도가 빠져 있다는 억지 주장을 펴고 있다. 일본은 또 독도를 빼앗은 게 아니라 주인이 없는 빈 섬을 차지한 것이므로, 패전과 관계없이 돌려줄 필요가 없다며 떼를 쓰고 있다. 전문가들은 한반도에 딸린 수많은 섬을 조약에 일일이 적을 수 없어 큰 섬만 적은 것이지, 독도를 일본 땅으로 인정해서 뺀 것이 아니라고 말한다.

낱말 로또

시마네현 일본 혼슈 남서부에 있는 현. 현은 우리나라의 도와 비슷하다.

샌프란시스코 강화 조약 태평양전쟁의 사후 처리를 하려고 1951년 미국의 샌프란시스코에서 미국 등 연합국과 패전국인 일본이 맺은 조약.

인문 사회

인간관계 단절시키는 초연결 사회

2022년 10월 15일 카카오 서비스 중단 사태로 국민 대다수가 불편하게 지냈다. '카톡 대란'은 초연결 사회에서 특정 플랫폼에 대한 의존도가 지나치게 높은 데서 비롯했다. 초연결 사회는 정보 통신 기술이 고도로 발전해 사람과 사물, 공간이 네트워크로 촘촘하게 연결되어 서로 소통하는 사회를 말한다. 초연결 사회의 등장 배경과 문제점을 알아보고, 해결 방안을 토론한다.

▼ 초연결 사회에서는 연결 속의 고립을 느낄 수 있다.

토론 주제

초연결 사회의 등장 배경과 문제점을 설명하고, 문제점을 해결할 수 있는 방안을 토론하세요.

함께 읽으면 좋은 책

『고립의 시대 초연결 세계에 격리된 우리들』
노리나 허츠 지음 | 웅진지식하우스 펴냄 | 492쪽

지금은 고립의 시대, 스마트폰에 봉쇄된 사람들, 감시 자본주의와 조작된 경제, 외로움 경제를 접촉하고 연결하라 등이 담겨 있다.

『인간, 초연결 사회를 살다』
김대호 외 지음 | 커뮤니케이션북스 펴냄 | 200쪽

초연결 사회의 개념, 사물 인터넷의 기회와 위협, 빅 데이터와 맥락, 플랫폼·콘텐츠·인간·지식·기술의 미래 등이 담겨 있다.

'카톡 대란'으로 사회 전체가 멈추다
카톡 서비스 중단 사고, 대다수 국민 '발 동동'

2022년 10월 15일 국내 최대의 플랫폼 기업인 카카오의 서비스가 끊겨 이용자들이 무척 불편했다. 경기도 성남시 판교에 있는, 각종 정보를 보관하는 데이터 센터에 불이 나 약 10시간 동안 서비스가 중단되었기 때문이다. 카카오톡 이용자는 4500만 명이 넘는다. 국민 대다수가 초연결 사회의 '카톡 대란'으로 피해를 본 셈이다.

초연결 사회란 정보 통신 기술이 고도로 발전하면서 사람과 사물, 공간이 네트워크로 거미줄처럼 연결된 상태를 말한다. 이에 따라 사회 각 분야에서 물리적 거리의 한계가 사라져, 인터넷을 통해 실시간으로 소통할 수 있다.

'카톡 대란'은 초연결 사회에서 특정 플랫폼에 대한 의존도가 지나치게 높은 데서 비롯했다. 카카오톡은 서비스 초기만 해도 단순한 무료 문자 플랫폼이었다. 그런데 이용자가 몰리자 사업 영역을 쇼핑과 결제, 금융, 게임 등으로 확장했다. 이처럼 국민 대다수가 카카오톡에 의존하는 까닭은, 특정한 제품이나 서비스를 이용하는 사람이 많아질수록 편익이 커지는 네트워크 효과 때문이다. 이에 따라 이용자가 늘어날수록 특정한 플랫폼에 쏠리는 경향이 생기고, 더 뛰어난 서비스가 나와도 기존 플랫폼을 고수하는 잠김 현상이 나타난다.

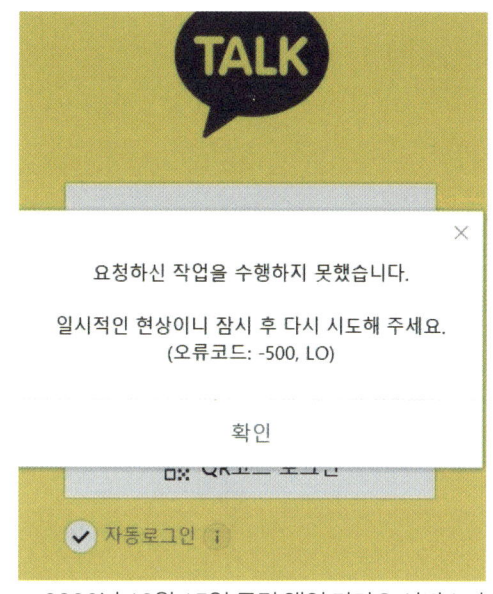

▲ 2022년 10월 15일 국민 앱인 카카오 서비스가 중단되는 바람에 국민들이 불편을 겪었다.

전문가들은 이번 카톡 대란을 초연결 사회의 위험성을 드러낸 사건이라고 진단한다. 우리나라는 세계에서 플랫폼이 가장 발달했는데, 플랫폼을 기반으로 형성된 초연결 사회가 한순간에 무너질 수 있는 문제점을 확인했다는 것이다.

| 낱말 로또 |

플랫폼 정보 시스템 환경을 구축한 뒤, 누구나 다양한 정보를 쉽게 이용할 수 있도록 제공하는 기반 서비스.

초연결 사회의 등장 배경

초연결이라는 말은 2000년대 초반에 등장했다. 캐나다의 사회학자인 배리(1942~)와 아나벨(1970~)이 네트워크로 연결된 사회에서 이메일과 메신저, 휴대 전화 등을 통해 소통이 다차원으로 확장되는 현상을 설명하려고 처음 사용했다. 그러다 2010년대에 소셜 미디어(SNS)가 널리 사용되면서 초연결 사회가 구축되기 시작했다.

▲ 2010년대 들어 SNS가 널리 쓰이면서 초연결 사회에 접어들었다.

초연결 사회가 등장한 배경에는 발달한 정보 통신 기술과 인간 욕구의 변화가 자리를 잡고 있다. 먼저 스마트 기기와 스마트 센서, 사물 인터넷 등 정보 통신 기술이 결합되어 네트워크가 구축되었다. 스마트 기기는 스마트폰과 스마트 TV 등 응용 프로그램을 이용해 기능을 변경하거나 확장할 수 있는 장치다. 센서는 측정 대상물의 압력과 온도, 생체 신호 등의 정보를 감지해 전기 신호로 변환시킨다. 그런데 스마트 센서는 더 나아가 감지한 신호를 전달해 중앙 처리 장치(CPU)에서 특정한 반응을 하도록 유도한다. 사물 인터넷은 가전제품 등의 사물에 센서를 부착하면 실시간으로 정보를 수집해 인터넷을 통해 사물들끼리 정보를 주고받는 기술이다.

인간 욕구의 변화도 중요한 역할을 했다. 인간은 생존과 안전 욕구가 충족되면 사회적 욕구를 추구한다. 편리하고 안락한 생활을 누리는 데서 그치지 않고, 특정한 집단에 소속감을 느끼려 하는 것이다. 게다가 타인과 소통하면서 유대감과 애정을 쌓으려는 욕구가 강해져 초연결 사회가 형성되었다.

> **낱말 로또**
>
> **메신저** 인터넷에서 실시간으로 채팅을 하거나 데이터를 즉시 주고받을 수 있는 프로그램.
>
> **스마트 TV** TV와 스마트폰, 컴퓨터를 넘나들면서 데이터의 끊김이 없이 동영상을 볼 수 있는 TV.
>
> **응용 프로그램** 컴퓨터를 사용해 특정한 작업을 수행할 수 있도록 개발된 프로그램.

초연결 사회의 문제

▲ 초연결 사회에서는 과잉 소통으로 자신만의 평온함을 즐기는 시간이 줄어들고, 인스턴트식 인간관계가 만연할 수 있다.

초연결 사회에서는 사이버 범죄와 사생활 침해가 심각한 피해를 일으킬 수 있다. 사이버 범죄는 범행 목적에 따라 테러형과 일반 범죄로 나뉜다. 테러형 범죄는 악의적인 목적을 가진 블랙 해커가 보안망을 뚫고 들어가 네트워크 시스템을 교란하거나 파괴하는 행위다. 일반 범죄는 사이버 명예 훼손, 전자 상거래 사기 등을 저지르는 행위다. 범행 과정에서 정부 기관이나 기업이 보관하는 개인 정보가 유출되어 사생활 침해를 부르게 된다. '카톡 대란'처럼 초연결 사회가 멈추면 재난에 가까운 피해가 초래될 수도 있다. 모든 디지털 기기의 작동이 중단되어 통신이 두절되는 디지털 블랙아웃이 일어날 가능성이 적지 않다. 초연결 사회의 대형 사고는 사소한 실수와 우연에서 비롯할 수 있다는 점에서, 미국의 사회학자 페로(1925~2019)가 말한 정상 사고에 가깝다. 이런 사고는 일어날 확률이 낮지만 한번 나면 재난에 가까울 정도로 피해가 커진다.

초연결 사회에서는 시공간의 제약 없이 멀리 떨어진 사람과도 빠르고 쉽게 소통하면서 친밀감을 유지할 수 있다. 하지만 과잉 소통으로 자신만의 평온함을 즐기는 시간이 줄어드는 문제가 생긴다. 인터넷으로 친분을 맺으며 필요에 따라 쉽게 만나고 쉽게 헤어지는 관계에 익숙해져, 인스턴트식 인간관계가 만연하는 문제도 따른다. 직접적 인간관계가 단절되는 부

> **낱말 로또**
>
> 정상 사고 비정상적 징후가 없는 상황에서 사소한 실수와 우연이 겹쳐 발생하는 현대 사회의 재난.
>
> 인스턴트식 즉석에서 간편하게 이루어지는 방식.

작용도 있다. 친구들과 얼굴을 마주보고 소통하기보다는 채팅에 익숙한 사람이 늘고 있다.

초연결 사회의 문제점 해결 방법
블랙아웃 대책 강화하고, 직접적 인간관계 맺어야

초연결 사회의 문제점을 해결하려면 개인과 플랫폼 기업, 정부가 힘을 합쳐야 한다. 개인은 과잉 소통에서 벗어나고, 플랫폼 기업은 공적 책임감을 가지고 안전 대책을 세운다. 정부는 디지털 시장의 독점을 규제할 필요가 있다.

개인의 노력

▲ 디지털 디톡스는 디지털 기기를 이용한 소통을 줄이는 행위를 뜻한다.

개인이 디지털 블랙아웃에 대비하는 방법은 다수의 플랫폼을 함께 이용하는 멀티호밍이 있다. 이용자의 입장에서 멀티호밍을 하려면 노력과 비용이 든다. 하지만 '카톡 대란'에서 보듯 멀티호밍의 필요성이 절실하다. 실제로 카카오 서비스가 중단되면서 네이버의 라인과 텔레그램 등 다른 메신저의 이용자가 급증했다.

플랫폼 기업의 노력

'카톡 대란'은 기업이 사업 영역을 확장해 수익을 올리는 데만 급급한 나머지 데이터 센터 같은 핵심 시설 투자를 소홀히 한 결과다. 카카오톡은 '국민 앱'으로

까지 불리는 만큼 자기 위상에 맞는 공적 책임이 요구된다. '카톡 대란'의 재발을 막으려면 대형 플랫폼은 사고 발생에 대비해 백업 데이터 센터를 두는 등 다중의 안전장치를 마련해야 한다. 메인 데이터 센터에서 사고가 발생하면 자동으로 백업 센터에 연동되게 하는 것이다. 이번 사고에서도 자동 연동이 제대로 이뤄지지 않는 등 취약점을 드러냈다. 시스템을 모듈화해 사고가 일어났을 때 문제가 된 부분만 빨리 복구할 수 있는 위기 대응 시스템도 갖춘다.

정부의 노력

▲ EU 회원국들은 구글과 유튜브, 페이스북 등 거대 플랫폼 기업의 디지털 시장 독점을 막기 위해 '디지털 시장법'을 만들기로 했다.

'카톡 대란'은 거대 플랫폼 기업의 시장 독점이 안고 있는 위험성을 드러냈다.

이는 카카오만이 아니라 네이버, 구글, 쿠팡 등 플랫폼 기업에 모두 해당한다. 디지털 시장이 독점되면 국민의 일상과 경제는 물론 국가 안보까지 위험에 빠질 수 있다. 이번 사태는 거대 플랫폼 기업을 감독해야 하는 정부가 책임을 다하지 못한 데서 비롯했다. 정부는 소통 수단을 다양화시켜 지속 가능한 통신 체계를 마련한다. 따라서 독점 규제법을 만들어 특정 플랫폼에 쏠리지 못하도록 한다. 유럽연합(EU) 회원국들은 2022년 3월 거대 플랫폼 기업의 디지털 시장 독점을 막으려고 '디지털 시장법'을 제정하기로 합의했다. 우리나라도 이와 비슷한 법을 만들면 특정 플랫폼에서 다른 플랫폼으로 쉽게 갈아탈 수 있다. 카카오는 무료 이용자에 대한 피해 보상을 현금이 아닌 이모티콘으로 제공했다. 하지만 메신저 서비스가 무료라는 주장은 실제와 다르다는 지적이 있다. 플랫폼 기업은 개인 정보를 수집해 수익화한다는 점에서, 이용자들이 데이터라는 현물로 이용료를 지불하는 셈이기 때문이다. 따라서 기업의 자발적인 사고 예방책 마련을 유도하려면 징벌적 손해 배상제와 집단 소송제를 도입해야 한다. 징벌적 손해 배상제는 가해자의 행위가 반사회적인 경우, 실제 피해액보다 훨씬 많은 금액을 배상시키는 제도다. 집단 소송제는 피해자 가운데 일부가 제기한 소송으로 모든 피해자가 구제 받을 수 있는 제도다.

낱말 로또

디지털 디톡스 디지털 기기와 인터넷, 메시지 알람에서 자유로워지는 일. 디지털(digital)과 해독(detox)의 합성어다.

유럽연합 유럽의 정치와 경제 통합을 실현하려고 1993년 출범한 연합 기구. 가입국은 27개국이며 인구는 약 5억 명이다.

인문 사회

교육 불평등 해소해야
나라 발전 희망 있다

고소득층의 자녀가 서울대 등 명문대에 들어갈 가능성이 저소득층 자녀의 4.8배에 이르는 것으로 나타났다. 우리 사회의 교육 불평등 문제가 갈수록 심해지고, 교육 불평등이 계층 불평등을 만들어 내는 악순환이 굳어지고 있다. 계층 상승의 유일한 통로가 대학 입학이었지만, '개천에서 용 나기'가 사실상 불가능해진 것이다. 교육 불평등의 원인과 문제점을 분석하고, 불평등을 해소할 수 있는 방법을 토론한다.

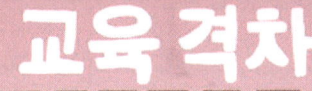

◀ 청소년들은 정의롭고 공정해야 할 교육에서조차 불평등 문제가 불거지면서 미래에 대한 희망을 잃고 있다.

> **토론 주제**

교육 불평등의 원인과 문제점을 설명하고, 교육 불평등을 해소할 수 있는 방안을 토론하세요.

> **함께 읽으면 좋은 책**

『우리 교육은 불평등하다』

김정원 지음 | 학이시습 펴냄 | 396쪽

제도 교육 출발부터 학습 기회 불평등, 불평등 구조에 균열을 내려면, 균열 너머 근본적 변화를 위한 시도 등이 담겨 있다.

『10대를 위한 JUSTICE 정의란 무엇인가』

신현주 지음(마이클 샌델 원저) | 미래엔아이세움 펴냄 | 216쪽

행복은 누구에게나 똑같을까, 부자와 가난한 자를 위한 정의, 원래 삶은 불공평한 것인가, 백인이라서 불합격이라고 등이 담겨 있다.

교육 불평등 갈수록 심해진다
대학 입시가 오히려 계층 이동의 사다리 끊어

소득 상위 10% 안에 드는 집안의 자녀가 명문대(서울대·고려대·연세대)에 들어갈 가능성이 하위 10% 집안 자녀의 4.8배에 이르는 것으로 나타났다. 고려대 구교준 교수(행정학)가, 2022년 11월 고려대 미래성장연구원 주최로 열린 '국민 행복과 삶의 질 향상' 정책 세미나에서 밝힌 결과다. 부모의 재력이 곧 명문대 입학으로 연결되는 교육 불평등의 문제가 통계로 드러난 셈이다.

대학 입시가 고소득층 자녀에게 유리하다는 사실은 2021년 국가 장학금 현황에서도 나타났다. 소득 상위 20% 안에 드는 고소득층 자녀의 명문대 입학 비율은 48.2%인데 비해, 소득 하위 30%의 자녀는 19.5%였다.

▲ 우리나라 명문대 입학생 중 고소득층 자녀가 차지하는 비중이 갈수록 커지고 있다.

2000년대 이후 명문대 입학생 가운데 고소득층 자녀의 비중이 갈수록 커지고 있다. 대입에서 부모의 경제력과 정보력, 인맥이 큰 역할을 하기 때문이다.

미국의 경제학자 앨런 크루거(1960~2019)가 2012년 소개한 '위대한 개츠비 곡선'은 경제적 불평등이 클수록 세대 간 계층의 이동성이 낮다는 사실을 보여 준다. 불평등이 심한 미국은 부모와 자녀의 소득 사이의 상관관계가 50%쯤이다. 미국 시카고대 공공정책대학원의 최근 여론 조사에서도 미국인의 절반 이상이 '젊은이들은 부모보다 더 나은 삶을 살 가능성이 낮다.'고 답변했다. 이에 비해 평등한 덴마크와 핀란드, 노르웨이 등은 20% 미만으로 훨씬 낮다.

우리나라는 과거 덴마크에 가까웠지만, 지금은 미국에 가까워지고 있다. 최근 부의 대물림과 양극화가 심해지는 배경에는 교육 불평등이 있다. 교육이 계층 이동의 사다리 역할을 하지 못하고, 계층의 대물림 수단으로 전락했기 때문이다.

> **낱말 로또**
>
> **국가 장학금** 나라에서 경제적으로 어려운 대학생에게 주는 장학금.
>
> **상관관계** 일정한 수치로 계산되어 두 대상이 서로 관련성이 있다고 추측되는 관계.

교육 불평등의 문제점

우리 사회는 과거에도 불평등했지만 대다수는 당연하게 받아들였다. 부모에게서 부를 물려받지 못해도 누구나 능력을 발휘하면 부자가 될 수 있는 기회가 열

▲ 우리 사회에서는 교육 불평등이 계층 불평등을 낳는 악순환이 벌어지고 있다.

려 있었기 때문이다. 가난한 집안 출신이 대기업을 일군 사례가 드물지 않았다.

교육이 계층 이동의 사다리 구실을 하였다. 저소득층의 자녀도 열심히 공부하면 명문대에 들어가 성공할 수 있는 길이 열려 있었다. 따라서 더 성실하고 능력 있는 사람이 더 많은 몫을 차지한다는 사회적 믿음이 굳건했다.

그런데 2000년대 이후 이러한 기회의 문이 닫혀 버렸다. 교육이 더 이상 계층 이동의 사다리가 아니라 장애물 구실을 하기 때문이었다. 과거처럼 학벌이 중요한 자원이어서, 명문대를 졸업하면 취업과 승진에 유리하다는 사실은 여전하다. 하지만 고소득층 자녀가 명문대에 입학할 가능성이 훨씬 더 커졌다. 부모가 경제력과 정보력, 인맥 등 자녀의 교육과 사회 진출에 유리한 자원을 가지고 있기 때문이다.

우리나라는 이제 교육 불평등이 계층 불평등을 굳히는 수단이 되었다. 고소득층 부모들은 자녀를 영어 유치원 등에 보내 조기 교육을 시켜 사립 초등학교에 보낸다. 그런 뒤 특수 목적고(특목고)나 자율형 사립고(자사고), 명문대를 거쳐 전문직 또는 대기업에 진출시킨다. 이에 따라 교육 불평등이 계층 불평등을 만들어 내는 악순환이 굳어지고 있다. 불평등은 이제 갈수록 더 심해지고 대물림까지 되고 있다. '개천에서 용 나기'가 사실상 불가능해진 것이다.

낱말 로또

학벌 출신 학교에 따라 얻는 사회적 지위 또는 출신 학교에 따라 형성되는 파벌.

특수 목적고 영어나 과학 등 특정 분야에 소질이 있는 학생을 뽑아 특화된 교육 과정을 운영하는 고등학교.

자율형 사립고 교과 과정의 자율성을 확대하려고 만든 고등학교의 한 형태.

교육 불평등을 해소해야 하는 까닭

▲ 정의롭고 공정한 사회는 교육 기회를 평등하게 부여해 출발선을 갖게 해 준다.

우리나라는 개인 스스로 선택하지 못하고 선천적으로 주어지는 신분이나 성별 등의 요인 때문에 차별 대우를 하지 못하게 법으로 금지했다. 그런데 형식적으로는 기회의 균등을 보장하지만, 저소득층 자녀의 경우 현실에서는 불평등하기 때문에 자신의 미래를 꿈꾸지 못한다.

이런 점에서 우리 사회가 정의롭다고 보기는 어렵다. 따라서 정의로운 사회를 만들려면 교육 불평등부터 해소해야 한다. 사회가 정의롭지 못하면 공동체의 질서가 혼란해져 나라가 발전할 수도 없다. 구성원이 사회를 믿지 못해 자신의 능력을 계발하거나 발휘하려고 노력하지 않기 때문이다. 따라서 정의로운 사회를 만들어서 누구든 경쟁에 참여할 의지를 가진 사람에게는 기회를 보장할 필요가 있다.

경쟁의 출발선을 공정하게 만들기 위해서라도 교육의 기회를 평등하게 부여해야 한다. 그래야 패자도 경쟁의 결과에 승복할 수 있고 재도전의 의지를 가질 수 있다. 그런데 교육 기회가 불평등하면 고소득층과 저소득층 자녀의 출발선이 달라지므로 불공정하게 느껴진다. 정의에 관한 독특한 학설을 발전시킨 미국의 사회 철학자 존 롤스(1921~2002)는 능력 위주의 공정한 사회는 형식적인 기회 균등에만 치중하지 않고 실질적인 기회 균등을 보장한다고 말한다. 따라서 가정 형편이 어려운 학생에게 대학 입학에서 더 유리한 기회를 부여해야 부유한 가정에서 자란 학생과 똑같은 출발선에서 경쟁할 수 있게 만들 수 있다.

교육 불평등을 해소하는 방법
저소득층 자녀에게 더 많은 교육 기회 줘야

교육 단체들은 교육 불평등을 해소하려면 대학 입시에서 저소득층과 사회적 약자에게 기회를 주는 기회 균형 전형과 지역 균형 전형을 확대해야 한다고 말한다. 학교생활 기록부 중심 종합 전형과 교과 전형도 확대해야 한다고 주문한다. 다만 비교과 항목을 삭제해 학생의 부담을 덜고 학부모가 개입할 수 있는 여지를 없앨 필요가 있다고 조언한다. 나아가 공부할 의사가 있는 저소득층 자녀에게 입학 기회만 주는 데 그치지 말고, 학비와 생활비까지 지원하는 대책도 세워야 한다고 주장한다. 대학에 진학한 저소득층 자녀의 경우 학비와 생활비를 마련하느라 학업에 전념할 수 없기 때문이다.

▲ 교육 불평등을 해소하려면 누구나 원하는 교육을 받을 수 있어야 한다.

전문가들은 또 고등학교 서열화를 없애기 위해 자사고와 외국어고, 국제고를 폐지해야 한다고 강조한다. 과학고와 영재 학교는 일반고 학생 가운데 뽑아 위탁 교육을 하는 방식으로 바꾸자는 것이다. 이들 학교는 고소득층 자녀가 특화된 입시 교육을 받는 기회로 활용되기 때문이다. 서울대의 '2022학년도 출신 고등학교별 합격자 현황'에 따르면, 2021학년도에 이어 2022학년도에도 합격자를 많이 배출한 고등학교 상위 20위 안에 일반고는 한 곳도 없고, 특목고(과학고·외고·국제고 등)와 자사고·영재고가 모두 차지했다.

학교에서 입시에 유리하게 결과만 평가하는 방법도 바꿔야 한다. 자기 성장을 위한 맞춤형 교육과 이를 통해 얼마나 성장했는지 기록하는 과정 평가가 더 필요하다는 말이다.

낱말 로또

사회적 약자 신체, 인종, 종교 등의 구별되는 특징 때문에 한 사회의 주류 집단 구성원에게 차별을 받는 소수자.

기회 균형 전형 대입에서 사회적 소외 계층인 저소득층과 다문화 가정, 전문계 고등학교 학생 등을 대상으로 선발하는 제도.

지역 균형 전형 대입에서 지역 간 불균형을 바로잡으려고 낙후 지역의 교과 성적 우수자를 대상으로 선발하는 제도.

위탁 교육 학생 교육을 다른 학교에 맡겨 가르치게 하는 것.

▲ 미국은 대학 입학 전형에서 흑인과 히스패닉 등 사회적 약자에게 가산점을 준다.

선진국은 사회적 약자 배려하는 교육 정책 강화

독일의 대학교는 90% 이상이 공립이고, 대학 간 서열이 사실상 존재하지 않는다. 그리고 모든 고등학교 졸업자에게 대학 교육의 기회가 주어진다. 또 대학 교육에 계층 상승이 아니라 사회에 기여할 인재를 길러 낸다는 관점에서 접근한다. 따라서 저소득층 자녀도 어려움 없이 대학에 다닐 수 있다. 학비도 무상이고 생활비까지 지원하기 때문이다. 우리나라처럼 입시 경쟁이나 교육 불평등의 문제점이 발생할 여지가 없는 것이다. 부모에게서 독립해 생활하는 경우 주거비를 포함해 매월 최대 750유로까지 생활비를 지원한다. 이 가운데 절반은 무상이고, 나머지는 이자 없이 원금만 갚으면 된다. 지원이 끝난 뒤 5년 이후부터 20년 안에 매달 105유로 이상씩 분할해 상환하면 된다.

미국의 경우 1961년에 실시한 '적극적 우대 조치'가 교육 불평등 해소 정책의 시초다. 오랫동안 차별을 받아 온 흑인에게 더 많은 교육과 취업 기회를 제공하는 것이 주된 목적이었다. 최근에는 스페인어를 쓰는 중남미계 미국 이주민인 히스패닉 인구가 늘어나면서 이 정책의 주요 수혜자로 떠올랐다. 대학 입학 전형에서 SAT(대학 입학 자격 시험)의 점수(1600점 만점)를 중요 전형 자료로 삼는데, 사회적 약자에게는 일정한 가산점을 주는 방식으로 더 많은 기회를 제공한다. 버락 오바마 전 대통령(재임 2009~17)도 이 정책의 혜택을 받아 대학교와 로스쿨을 다닐 수 있었다. 우리나라의 기회 균형 전형도 이 정책을 받아들인 것이다.

낱말 로또

SAT 미국 대학에 진학할 때 입학 사정에 반영하는 여러 가지 시험. 논리력 시험과 과목 시험으로 나뉜다.

로스쿨 법률가를 길러 내는 3년 과정의 법학 전문 대학원.

인문 사회 ⑰

불신 사회 어떻게 극복할까

▲ 사회 구성원들이 서로를 신뢰하면 갈등을 줄여 공동의 이익을 추구할 수 있다.

신뢰심은 어떤 대상을 굳게 믿고 의지하는 일이다. 신뢰심은 사회 구성원의 협력을 촉진해 공동의 이익을 생기게 하고, 사회 발전의 원동력이 된다. 하지만 우리 국민의 신뢰도는 매우 낮은 편이다. 가족에 대한 믿음은 강하지만 그 울타리를 벗어나면 낯선 사람을 믿지 못한다. 부모도 자녀에게 모르는 사람은 의심부터 하라고 가르친다. 신뢰심이 필요한 까닭과 불신 사회를 극복하는 방법을 토론한다.

토론 주제

우리 사회에서 신뢰심이 부족한 까닭을 설명하고, 구성원들 사이의 신뢰를 강화할 수 있는 방안을 토론하세요.

함께 읽으면 좋은 책

『신뢰와 사회적 자본 어떻게 축적할 것인가』

유종근 지음 | 청어 펴냄 | 336쪽

한국 사회의 신뢰와 사회적 자본, 민주주의 작동의 열쇠, 무너진 원칙이 초래한 국가 위기, 수평적 신뢰와 시민사회 등이 담겨 있다.

『신뢰를 키우고 평등을 가르치는 노르웨이 엄마의 힘』

김현정 지음 | 황소북스 펴냄 | 256쪽

노르웨이 엄마들의 특별하고 지혜로운 자녀 교육법, 노르웨이식 육아 문화가 만드는 행복한 엄마와 강인한 나라 등이 담겨 있다.

신뢰심 강해야 공동체 발전한다
타인 불신 강해… 의심부터 하라고 자녀 가르쳐

▲ 우리 국민은 낯선 사람을 믿지 못하고 경계하는 경향이 강하다.

우리 국민은 타인을 잘 신뢰하지 않는다. 한 여론 조사 기관이 2021년 11월 전국의 성인 남녀 1000명에게 '다른 사람을 신뢰할 수 있느냐'고 물었더니, 25.3%만 그렇다고 대답했다. 이에 앞서 대한상공회의소가 2016년 10월 경제개발협력기구(OECD)의 35개 회원국을 대상으로 사회 신뢰도를 조사한 결과에서도, '다른 사람을 신뢰할 수 있는가'라는 질문에 우리나라는 23위(26.6%)를 차지했다. 덴마크가 74.9%로 1위였고, 노르웨이(72.9%)와 네덜란드(67.4%)가 뒤를 이었다. 일본은 13위(38.8%), 미국은 17위(35.1%)로 나타났다.

신뢰심은 공동체의 유지와 발전에 필요한 기본 조건이다. 상대를 신뢰하면 의견 차이나 갈등이 심해도 문제를 어렵지 않게 해결할 수 있기 때문이다. 신뢰의 바탕에는 다른 개인이나 집단이 자신의 이익만 추구하지 않을 것이라는 믿음이 자리한다. 다른 개인이나 집단을 배려하면서 자신의 이익뿐만 아니라 공동체의 이익과 발전을 위해 함께 노력할 것으로 믿기 때문에 대화와 타협, 양보가 가능해지는 것이다.

우리 조상은 품앗이를 통해 서로 도움을 주고받았다. 지금 다른 사람을 도우면 나중에 도움을 받을 수 있다는 신뢰가 강했기 때문이다. 오늘날에는 신뢰심이 약해져 부모도 자녀에게 모르는 사람은 의심부터 하라고 가르친다. 우리 국민이 가까운 사람까지 믿지 못하는 것은 아니다. 가족에 대한 믿음은 여전히 강하고, 친척이나 학교 동창, 같은 고향 사람들끼리의 신뢰도 남아 있다. 과거보다 약해지기는 했지만, 연고주의에 집착하면 낯선 사람을 신뢰하는 힘이 상대적으로 약해지는 문제가 생긴다.

> **낱말 로또**
>
> **품앗이** 농촌에서 모내기와 김매기, 가을걷이, 길쌈 등을 할 때 서로 일손을 주고받던 풍속.
>
> **연고주의** 혈연이나 학연, 지연 등 전통적인 인간 관계를 중요하게 여기는 사고 방식.

신뢰심 약해지면 '공유지의 비극' 발생

양을 키우며 생계를 잇던 마을이 있었다. 마을 사람들은 공유지의 풀밭에서 양을 키웠다. 그런데 저마다 더 많은 이익을 차지하려고 양의 숫자를 늘렸다. 이

◀마을 사람들이 자기 이익만 추구하면 공유지가 황폐해져 모두 손해를 본다.

바람에 풀밭이 황폐해져 더 이상 양을 키울 수 없었다. '공유지의 비극'이 일어난 것이다.

이런 상황에서 마을 사람들이 모두 이익을 얻으려면 공유지가 황폐해지지 않도록 협력해야 한다. 각자 키우는 양의 수를 자율적으로 제한하도록 약속하면 된다. 그런데 협력이 이뤄지려면 다른 사람들이 약속을 지킬 것이라는 신뢰가 있어야 한다. 신뢰심이 약할수록 협력은 이뤄지기 어렵다. 신뢰심은 협력을 촉진해 공동의 이익을 발생시킨다. 구성원은 각자의 이익을 얻기 위해 행동하지만 타인에 대한 신뢰심이 있으면 언제든 협력할 수 있는 것이다.

미국의 스탠퍼드대 교수인 프랜시스 후쿠야마(1952~)는 "선진국과 저개발국을 가르는 결정적 차이는 신뢰로 대변되는 사회적 자본이 있느냐의 여부."라고 밝혔다. 그는 우리나라를 중국, 이탈리아 등과 함께 '저신뢰 국가'로 분류했다.

서로 믿지 못하면 사회적 비용이 증가해 선진국이 되기 어렵다. 국민끼리 신뢰심이 클수록 그렇지 못한 나라보다 잘살게 된다. 신뢰가 강하면 협력이 더

> **낱말 로또**
>
> 공유지 여러 사람이 공동으로 소유하는 땅.
>
> 사회적 자본 협력을 가능하게 하는 사회적인 요소를 통틀어 일컫는 말. 사회 구성원이 공유하는 제도와 규범, 네트워크 등이 있는데, 특히 사회적 신뢰가 핵심 요소다.

잘 이뤄져 비용과 시간을 절약할 수 있다. 신뢰심이 약하면 상대가 배신하지 못하게 계약서를 만들고, 계약을 깼을 때 법에 호소해야 한다. 이 과정에서 비용이 발생하고 일을 처리하는 속도도 느려진다.

우리 국민은 왜 타인을 믿지 못할까

우리 사회가 불신이 깊어진 가장 큰 원인은 가정에서 남을 배려하거나 규칙을 잘 지키라고 가르치지 않기 때문이다. 과거 부모 세대는 친구에게 양보할 줄 알아야 한다고 자식을 가르쳤다. 하지만 이제는 그렇게 말하는 부모를 찾기 어렵다. 대다수가 남에게 져서는 안 되며, 손해를 보는 짓은 절대로 하지 말라고 주입한다.

▲ 우리 사회는 승자 독식이라는 무한 경쟁의 악순환에 갇혀 있다.

학교의 과도한 경쟁 교육도 문제다. 성적으로 줄을 세우는 경쟁은 갈수록 치열해지고 있다. 이에 따라 배려와 협력은 시험에서 점수를 올리기 위한 지식으로만 가르칠 뿐이다. 교육 환경이 이렇다 보니 친구들을 딛고 일어서야 하는 적으로 간주한다. 그리고 승자가 되기 위해 시험에서 부정행위도 서슴지 않는다.

가정과 학교의 잘못된 교육만 탓할 수도 없다. 불합리해 보이는 제도나 관행도 환경에 적응한 결과이기 때문이다. 우리 교육 방식은 사회 환경에 적응하느라 기형이 되었다. 우리 사회에서는 아무도 2등을 기억하지 않는다. 과정이야 어떠하든 패자는 기억해 주지 않는 무한 경쟁이 사회 전체를 불신의 늪으로 밀어넣은 것이다. 구성원 전체가 무한 경쟁으로 내몰리는 까닭은 사회 안전망이 제대로 갖춰져 있지 않아서 그렇다. 이 바람에 어려운 상황에 빠졌을 때 도움을 받을 수 없다는 절망감이 강해 나부터 살고 보자는 사고방식이 널리 퍼졌다. 결국 살아남기 위해 수단과 방법을 가리지 않기 때문에 신뢰가 싹트기 어려운 공유지의 비극이 발생한 것이다.

> **낱말 로또**
>
> 사회 안전망 국민이 위험에 빠졌을 때 보호하기 위해 나라가 실시하는 제도와 규칙을 통틀어 이르는 말.

서로 믿는 사회를 만드는 방법
타인을 배려하고 협력하는 태도부터 가르쳐야

▲ 다양한 협동 학습이 도입되면, 모둠원들이 서로 도와가며 문제를 해결해 효과를 높이는 방법을 가르칠 수 있다.

사회 구성원들끼리 갈등을 줄이려면 신뢰하는 분위기부터 만들어야 한다. 경제 발전을 이루기 위해서도 물적 자원 못지않게 신뢰심이 필수적이다. 대한상공회의소는 '신뢰'의 자본을 북유럽 수준만 쌓아도 경제 성장률이 1.5%포인트 상승할 것이라고 분석했다.

신뢰가 넘치는 사회를 만들려면, 개인은 자신의 이익만 챙기지 말고 타인을 배려할 줄 알아야 한다. 미국의 정치가 벤저민 프랭클린(1706~90)은 "신용은 곧 돈이다."라고 말했다. 그는 젊었을 때 인쇄업을 하면서 신용을 지키기 위해 노력한 끝에 좋은 평판을 얻어 나중에 사업가로 성공할 수 있었다. 타인을 배려하면 이처럼 신뢰를 얻고 평판까지 좋아져 성공할 수 있으며, 사회 전체에도 신뢰하는 분위기가 조성된다.

학교에서는 협력하는 자세부터 가르쳐야 한다. 예를 들어 5, 6명으로 구성된 모둠이 공동의 목적을 달성하기 위해 협동하는 학습을 다양하게 도입할 필요가 있다. 이때 수업의 결과는 모둠별로 점수를 매겨 평가하므로, 공부를 잘하는 학생이 뒤진 학생을 돕는 효과를 낼 수 있다.

정부는 법을 공정하게 집행해서 공정한 심판자 역할을 해야 한다. 공무원이 연고가 있거나 뇌물을 준 사람에게 특혜를 베풀 경우 불신이 깊어진다. 또 사회 안전망을 촘촘하게 갖춰 실업자 등 어려움에 빠진 사람을 도와야 한다. 자신이 어려울 때 도움을 받으면 남을 돕는 일에 적극 나서게 된다. 공정한 심판자가 있고, 구성원의 연대감이 강해지면 사회 전체에 신뢰가 강물처럼 흐르게 된다.

선진국일수록 구성원 신뢰심 강하다

선진국일수록 타인을 더 신뢰하고 너그럽게 대한다. 구성원 사이의 연대감이 강하기 때문이다. 반칙을 저지르는 사람이 거의 없으므로 다른 사람도 규칙을 잘 지킬 것으로 믿는다. 정부는 공정한 심판자의 입장에서 법을 집행하므로 국가 기관에 대한 신뢰도도 높다.

덴마크와 스웨덴, 핀란드 등 북유럽 국가는 구성원 사이의 신뢰심이 특히 강한데, 이들 나라는 복지 제도가 잘 갖춰져 있다는 공통점이 있다. 복지 제도가 탄탄하면 자신이 어려움을 당했을 때 나라의 도움을 받을 수 있다는 믿음이 강하므로, 타인에 대한 신뢰도도 높아진다. 이런 사회는 구성원의 소득 격차가 적어서 경쟁은 덜 치열하고, 삶의 만족도는 더 높다. 따라서 타인에 대한 연대와 신뢰감이 저절로 강화되는 선순환이 이뤄진다.

▲ 북유럽 국가는 경쟁보다 협력에 중점을 둔 교육을 한다.

학교에서는 협력 위주로 교육을 한다. 핀란드의 경우 국제 학업 성취도 평가(PISA)에서 항상 상위권에 오르는데, 협동 교육의 힘이 크다. 학교에서는 등수를 매기지 않는다. 진짜 경쟁은 남과 비교하는 게 아니라 자신에게 도전하는 일임을 강조하기 때문이다. 친구는 싸워 이겨야 할 적이 아니라 과제를 함께 수행해야 할 동반자로 가르친다.

일본의 경우 우리 국민에 비하면 타인을 더 많이 신뢰하는 편이다. 어릴 적부터 남에게 폐를 끼치지 말라고 가르치는 가정 교육의 영향 덕분이다. 이렇게 되면 다른 사람이 자신에게 해를 끼치지 않을 것으로 판단하기 때문에 구성원에 대한 신뢰가 강해진다.

> 낱말 로또
>
> **국제 학업 성취도 평가** 경제협력개발기구(OECD)가 주도해 세계 각국이 공동으로 3년마다 실시하는 국제 학력 평가. 의무 교육을 마치는 시점인 15세 학생들의 읽기와 수학, 과학 영역의 성취 수준을 평가해 비교한다.

인문 사회

다양성 포용도 높여야 민주주의 성숙한다

▼ 우리 국민은 인종과 문화 등이 다른 사람에게 관용적이지 못하다.

외국인과 이주민, 다문화 가정의 자녀 등 우리 사회의 구성원은 갈수록 다양해지고 있다. 그럼에도 우리 사회의 다양성 포용도가 세계 최하위 수준으로 나타났다. 이에 따라 카이스트(KAIST)는 2022년 10월 모든 구성원의 다양성을 존중하고 서로를 포용하는 환경을 조성하기 위한 선언문을 발표했다. 다양성 포용도는 문화나 견해 외에도 성별, 인종, 종교 등의 배경이 다른 사람들을 존중하고 이들과 공존하려는 태도를 말한다. 다양성 포용도를 높여야 하는 까닭과 우리 사회의 다양성 포용도가 낮은 원인을 분석하고, 다양성 포용도를 높일 수 있는 방안을 토론한다.

> **토론 주제**

우리 사회에서 다양성 포용도를 높일 수 있는 방안을 토론하세요.

> **함께 읽으면 좋은 책**

『혐오와 차별은 어떻게 정치가 되는가』
카스 무데 지음 | 위즈덤하우스 펴냄 | 284쪽

극우의 정체성과 극우의 세계, 극우를 경계하는 방법, 뿌리 깊은 차별의 정치, 12가지 명제로 보는 지금의 극우 등이 담겨 있다.

『차별과 혐오를 넘어서 왜 문화 다양성인가』
김수아 외 지음 | 컬처룩 펴냄 | 248쪽

학교 안의 차별과 혐오, 공공 임대 주택을 둘러싼 차별, 민족의 위계적 구조와 조선족, 온라인 공간과 여성 혐오 등이 담겨 있다.

우리 국민 다양성 포용도 매우 낮다
BBC 조사, '관용 정신' 세계 최하위로 나타나

카이스트(KAIST)는 2022년 10월 모든 구성원의 다양성을 존중하고 서로를 포용하는 환경을 조성하기 위한 선언문을 발표했다. 선언문은 여러 대학의 인터넷 익명 커뮤니티에 나타나는 차별과 편견의 혐오 발언이 지나치다는 문제의식에서 나왔다.

우리 사회의 다양성 포용도는 실제로 아주 낮다. 2018년 4월 영국의 공영 방송인 BBC가 발표한 설문 조사 결과에 따르면 "문화나 견해, 배경(성별, 인종, 종교)이 다른 사람들에게 얼마나 관용적이냐?"라는 질문에 우리 국민의 20%만 '매우 관용적'이라고 대답했다. 조사 대상 27개국 가운데 26위였다. 세계 평균은 46%였다. 난민을 적극 포용하는 캐나다가 74%로 1위에 올랐다.

▲ 우리 국민은 정치적·종교적 신념이 다른 사람들을 너그럽게 받아들이지 못한다.

다양성 포용도는 문화나 견해, 배경이 다른 사람을 존중하고, 공존하려는 태도를 말한다. 이를 '관용의 정신'이라고 부르기도 한다. 관용은 자기 신념만 고집하지 않는 마음가짐에서 출발한다. 예를 들어 자신의 정치적·종교적 신념과 행동이 존중을 받기 원한다면 남의 정치적·종교적 신념과 행동부터 존중하는 맥락과 일치한다. 따라서 관용의 정신은 자신의 생각과 행동만 옳다는 독선의 논리에서 벗어나기를 요구하며, 자신의 신념을 남에게 강제하는 행위에 반대한다.

우리 사회의 구성원은 외국인과 이주민, 다문화 가정의 자녀, 탈북자, 성소수자 등 갈수록 다양해지고 있다. 학교에 다니는 다문화 가정의 자녀 비율도 2022년 현재 전체 학생의 3.2%에 이른다. 이처럼 다양한 사람들이 어울려 살려면 타인을 관용의 정신으로 대우해야 한다. 하지만 우리 사회에는 외국인과 이주민, 다문화 가정의 자녀들을 수용하지 못하는 분위기가 강하다. 성별이나 출신 지역이 다른 사람들을 배척하는 태도도 있다.

다문화 가정 국내에서 거주하는 국제 결혼 가정으로, 부모 중 한쪽이 한국인으로 이뤄져 있다.

다양성을 존중해야 하는 까닭

우리 국민이 다양성을 존중해야 하는 까닭은 타인 존중이 인간의 도덕적 의무이기 때문이다. 독일의 철학자인 칸트(1724~1804)는 "타인의 인격을 단순히 수단으로만 취급하지 말고 언제나 목적으로 대하라."라고 말했다. 목적은 그 자체로 존중받을 가치를 지닌다는 뜻이다. 사람은 이성이 있으므로 자유와 도덕적 자율성의 주체가 될 수 있다. 이는 모든 사람에게 지구상의 다른 존재와 구별되는 존엄성을 부여한다. 따라서 자신과 문화나 견해, 배경이 다르더라도 존엄한 인격적 존재로 대우하는 것이 도덕적 의무다.

▲ 타인 존중은 인간의 도덕적 의무이다.

갈등 비용을 줄일 수 있다는 점도 다양성을 존중해야 하는 까닭이다. 어느 사회나 정치적·종교적 신념 등의 차이로 갈등이 발생하게 마련이다. 문제는 우리나라의 경우 이러한 갈등을 효과적으로 다루지 못해 비용이 너무 많이 든다는 데 있다. 우리 국민은 정치적·종교적 신념 등이 다른 사람들을 공존의 대상으로 여기지 않는다. 의견이 날카롭게 대립하는 문제를 놓고 합의점을 찾기도 쉽지 않다. 이러한 성향은 합당한 정책 수립을 지체시켜 비용을 늘리게 된다.

우리나라가 한 차원 높은 민주 사회로 발전하기 위해서도 다양성의 포용도를 높여야 한다. 정치적 신념이 다르다는 이유만으로 상대를 배척하고 대화마저 거부하는 사람이 적지 않기 때문이다. 그런데 민주주의는 다수의 지배에 따르되 소수를 존중하는 원리에 기반을 두고 있다. 민주주의에서는 다양한 의견이 존재함을 인정해야 한다. 자신과 의견이 다르거나 소수 의견을 가진 사람도 무시하면 안 되는 이유다.

다양성 포용도가 낮은 원인

▲ 단일 민족이라는 관념은 인종이나 문화 등이 다른 사람들을 받아들이지 못하게 만든다.

우리 사회의 다양성 포용도가 낮은 원인은 단일 민족이라는 관념이 지나치게 강하기 때문이다. 민족은 혈통을 물려받아 이어지는 것이 아니다. 공통적인 언어와 문화, 정치 생활, 귀속감 등에 의해 역사적으로 형성된다.

그럼에도 우리 국민은 '순수 혈통'이나 '혼혈'이라는 용어를 자주 사용한다. 그 바탕에는 우리 민족이 같은 혈통을 물려받은 단일 민족이라는 관념이 깔려 있기 때문이다. 이러한 관념은 인종이나 문화 등 면에서 이질적인 요소를 수용하지 못하게 만든다. 외국인과 이주자, 다문화 가정의 자녀에 대한 막연한 혐오감은 이러한 분위기에서 비롯했다. 집단주의 문화가 지나치게 강해 개인의 존엄성을 무시하는 점도 문제다. 집단주의는 집단이 유지되고 발전하기 위해 개인의 자유와 권리를 제한할 수 있다고 본다. 우리 사회에는 이러한 사고방식을 가진 사람이 적지 않아 다른 민족과 인종, 문화 등을 '우리'로 묶지 못하고 배척하는 태도를 보인다.

민주주의가 아직 성숙하지 못해 정치적 신념이 다른 사람이나 사회적 소수자를 멸시하는 탓도 크다. 남북한으로 갈려 적대시하는 상황 때문에 우리 편이 아니면 적이라는 흑백 논리가 널리 퍼져 있다.

> 낱말 로또
>
> 집단주의 개인보다 집단 전체의 이익과 가치를 더 중요하게 여기는 사고 방식.

민주 사회에서는 정치적 신념이 다른 사람도 공존해야 하고, 사회적 소수자도 존중 받을 가치를 지닌다. 그럼에도 우리 사회는 다름을 인정하지 못하고, 틀렸다고 보면서 이들을 차별하는 것이다. 따라서 정치적 신념이 다른 사람이나 사회적 소수자를 배제의 대상으로 보기 때문에 관용의 정신이 들어설 여유가 없는 것이다.

낱말 로또

흑백 논리 모든 문제를 선과 악, 득과 실의 양 극단으로만 구분하고 중립을 인정하지 않는 사고방식.

다양성의 포용도를 높이는 방법
입장 바꿔 생각하고, 단일 민족 관념 벗어나야

우리 국민이 다양성 포용도를 높이려면 개인과 사회의 노력은 물론 국가 차원의 법과 제도 정비도 필요하다.

개인 차원에서는 문화나 정치적·종교적 신념이 달라도 그 차이를 인정하고 존중하는 태도부터 가져야 한다. 이러한 태도를 가지려면 처지를 바꿔 생각하는 능력을 기르고, 그들의 문화와 신념이 어떠한 배경을 지녔는지 이해할 수 있어야 한다. 미국의 정치학자인 한나 아렌트(1906~75)는 "사유란 타자의 입장에서 생각하고 판단하는 능력."이라고 말했다. 문화나 신념이 달라도 입장을 바꿔 생각할 때 비로소 차이를 인정할 수 있다는 얘기다.

▲ 한나 아렌트는 타자의 입장에서 생각할 수 있을 때 비로소 차이를 인정할 수 있다고 보았다.

사회 차원에서는 단일 민족이라는 관념과 집단주의 문화를 약화시켜야 한다. 유엔 인종 차별 철폐 위원회(CERD)는 이미 지난 2007년에 우리나라가 외국인 거주자와 이주민이 크게 늘어 다민족 사회로 바뀌고 있다며, 단일 민족의 관념 극복이 시급하다고 권고했다. 따라서 우리 사회의 구성원을 결합시키는 기본 요소가 민족의 공통성이 아니라, 인간 존엄과 다양성 존중, 타자에 대한 관용 등 민주주의적 가치임을 널리 퍼뜨려야 한다. 그리고 집단주의를 약화시키려면 개인의 가치를 존중하는 문화가 뿌리를 내릴 수 있는 풍토를 조성해야 한다.

국가적으로는 법과 제도의 보완도 필요하다. 우리 사회에서는 인터넷을 중심으로 정치적 신념이나 문화적 배경, 출신 지역이 다른 사람을 혐오하는 표현이 자주 쓰이고 있다. 이러한 혐오 표현은 특정 집단에 속하는 사람의 고유한 정체성을 부정하는 의도가 담겨 있으므로, 표현의 자유가 보장된 범위를 넘어설 경우 법으로 규제할 필요가 있다.

유엔 인종 차별 철폐 위원회 인종 차별을 당하는 사람들의 인권을 옹호하는 활동을 하는 유엔의 한 기관.

관용의 정신 실천해 국가를 발전시키다

프랑스는 관용의 정신이 뿌리를 내린 나라로 알려져 있다. 국민들은 16~17세기에 종교 전쟁을 겪으면서 타인의 종교적 신념을 인정해야 함을 알았다. 1789년에 일어난 프랑스 혁명 이후에는 극심한 정치적 대결을 겪는 과정에서 상대의 정치적 신념을 강제로 바꾸려 하면 안 된다는 점도 깨달았다.

그런데 최근 관용의 정신이 퇴색하고 있다는 우려가 크다. 이슬람교도나 이민자들을 혐오하거나 이들을 대상으로 범죄를 저지르는 사건이 발생하기 때문이다. 지난 2016년에는 프랑스의 일부 도시에서 무슬림 여성의 수영복인 부르키니를 해변에서 입지 못하도록 하자 논란이 생기기도 했다. 이슬람 극단주의자들이 일으킨 테러에 맞대응하는 조치였지만, 관용의 정신에 어긋난다는 비판을 받았다.

캐나다는 프랑스와는 정반대의 길을 걷고 있다. 쥐스탱 트뤼도(재임 2015~) 총리는 개인의 권리와 선택을 존중해야 한다는 이유로 부르키니 착용 금지를 반대했다. 그래서 왕립 기마경찰대에 소속된 여성 경관들에게 히잡 착용을 허용했다. 캐나다 사회의 다양성을 반영하고 이슬람교를 믿는 여성이 더 많이 경찰에 지원할 수 있도록 하기 위한 조치였다. 캐나다는 이처럼 종교적·정치적 신념과 인종, 민족, 문화, 성적 취향 등의 차이에 매우 관용적이다. 그래서 다양성에 기초한 다문화주의를 국가의 정체성으로 삼고 있다. 영국계 주민과 프랑스계 주민이 공존하면서 독립된 나라를 만들었고, 다양한 배경을 지닌 이민을 받아들이면서 나라를 발전시켰기 때문이다. 최근에는 이민자와 소수 민족, 소수 종교를 보호하려고 다문화 프로그램을 강화하는 정책을 펴고 있다.

▲ 캐나다는 다문화주의를 강화해서 국가 발전의 원동력으로 삼고 있다.

낱말 로또

종교 전쟁 16~17세기 유럽에서 개신교도들이 종교적 자유를 얻으려고 가톨릭교에 맞서 싸운 전쟁.

무슬림 이슬람교를 믿는 사람. 회교도, 모슬렘으로도 부른다.

부르키니 여성 이슬람 신자들이 입는 수영복. 노출을 최소화했다.

히잡 여성 이슬람 신자들이 머리와 목 등을 가리려고 착용하는 스카프의 일종.

인문 사회
⑲

세계 자연 유산 우리 갯벌 어떻게 지킬까

유네스코(UNESCO) 세계유산위원회는 2021년 7월 전북 고창과 충남 서천, 전남의 신안, 보성·순천 갯벌 등 우리나라의 갯벌을 세계 자연 유산에 올렸다. 세계 자연 유산은 지구의 역사를 잘 나타내거나, 희귀한 동식물이 보존된 곳, 풍경이 아름다운 곳 등을 특별히 지정해 보호하는 지역을 말한다. 갯벌의 형성 원리와 가치를 알아보고, 갯벌의 보호 방법을 토론한다.

▲ 세계유산위원회는 고창과 서천, 신안, 보성·순천 갯벌 등 우리나라의 갯벌을 세계 자연 유산에 올렸다.

토론 주제

우리나라에 갯벌이 발달한 까닭과 갯벌의 가치를 설명하고, 보호 방법을 토론하세요.

함께 읽으면 좋은 책

『갯벌, 무슨 일이 일어나고 있을까?』

이혜영 지음 | 사계절 펴냄 | 158쪽

8000년간 바다가 일군 갯벌, 한국의 갯벌, 갯벌 생물, 갯벌과 사람, 되살아나는 갯벌, 세계의 갯벌과 람사협약 등이 담겨 있다.

『한국의 갯벌』

홍재상 지음 | 대원사 펴냄 | 144쪽

갯벌의 유형, 바다를 풍요롭게 하는 갯벌 생물, 생태계로서의 갯벌, 갯벌의 기능, 갯벌의 오염과 개발, 갯벌의 보존 등이 담겨 있다.

고창·서천·신안 갯벌 등 세계 자연 유산에 올라
유네스코, '철새의 이동로이자 생태계의 보고' 평가

▲ 고창 갯벌에 철새 무리가 깃들인 모습. 우리나라의 갯벌은 멸종 위기에 빠진 철새의 이동로가 되고, 다양한 생물종의 서식지로 가치가 크다는 인정을 받았다.

유네스코(UNESCO) 세계유산위원회는 2021년 7월 전북 고창 갯벌과 충남 서천 갯벌, 전남의 신안, 보성·순천 갯벌 등 우리나라의 갯벌을 세계 자연 유산에 올렸다. 세계 자연 유산은 지구의 역사를 잘 보여 주거나, 희귀한 동식물이 보존된 곳, 풍경이 아름다운 곳 등을 특별히 지정해 보호하는 지역을 말한다. 세계유산위원회는 우리나라의 갯벌이 멸종 위기에 빠진 철새의 이동로 역할을 하고, 다양한 생물종이 서식하며, 세계에서 가장 두꺼운 펄 퇴적층이 안정적으로 유지되고 있다는 점을 높이 평가했다. 우리나라에서는 세계 자연 유산으로 지난 2007년 제주 화산섬과 용암 동굴이 처음 등재되었고, 갯벌이 두 번째다.

갯벌은 밀물 때는 물에 잠기고 썰물 때는 드러나 보이는 바닷가나 강가의 넓고 평평한 땅이다. 퇴적물 입자의 크기에 따라 펄 갯벌과 모래 갯벌, 혼성 갯벌로 나뉜다. 펄 갯벌은 펄로 이뤄져 허벅지까지 빠지기도 한다. 모래 갯벌은 모래가 대부분이다. 두 갯벌 사이에는 펄과 모래, 자갈 등의 퇴적물이 섞인 혼성 갯벌이 형성된다.

우리나라는 과거 서해안과 남해안에 넓은 갯벌이 있었다. 그런데 지난 100년간 약 40%가 파괴되었다. 갯벌을 쓸모없게 여겨 간척을 했기 때문이다. 하지만 10여 년 전부터 갯벌이 수산 자원의 보고이고, 다양한 생물의 서식지라는 새로운 인식이 싹텄다. 이에 따라 정부와 시민 단체, 주민들이 협력해 보호하려는 노력이 이어지고 있다.

낱말 로또

유네스코 유엔이 교육과 과학, 문화의 보급과 교류를 위해 설립한 전문 기구의 하나.

펄 갯바닥이나 늪의 바닥에 쌓인 거무스름하고 미끈미끈하며 고운 흙.

간척 육지와 붙은 바다 또는 호수의 일부를 둑으로 막은 뒤 그 안의 물을 빼서 육지로 만드는 일.

갯벌이 만들어지는 원리

갯벌은 밀물과 썰물의 차이가 큰 곳에 형성되기 쉽다. 바닷물이 밀려 들어왔다가 나가면서 바닷가에 더 많은 퇴적물을 쌓아 놓기 때문이다. 또 지형이 평평하거나 경사가 완만해야 한다. 바닷물이 천천히 움직이면 물속에서 떠다니던 진흙이나 모래 알갱이가 많이 가라앉는다. 그리고 바닷물이 깊숙하게 들어왔다가 멀리까지 나가면 갯벌이 더 넓게 발달한다. 해안선이 구불구불하고 섬이 많아 복

▲ 갯벌이 형성되려면 강물이 흙과 모래를 싣고 바다로 흘러들어야 한다.

잡해도 파도가 세지 않아서 갯벌이 더 잘 만들어진다.

갯벌이 형성되려면 강물이 흙과 모래를 싣고 바다로 흘러들어야 한다. 갯벌을 이루는 펄과 모래는 대부분 강물을 따라 흘러든 것이기 때문이다. 물살에 깎이거나 빗물에 휩쓸린 흙은 강물에 실려 내려가다가 무거운 것은 강바닥에 가라앉고, 고운 펄이나 작은 모래 알갱이는 바다에까지 도달한다. 그런 뒤 밀물과 썰물에 휩쓸려 다니다 가라앉아 갯벌을 이룬다.

갯벌은 시간이 아주 오래 걸려야 형성된다. 예를 들어 우리나라 서해안의 갯벌은 8000년이 걸렸다. 1만 5000년 전의 마지막 빙하기에 서해안의 해수면은 지금보다 약 130m 낮았다. 빙하기가 끝나면서 해수면이 빠르게 높아졌고, 8000년 전부터는 지금과 비슷해졌다. 이때부터 갯벌이 조성되기 시작했다. 날마다 바닷물이 들어왔다 나가지만 1년에 쌓이는 펄은 3~5mm에 불과하다. 따라서 갯벌 10m가 쌓이려면 2000년이 넘게 걸린다.

> **낱말 로또**
>
> 빙하기 기후가 한랭해져서 고위도 지방이나 높은 산악 지대에 빙하가 발달했던 시기. 약 320만 년 전부터 100만 년 전까지는 약 4만 1000년 주기로, 100만 년 전부터 지금까지는 약 10만 년을 주기로 빙하기와 간빙기가 반복된다.

갯벌의 가치

▲ 갯벌은 어민 생계의 터전이 되기도 한다. 우리나라의 서해안과 남해안에는 넓은 갯벌이 발달되어 있어 세계 5대 갯벌 가운데 하나로 꼽힌다.

서해안과 남해안에는 넓은 갯벌이 발달되어 있다. 우리나라의 갯벌은 미국 동부의 조지아주 해안, 남미의 아마존강 하구, 덴마크와 독일·네덜란드를 포함한 북해 연안, 캐나다 동부 연안과 함께 세계 5대 갯벌로 꼽힌다. 우리 갯벌의 전체 넓이는 2800㎢인데, 80% 이상이 서해안에 펼쳐져 있다. 서해안은 밀물과 썰물의 차이가 크며, 대륙붕이 발달되어 있기 때문이다. 게다가 해안선이 복잡하고 큰 강이 많은 점도 갯벌 발달의 원인이다.

낱말 로또

대륙붕 대륙 주위의, 경사가 극히 완만한 해저. 대륙붕 끝부분의 깊이는 100~500m이고, 평균 깊이는 200m이다.

도요새 도요과의 새를 통틀어 이르는 말. 몸길이 13~66㎝로 크기가 다양하다. 몸은 엷은 갈색에 어두운 갈색 무늬가 있으며, 다리와 부리가 길고 꽁지가 짧다.

우리나라 갯벌은 주로 부드러운 펄로 이뤄져 있다. 세계의 갯벌 가운데서도 가장 두껍고 안정적인 펄 퇴적층이라는 점에서 가치가 크다. 또 멸종 위기에 몰린 철새들의 쉼터가 된다는 점에서도 가치를 인정받는다. 도요새는 시베리아에서 새끼를 낳아 기르고, 동남아시아에서 겨울을 난다. 우리나라의 갯벌은 도요새에게 중간 휴식처가 된다. 노랑부리백로와 재두루미, 검은머리갈매기, 저어새 등 멸종 위기에 빠진 새들이 우리 갯벌에서 겨울을 난다. 우리 갯벌은 먹이가 풍부하고 숨을 곳이 많아 갯지렁이와 조개, 게, 낙지, 물고기 등 수많은 생물의 서식지가 되기도 한다.

갯벌은 오염된 바닷물도 정화한다. 도시와 산업 지대, 농촌에서 배출된 오염 물질은 강을 따라 바다로 흘러든다. 갯벌에 사는 생물은 박테리아가 바닷물의 오염 물질을 분해하도록 돕는다. 물을 저장했다가 조금씩 흘러 보내기 때문에 홍수를 조절하는 역할도 한다.

> **낱말 로또**
>
> **노랑부리백로** 왜가릿과의 새. 몸길이는 약 68㎝이고, 몸 전체가 흰색이며, 부리는 노란색이다.
>
> **저어새** 저어샛과의 새. 몸길이가 약 84㎝이다. 부리는 긴 구둣주걱 모양이고, 머리 뒤에 달린 댕기는 누런 갈색, 눈 둘레와 부리는 검은색이다.

갯벌을 보호하는 방법
국립 공원 지정하고, 학교서 갯벌의 소중함 가르쳐야

갯벌을 보호하려면 정부가 국립 공원으로 지정할 필요가 있다. 국립 공원이란 자연 경관이 뛰어난 지역을 나라에서 법으로 지정해 관리하는 공원을 말한다. 국립 공원으로 지정하면 더 많은 돈과 인력을 투입해 갯벌을 효과적으로 지킬 수 있다. 갯벌의 가치에 대한 국민의 인식을 높일 수도 있다. 현재 전남 신안군 주민들은 '1호 갯벌 국립 공원' 지정을 추진하고 있다. 신안 갯벌뿐만 아니라 세계 자연 유산에 오른 고창 갯벌과 서천 갯벌, 보성·순천 갯벌도 국립 공원으로 정하고, 다른 갯벌도 **습지 보호 지역**으로

▲ 하늘에서 본 전남 신안 갯벌. 신안군 주민들은 '1호 갯벌 국립 공원' 지정을 추진하고 있다.

설정해야 한다.

갯벌은 오염 물질을 정화하는 역할을 하는 까닭에 '자연의 콩팥'으로 불린다. 최근 서울대 연구팀은 국내 갯벌이 1300만 톤 규모의 탄소를 저장하고 있으며, 1년에 26만 톤의 이산화탄소를 흡수해 블루 카본 역할을 한다는 연구 결과를 발표했다. 하지만 갯벌의 가치는 아직도 충분히 밝혀지지 않았다. 따라서 연구 기관은 연구를 통해 갯벌 보호를 뒷받침할 필요가 있다.

학교는 교육 과정에 갯벌의 소중함을 알리는 교육 프로그램을 포함시킨다. 현재 중학교 과정의 2학년 과학 수업에서 수권과 해수의 순환을 다룰 때 갯벌에 관해 약간의 지식을 배운다. 하지만 이 정도로는 갯벌의 소중함을 인식하기에 턱없이 부족하다. 갯벌의 경제 가치와 생태 가치를 더 깊이 가르쳐야 한다. 특히 갯벌 체험 교육을 통해 생명의 소중함을 깨우칠 수 있도록 이끌어야 한다.

> **낱말 로또**
>
> **습지 보호 지역** 습지보전법에 따라 국가나 자치 단체에서 습지의 자연 생태가 특별히 보호할 만한 가치가 있다고 판단해 지정한 지역.
>
> **콩팥** 척추동물의 비뇨 기관과 관련된 장기. 사람의 경우 강낭콩 모양으로 좌우에 한 쌍이 있으며, 체내에 생긴 불필요한 물질을 몸 밖으로 배출하는 일을 한다.
>
> **블루 카본** 해양 생태계가 흡수하는 탄소.

미국은 정부와 시민 단체가 갯벌 사들여 보호

미국은 간척 사업의 피해를 일찍 깨달았다. 그래서 세계에서 가장 먼저 갯벌의 파괴를 막는 법을 만들었다.

미국 조지아주의 갯벌은 세계 5대 갯벌로 꼽힌다. 여의도 넓이의 527배에 달하는데, 미국에서 가장 넓고 잘 보전된 습지다. 조지아주는 1970년 연안습지보호법을 만들어 갯벌의 개발을 규제했다. 이 법은 강이나 해안 근처에는 건물과 도로 등 인공 구조물을 만들지 못하게 금지했다.

미국에서는 정부와 시민 단체가 갯벌을 사들여 보호하기도 한다. 넓은 땅을 매

▲ 드론으로 촬영한 미국 조지아주 동부의 습지. 조지아주는 1970년 연안습지보호법을 만들어 갯벌의 개발을 규제했다. (사진 : 미국 환경 단체 알타마하 리버키퍼)

입해야 하므로 기금이 필요하다. 예를 들어 미시간주는 주 정부와 시민 단체가 나서서 모금하는데, 자기 재산을 기부하는 사람이 적지 않다. 자기 돈으로 갯벌을 사서 주 정부나 시민 단체에 기증할 경우 세금을 감면한다. 갯벌에 날아드는 철새를 담은 우표를 팔아 기금을 마련하기도 한다.

미국은 세금과 벌금, 이용료 등 다양한 경제적 방법을 동원해 갯벌을 보존한다. 갯벌 보호 활동에 앞장서는 시민 단체에게는 세금 혜택을 준다. 조지아주의 경우 연안습지보호법의 개발 규제 조항을 어길 경우 위반 사항이 개선될 때까지 하루 1만 달러 이하의 벌금을 물릴 수 있다. 메릴랜드주는 낚시꾼에게 이용료를 받는다. 낚시 면허를 취득한 사람만 바다낚시를 할 수 있도록 허가하는데, 1년간 유효한 면허를 내 줄 때 이용료를 징수하는 방식이다. 이렇게 거둬들인 벌금과 이용료는 갯벌 보호 기금으로 충당한다.

> **낱말 로또** 三
>
> **조지아주** 대서양과 접해 있는 미국 남부의 주.
>
> **여의도** 서울 영등포구 여의도동에 딸린 한강 안의 섬. 면적은 2.9㎢이다.
>
> **미시간주** 미시간호와 접해 있는 미국 중북부의 주.
>
> **메릴랜드주** 대서양과 접해 있는 미국 동부의 주.

찬반형
이슈

과학 산업

유전자 편집 아기 출산 어떻게 볼까

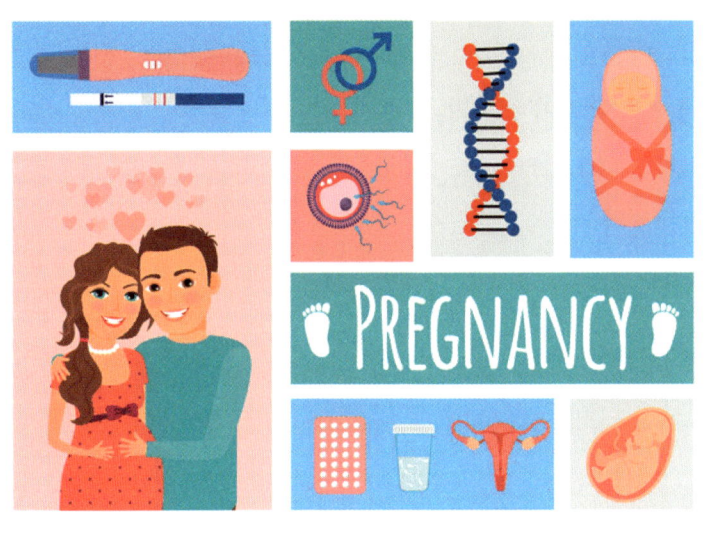

◀ 2018년 11월 중국의 과학자 허젠쿠이가 세계 최초로 유전자 편집 아기를 출산시켰다고 발표한 뒤, 유전자 편집 아기를 둘러싼 윤리 논란이 일고 있다.

뉴질랜드에선 2022년에 유전적으로 고콜레스테롤 위험성이 큰 한 여성이 콜레스테롤 수치를 영구적으로 낮추는 유전자 편집 시술을 받았다. 이에 앞서 2018년 11월 중국의 과학자 허젠쿠이는 세계 최초로 유전자 편집 아기를 출산시켰다고 발표했다. 유전자 편집 아기는 유전자 가위 기술을 적용해 출산한 아기를 말한다. 이 기술은 유전병을 치료할 수 있는 효과적인 방법으로 주목을 받고 있다. 하지만 인간의 존엄성을 훼손할 수 있다는 비판도 나온다. 유전자 가위 기술의 원리와 유전자 편집 아기에 대한 선진국의 대응을 알아보고, 유전자 편집 아기 허용을 놓고 찬반 토론을 해 본다.

토론 주제

유전자 편집 아기 허용을 놓고, 찬반 토론을 해 보세요.

함께 읽으면 좋은 책

『유전자 가위 크리스퍼』

욜란다 리지 지음 | 서해문집 펴냄 | 128쪽

크리스퍼가 초래할 사회적 변화, 크리스퍼와 관련한 생물학 지식 등 크리스퍼를 주제로 과학 토론을 할 수 있도록 돕는 워크북이다.

『재밌어서 밤새 읽는 유전자 이야기』

다케우치 가오루 외 지음 | 더숲 펴냄 | 260쪽

키메라 동물 만들기의 가능성, 유전자가 암에 미치는 영향, 유전자 재조합의 진실, DNA는 생물의 형질을 물려준다 등이 담겨 있다.

유전자가 편집된 인류 최초의 아기 탄생
중국서 에이즈 안 걸리게 유전자 조작한 아기 탄생

2022년 뉴질랜드에선 유전적으로 고콜레스테롤 위험이 큰 한 여성이 콜레스테롤 수치를 영구적으로 낮추는 유전자 편집 시술을 했다. 앞서 2018년 11월에는 중국의 과학자 허젠쿠이(1984~)가 세계 최초로 유전자 편집 아기를 출산시키는 데 성공했다고 주장했다. 그는 불임 치료를 받던 부부에게서 얻은 배아에 에이즈(AIDS)에 걸리지 않도록 유전자 편집 기술을 적용했다. 그런 뒤 그 배아를 자궁에 착상시킨 여성이 쌍둥이 여자 아기를 낳았다고 밝

낱말 로또

배아 정자와 난자가 수정된 뒤 혈액·뼈·피부·간 등 조직 또는 기관으로 진행되는 분화가 마무리 단계에 있는 세포. 수정 후 14일 이전까지의 세포를 말한다.

에이즈 HIV(면역 결핍 바이러스)에 감염되어 면역 세포가 파괴돼 인체의 면역력이 극도로 저하되는 증후군.

했다.

전문가들에 따르면 유전자 편집 아기의 출산은 인간의 존엄을 침해하는 문제가 있다. 또 예측 불가능한 부작용을 일으킬 수 있다. 따라서 연구 목적으로 하는 인간 배아의 유전자 편집을 허용하기는 해도, 유전자 편집 아기의 출산을 허용하는 나라는 없다. 우리나라도 생명윤리법으로 난치병의 유전자 치료 연구만 허용하고, 유전자 편집 아기의 출산은 금지한다.

▲ 허젠쿠이는 유전자 편집 기술을 적용해 에이즈(AIDS)에 걸리지 않도록 했다.

중국은 다른 나라보다 규제가 약한 편이다. 대학이나 병원의 승인을 얻으면 인간 배아의 유전자 편집 실험을 할 수 있다. 하지만 허젠쿠이가 소속된 대학이나 유전자 편집 아기를 출산한 병원은 유전자 편집 아기의 출산을 승인하지 않았다. 중국 정부도 출산을 목적으로 한 인간 배아의 유전자 편집 행위는 엄격히 금지한다. 허젠쿠이는 법을 어긴 죄로 3년 형을 마치고 2022년에 출소했다.

하지만 앞으로 유전자 편집 아기의 출산이 이어질 가능성은 있다. 유전자 편집 기술이 더 발전하면 인간의 유전자를 원하는 대로 고칠 수 있다. 부모의 의도대로 우수한 형질의 유전자 편집 아기가 탄생할 수 있다는 뜻이다.

낱말 로또

유전자 편집 특정한 기능을 하는 유전자를 잘라 낸 뒤, 그 자리에 다른 유전자를 붙이는 기술.

생명윤리법 인간의 존엄을 침해하거나 인체에 해롭지 않도록 생명 과학 기술의 건전한 발전을 추구하는 법.

유전자 편집 어떻게 이뤄지나

유전자는 외모와 지능, 건강 상태 등 부모의 특성을 자식에게 전달하는 기본 물질이다. 특히 유전 질환은 유전자의 돌연변이 때문에 발생해 자식에게 유전된다. 예를 들어 피가 멎지 않는 혈우병은 피를 응고시키는 유전자의 돌연변이 때문에 생긴다.

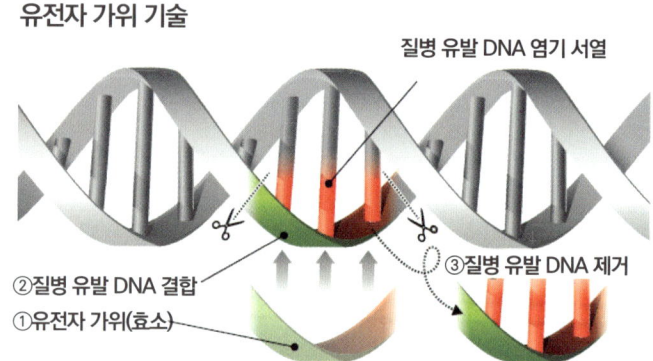

▲ 유전자 편집 기술을 적용하면 문제가 생긴 유전자를 잘라 낸 뒤 그 자리에 정상 유전자를 끼워 넣을 수 있다.

돌연변이가 생긴 유전자의 위치를 아는 질병은 해당 유전자의 잘못된 부분을 고칠 수 있으면 치료의 길이 열린다. 유전자 편집 기술을 적용하면 문제가 생긴 유전자를 잘라 내고, 그 자리에 정상 유전자를 끼워 넣어 유전 질환을 치료할 수 있다. 지퍼의 이빨이 나간 부분만 잘라 내고 새 조각을 끼워 넣으면, 기능이 회복되는 이치와 비슷하다.

유전자 편집이 가능한 까닭은 인간의 유전자 지도와 유전자 가위 개발 덕분이다. 유전자 지도는 특정한 기능을 하는 유전자의 위치를 찾아내 순서를 매겨 놓은 도표다. 인간 유전자 지도는 돌연변이 유전자의 위치를 정확하게 알려주어 유전자 편집 기술을 적용할 수 있게 만든다. 이를 활용하면 유전 질환에 걸릴 위험성을 예측할 수 있고, 이를 치료하는 기술도 개발할 수 있다.

유전자 가위는 제한 효소를 사용해 유전자를 잘라 내는 기술이다. 세균이 천적인 바이러스의 유전자 조각을 잘게 잘라 기억해 뒀다가 다시 침입했을 때 물리치는 면역 체계를 응용했다. 가위로 정확하게 색종이를 오려 내듯 문제가 되는 유전자만 선별해 잘라 낼 수 있다. 책을 편집할 때 어느 한 페이지에 적힌 잘못된 글자를 찾아내 고쳐 쓰는 이치와 비슷하다. 이런 기술이 더 발전하면 유전적 결함을 모두 제거한 인간이 나오게 된다.

> **낱말 로또**
>
> **제한 효소** 세포에 침입하는 외부 유전자를 판별해 제거하는 역할을 하는 단백질.

선진국의 유전자 편집 연구 현황

▲ 영국은 연구 목적으로 인간 배아에 유전자 편집 기술을 적용하는 실험을 허용하고 있다.

세계 모든 나라는 유전자 편집 아기의 출산을 금지하고 있다. 이에 비해 영국과 미국 등은 연구 목적의 실험은 허용했다. 영국 정부는 1990년 세계 최초로 인간 배아 연구를 허용하는 법을 만들었다. 이 법에 따라 선천성 질병의 원인을 밝히고, 불임 치료 기술을 발전시킬 목적의 인간 배아 연구는 허용한다. 2016년에는 유전자 편집 기술을 적용해 인간 배아의 돌연변이 유전자를 교정하는 실험을 허용했다. 다만 유전자 교정을 거친 배아는 14일 안에 폐기하고, 자궁에 착상시켜서는 안 된다는 조건을 정해 놓았다. 배아가 체외에서 생존할 수 있는 최대 기간인 14일로 연구 기간을 제한해 유전자 편집 아기의 출산을 막은 것이다.

미국의 경우 2015년에 미국국립보건원에서 인간 배아에 유전자 편집 기술 적용을 금지하는 원칙을 재확인했다. 정부의 기금을 지원 받는 의학 연구는 미국국립보건원의 지침에 따라 규제를 받는다. 이는 생식 계통의 유전자를 변형시키면 그 악영향이 후대에까지 미쳐 안전 문제와 윤리 문제가 발생할 수 있기 때문이다.

하지만 미국이 인간 배아 연구를 전면 금지하지는 않았다. 상당수 주는 이를 규제하는 법이 없으며, 캘리포니아주처럼 과학자들이 민간 기금을 지원받아 배아를 연구할 수 있는 곳도 있다. 2016년부터 캘리포니아대 연구팀은 인간과 돼지의 유전 형질을 결합한 '키메라 배아'를 돼지 자궁에서 키워 인공 장기를 만드는 연구를 하고 있다. 당뇨병 환자에게 필요한 췌장을 만드는 것이 목표다. 2021년 4월에는 미국과 중국 공동 연구진이 인간의 간 줄기세포를 원숭이 배아에 합친 키메라 배아를 20일까지 성장시킨 사실이 세계적인 과학 저널인 '셀'에 발표되었다.

> **낱말 로또**
>
> **미국국립보건원** 의료와 건강에 관련된 정책을 총괄하는 미국의 정부 기관. 췌장 소화 효소와 인슐린을 분비하는 내장 기관.
>
> **췌장** 소화 효소와 인슐린을 분비하는 내장 기관.
>
> **줄기세포** 여러 종류의 세포로 분화할 수 있는 미분화 세포. 분화란 생물의 세포나 조직이 각각에게 주어진 일을 수행하기 위하여 형태나 기능이 변화하는 것을 말한다.

유전자 편집 아기 허용 찬반 논쟁
"유전병 고치려면 유전자 편집 아기 허용해야"

우리나라의 인간 배아 연구는 유전 질환을 치료하는 목적에만 한정해 허용하고 있다. 그러나 유전병을 효과적으로 치료하려면 유전자 편집 아기까지 허용할 필요성이 있다. 유전자 편집을 허용하면 배아의 비정상 유전자를 정상 유전자로 대체해 태어날 아기의 질병을 근본적으로 막을 수 있다. 이렇게 되면 출산 이후 유전병을 치료하는 비용보다 훨씬 적게 든다.

부자 부모들이 요구할 수 있는 '맞춤형 아기'의 출산과 사회 불평등 심화 같은 부작용을 낳을 수 있다는 우려의 목소리도 있다. 하지만 이러한 위험 때문에 유전 질환을 예방하기 위해 유전자를 편집하는 행위를 원천적으로 금지해서는 안 된다. 약물 중독에 빠지는 사람도 있지만 대다수는 약을 알맞게 복용해 건강을 되찾는다. 따라서 유전자 편집 기술을 남용하는 문제도 따르겠지만, 대다수는 유전병을 치료하는 데 이 기술을 사용하리라 예측된다. 이는 인류의 건강과 복지 증진에 따른 이익이 그 부작용보다 훨씬 더 크다는 것을 의미한다.

▲ 유전자 편집 아기의 출산을 허용하면 유전 질환을 근본적으로 차단할 수 있다.

인간 배아 연구를 반대하는 사람들은 배아를 인격체로 보고, 배아 연구가 생명 윤리에 어긋난다고 주장한다. 인간의 생명은 처음에는 단순한 세포 덩어리에서 출발해 수정된 지 8주가 지나면 각종 장기가 생기면서 인간의 모습이 뚜렷해지기 시작한다. 하지만 배아와 태아, 신생아에 이르는 발달의 연속성 때문에 배아와 아기를 윤리적으로 똑같이 취급할 수는 없다. 배아는 아직 인격체로 볼 수 없고 세포 덩어리에 불과하기 때문이다. 도토리를 심으면 떡갈나무 싹이 나지만 도토리와 떡갈나무 싹을 똑같이 볼 수는 없다.

"유전자 차별 생기고, 인간 존엄 해칠 수 있어"

1997년에 개봉한 미국 영화 '가타카'(감독 앤드루 니콜)에는 과학 기술을 이용해 나쁜 유전자를 제거하고 완벽한 인간을 만들어 내는 미래 사회가 등장한다. 우월한 유전자를 지닌 인간은 사회에서 중요한 일을 맡지만, 열등한 유전자를 지닌 사람은 허드렛일을 하면서 차별을 당한다.

이 영화에서처럼 유전자 편집 아기가 일반적으로 태어나면 실제로 사회 불평등을 심화시킬 수 있다. 건강 상태와 신체적·정신적 능력을 결정하는 유전자가 밝혀질 경우 결함을 교정하는 기술도 개발될 가능성이 크다. 문제는 이러한 기술의 경제적 가치가 커서 비싼 비용을 감당해야 한다고 치자. 그럼 부자만 우월한 외모와 지능을 갖춘 맞춤형 아기를 낳을 수 있게 된다.

▲ 유전자 편집 아기가 허용되면 열등한 유전자를 지닌 사람들이 차별을 당하는 미래 사회가 등장할 수 있다.

유전자 편집 아기의 안전성이 검증되지 않은 문제점도 있다. 유전자를 잘못 자를 경우 돌연변이를 일으켜 예측하지 못한 부작용이 발생하게 된다. 유전자를 정확하게 자르더라도 유전자가 자연적으로 복구되는 과정에서 뜻밖의 돌연변이가 일어날 가능성이 있다. 이러한 돌연변이 유전자가 인체를 새로운 바이러스의 감염에 더 취약해지게 만들면 대책이 없게 된다.

인간의 존엄성을 해칠 수도 있다. 인간은 목적이 되는 존재다. 따라서 목적이 아무리 좋아도 인간이 이를 달성하는 수단으로만 취급되어서는 안 된다. 수정부터 출생 단계까지 인격이 언제 생기는지 정확하게 알 수 없다면, 배아를 발달한 인간과 동일한 존재로 봐야 한다. 유전자 편집 아기는 물론 인간 배아에 유전자 편집 기술을 적용하는 행위도 엄격하게 제한해야 하는 까닭이 여기에 있다.

과학 산업
㉑

멸종 동물 복원해야 하나

▲ 매머드는 시베리아에서 서식하다가 4000년 전에 멸종했다.

미국의 한 생명 과학 창업 기업이 4000년 전에 멸종한 털북숭이 매머드를 복원해 시베리아 툰드라에 되돌려 놓겠다고 2021년 9월에 선언했다. 이에 앞서 2017년 2월에는 하버드대 연구팀이 매머드와 아시아코끼리의 유전자를 접합해 10년 안에 매머드를 복원하겠다는 계획을 밝혔다. 하지만 생태계의 균형을 파괴할 수도 있다는 반대 목소리도 있다. 매머드의 멸종 원인과 복원 방법을 살펴보고, 멸종 동물 복원을 놓고 찬반 토론을 해 본다.

토론 주제

매머드가 멸종한 까닭과 복원 방법을 설명한 뒤, 멸종 동물 복원을 놓고 찬반 토론을 해 보세요.

함께 읽으면 좋은 책

『다양성을 엮다』

강호정 지음 | 이음 펴냄 | 260쪽

생태계의 기원과 발전, 생태계의 물질 순환, 다양한 생물군계 이야기, 생태계의 이용과 회복, 인류세를 둘러싼 논쟁 등이 들어 있다.

『매머드를 부활시킬 수 있을까?』

파스칼 타시 지음 | 민음인 펴냄 | 68쪽

매머드는 어떤 동물이며 어떻게 살았을까, 매머드 복제는 꿈인가 현실인가, 매머드 부활 방법, 현대 매머드의 모습 등이 담겨 있다.

멸종 동물 복원 연구 활발하다
하버드대서 매머드 복원 계획 밝혀… 반대 목소리도

1993년 개봉한 영화 '쥬라기 공원'(감독 스티븐 스필버그)에서는 복원된 공룡이 등장한다. 호박 화석 속 모기에서 나온 쥬라기 공룡의 피에서 유전자를 추출해 복제한 것이다.

매머드는 코끼리와 비슷한데, 4000년 전 지구에서 멸종했다. 그런데 앞으로 시베리아의 매머드를 다시 볼 수도 있다. '쥬라기 공원'에서 공룡을 복원했던 것처럼, 과학자들이 매머드 복원을 진행하고 있기 때문이다. 미국의 생명 과학 창업 기업 '컬라슬(Colossal)'은 2021년 9월 털북숭이 매머드를 복원해 시베리아 툰드라에 되돌려 놓겠다고 선언했다. 이에 앞서 2017년 2월 하버드대 연구팀은

"매머드와 아시아코끼리의 유전자를 접합해 10년 안에 매머드를 복원할 것."이라고 밝혔다.

매머드를 흔히 코끼리의 조상으로 여긴다. 하지만 매머드와 코끼리는 같은 조상을 가진 친척 관계로, 공동 조상에서 갈려 나와 서로 다른 방향으로 진화했다. 매머드가 코끼리보다 훨씬 더 컸다는 설도 오해다. 어깨까지의 높이가 5m에 이르는 큰 종류부터 2m도 되지 않는 작은 종류까지 다양했다. 모든 매머드가 털북숭이였다는 점도 사실이 아니다. 대다수 매머드는 추운 곳에 살았으므로 털이 길고 많았다. 하지만 따뜻한 지역에 살던 매머드는 털이 길거나 많을 필요가 없었다.

낱말 로또

쥐라기 중생대인 약 1억 8000만 년 전부터 백악기 전의 약 1억 3500만 년 전까지의 4500만 년 동안의 기간.

호박 아주 오랜 옛날 나무의 진 따위가 땅속에 묻혀 굳어진 누런색 광물.

툰드라 북극해 연안의 동토 지대.

▲ 4000년 전에 멸종한 매머드는 코끼리와 비슷하게 생겼다.

과학자들은 매머드 외에도 마구잡이식 사냥과 자연 파괴로 멸종한 여러 동물을 복원하기 위한 연구를 진행하고 있다. 1914년에 멸종한 북미 대륙의 나그네비둘기, 1983년에 멸종한 호주의 위부화개구리 복원을 추진하고 있다. 하지만 오래전에 멸종한 동

낱말 로또

나그네비둘기 마구잡이로 멸종된 대표적인 북미산 비둘기. 몸길이는 약 43㎝이고, 1810년대에 30~50억 마리가 서식했는데, 1914년에 전멸했다.

물을 복원할 경우 생태계의 균형을 파괴하고, 유전적 다양성이 부족해 다시 멸종할 가능성이 크다며 반대 목소리도 있다.

매머드가 멸종한 까닭

매머드가 멸종한 원인에 관해서는 가설이 여러 가지다. 먼저 기후 변화를 들 수 있다. 1만 4000년 전 지구에 간빙기가 찾아와, 추운 곳에 살던 매머드들이 따뜻한 날씨에 적응하기 어려웠다는 것이다. 덩치 큰 매머드의 주식은 추운 곳에서 자라는 작은 이끼와 풀이었다. 그런데 날씨가 따뜻해지면서 이끼와 풀이 사라져 먹이 부족에 시달리게 되었다. 인간의 마구잡이식 사냥 때문에 멸종했다는 설도 있다. 실제로 북극권에서 발견된 매머드의 뼈를 분석한 결과, 날카로운 무기에 찔린 흔적이 남아 있었다. 선사 시대 사람들은 사냥과 채집으로 생활했다. 그들에게 매머드의 고기는 중요한 식량이었다. 게다가 털은 옷감의 재료로 쓰였고, 뼈는 무기와 장신구 등을 만드는 데 사용됐다. 뼈로 집을 만들었던 흔적도 많이 발견됐다.

▲ 매머드는 마구잡이식 사냥과 기후 변화 때문에 멸종했다.

낱말 로또

가설 어떤 사실을 설명하기 위해 임시로 설정한 이론.

간빙기 빙기와 빙기 사이에 따뜻한 기후가 오래 지속되는 시기. 빙기는 빙하 시대에 기후가 추워져 빙하가 크게 확장되었던 시기를 말한다.

근친 교배 때문에 멸종했다는 설도 있다. 매머드는 1만 년 전에 거의 멸종했다. 하지만 소수의 매머드는 시베리아 북쪽의 한 섬으로 이동해 3300년 전까지 살아남았다. 매머드가 많이 살았던 4만 5000년 전의 매머드 유전자와 매머드가 멸종하기 전인 4300년 전의 유전자를 비교한 결과 후자에서 결함이 많이 발견되었다. 멸종하기 전의 매머드는 먹이를 찾는 데 사용하는 후각이 약화되고, 짝을 찾는 데 사용하던 단백질이 손상되었다. 먹이를 찾고 자손을 낳는 데 필요한 기능이 약해진 것이다. 과학자들은 섬에서 고립된 생활을 하며 근친 교배가 이뤄지면서 나쁜 돌연변이가 나타났던 것으로 추정하고 있다.

> **낱말 로또**
>
> 근친 교배 매우 가까운 혈연 사이에서 짝짓기가 이뤄져 후손을 얻는 것.
>
> 돌연변이 생물체에서 어버이의 계통에 없던 새로운 형질이 나타나 유전이 이뤄지는 현상.

유전자 가위 기술 이용해 매머드 복원 시도

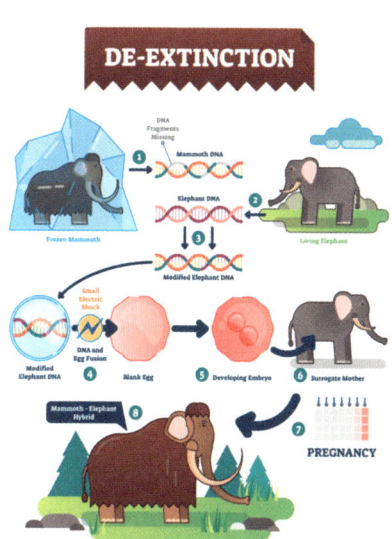

▲ 매머드 복원은 매머드의 유전자 정보가 밝혀지고, 유전자 가위 기술이 있기 때문에 가능하다.

과학자들이 매머드 복원 작업에 들어갈 수 있었던 까닭은 거의 손상되지 않은 상태의 매머드 유전자를 확보했기 때문이다. 유전자는 생명체의 신체적·생리적 특성이 담긴 설계도를 말한다.

시베리아는 날씨가 추워서 1년 내내 얼어 있는 영구 동토층이 있는데, 이곳에서 얼어붙은 매머드의 사체들이 발견된다. 과학자들은 시베리아 툰드라에 150만 구가 넘는 매머드 사체가 묻혀 있는 것으로 추정하고 있다. 상태가 좋은 사체에서는 응고되지 않은 혈액이 발견되기도 한다. 매머드 복원 계획은 이러한 사체에서 얻은 매머드 유전자가 바탕이 되었다.

과학자들은 매머드의 중요한 유전자 정보를 복원하는 데 성공했다. 그 결과 매머드가 아프리카코끼리보다는 아시아코끼리와 더 가깝다는 사실을 밝혀냈다. 인류와 침팬지가 갈라졌던 600만 년 전에 매머드와 아프리카코끼리도 분화되었으며, 아시아코끼리는 그때부터 44만 년 뒤 매머드와 갈라진 것으로 알려져 있다. 아시아코끼리와 매머드는 유전자가 99.6% 일치한다.

하버드대 연구팀은 유전자 가위를 이용해 작은 귀와 긴 털, 두꺼운 피하 지방처럼 매머드의 특성이 있는 유전자를 잘라 냈다. 그런 뒤에 이것을 매머드와 유전적으로 가장 가까운 아시아코끼리의 유전자에 매머드 유전자의 극히 일부인 14개를 끼워 넣어 매머드에 가까운 유전자 조합을 만들었다. 그리고 이 유전자 조합을 코끼리의 난자에 이식해 배아로 만드는 것이다. 배아란 수정이 일어나 정자와 난자가 합쳐진 접합체를 말한다. 연구팀은 앞으로 배아를 인공 자궁에 착상시켜 새끼를 낳게 할 예정이다. 이 새끼는 진짜 매머드는 아니지만 매머드와 비슷한 신체적 특성을 가질 것으로 추정하고 있다.

> **낱말 로또**
>
> **유전자 가위** 효소를 이용해 특정한 유전자를 잘라 내는 기술. 효소란 생체 속에서 이뤄지는 화학 반응의 촉매 구실을 하는 화합물을 말한다.
>
> **인공 자궁** 태아를 자궁 밖에서 키울 수 있도록 만든 인공 장기.

멸종 동물 복원 찬반 논쟁
"생물 다양성 유지에 필요… 온난화 방지에도 도움"

지구상의 동식물은 먹이 사슬로 연결되어 서로 밀접하게 의존하는 관계를 맺고 있다. 그래서 어떤 동식물이 멸종하면 이러한 관계가 흔들린다. 따라서 생물의 다양성이 유지되어야 동식물이 사는 환경이 안정되는 것이다.

멸종 동물을 복원해야 하는 까닭은, 생물의 다양성을 보존하는 데 도움이 되기 때문이다. 최근 기후 변화와 인간의 남획으로 많은 생물종이 사라지고 있다. 따라서 매머드의 복원은 생물종의 멸종에 대응하는 기술을 발전시킨다는 점에서 긍정적으로 봐야 한다. 오래전에 멸종된 매머드를 복원할 수 있

▲ 매머드를 복원하면 생물 다양성이 보존된다.

으면, 멸종 위기에 놓인 동물을 지키는 일이 훨씬 쉬울 것이기 때문이다.

멸종 동물의 복원은 지구 온난화를 막는 데에도 도움이 된다. 매머드를 복원해 시베리아의 툰드라 지역에 풀어 놓을 경우 식물의 번식과 성장을 도울 수 있다. 매머드가 이끼와 풀을 뜯어 먹으며 흙을 뒤섞고 배설물을 통해 씨를 퍼뜨리기 때문이다. 이에 따라 툰드라 지역의 초지를 지키면, 초지가 일종의 단열재가 되어 영구 동토층이 녹는 현상을 막을 수 있다. 이렇게 되면 이곳에 매장된 메테인이 증발하지 않아 지구 온난화를 늦출 수 있다.

인간은 스스로 멸종시킨 동물을 되살릴 도덕적 책임이 있다는 점도 중요하다. 과거에도 여러 차례 많은 생물종이 멸종했지만, 이는 대부분 지구 생태계의 변화에 따른 불가피한 일이었다. 그러나 오늘날의 멸종은 인간의 이기심과 무지에서 기인한다. 이제 멸종 동물을 복원할 수 있는 기술을 확보했으므로 그들을 되살리는 일도 인간의 의무다.

> **낱말 로또**
>
> 메테인 천연 가스의 주된 성분. 이산화탄소와 함께 지구 온난화를 일으키는 주요 원인이다.

"생태계에 악영향… 기존 동물 보호가 더 효과적"

▲ 밀렵으로 죽는 코끼리를 지키는 일이 매머드를 복원하는 것보다 더 급하다.

과학자들이 멸종 동물 복원에 나서는 까닭은 학문적 성취를 위해서다. 매머드처럼 사람들의 관심을 끄는 멸종 동물의 복원에 성공할 경우, 과학 발전의 역사에 길이 이름을 남길 수 있다.

그런데 과학자들은 멸종 동물 복원이 일으킬 문제점에도 주목할 필요가 있다. 매머드처럼 오래전에 멸종된 동물을 복원하면 생태계에 혼란을 일으킬 수 있다. 외래종이 들어오면 생태계의 균형을 파괴할 수 있다. 오래전에 멸종한 동물을 기후와 환경이 크게 바뀐 곳에 살게 한다면 외래종을 풀어 놓는 일과 마찬가지다. 멸종 동물을 복원해도 다시 멸종할 가능성이 크다. 유전적 다양성이 없기 때문에 환경 변화에 적응하지 못하고, 근친교배로 나쁜 돌연변이가 생기기 쉽기 때문이다. 또 예상하지 못한 질병이 생길 위험성이 있다는 점도 고려해야 한다. 2003년 프랑스와 스페인 과학자들은 스페인 북부에 살다가 멸종한 산양 '피레네 아이벡스'를 복원하는 데 성공했다. 하지만 선천적인 폐결핵 때문에 태어난 지 7분 만에 죽었다.

비용이 너무 많이 든다는 점도 문제다. 멸종 동물 복원에 드는 비용을 아껴서 지금 남아 있는 동물들을 지키는 것이 생물 다양성을 보존하는 데 더 효과적이다. 세계자연보전연맹(IUCN)은 멸종 동물 복원에 관해 엄격한 기준을 제시하고 있다. 멸종 동물 복원이 정당성을 가지려면, 현존 동물 가운데 대체 종을 찾는 일보다 비용이나 위험성 면에서 우위에 있어야 할 것을 요구한다. 매머드 외에도 많은 멸종 동물은 이런 조건을 충족시키기 어렵다.

세계자연보전연맹 자연 보호를 위한 국제 기구. 유엔의 지원을 받아 1948년에 설립되었다.

과학 산업
㉒

상속세 부담 줄여야 할까

◀ 상속세는 부의 대물림을 약화시키는 효과가 있다.

국회에서 상속세법이 일부 개정되어 2022년부터 2000만 원이 넘는 상속세의 분납 기한이 과거 5년에서 10년으로 늘어났다. 하지만 재계의 상속세율 인하 요구는 반영되지 않았다. 상속세는 부모나 배우자 등이 사망한 뒤 물려받은 재산에 매기는 세금이다. 상속 재산은 불로 소득에 해당하는데, 부의 대물림을 막고 빈부 격차를 줄이기 위해 상속세를 물린다. 상속세를 매기는 까닭과 선진국의 상속세 부과 현황을 알아본 뒤, 상속세 완화를 둘러싼 찬반 논쟁을 탐구한다.

토론 주제

상속세를 매기는 까닭과 선진국의 상속세 부과 현황을 설명한 뒤, 상속세율을 낮추는 문제를 놓고 찬반 토론을 해 보세요.

함께 읽으면 좋은 책

『세금이란 무엇인가』

스티븐 스미스 지음 | 리시올 펴냄 | 200쪽

세금이 존재하는 이유, 조세의 구조, 조세 부담의 주체, 조세와 경제, 탈세와 조세 집행, 조세 정책의 이슈 등이 담겨 있다.

『정치에 속고 세금에 울고』

안종범 외 지음 | 렛츠북(book) 펴냄 | 208쪽

눈 뜨고 당하는 국민 피해, 세금에 왜 불만인가, 권력에 휘둘려 온 세금 정책, 세금 포퓰리즘 대책과 개혁안 등이 담겨 있다.

"상속세율 낮춰서 기업 경영 의지 높이자"
경제 단체서 주장… 빈부 격차 심해져 반대도

국회에서 상속세법이 일부 개정되어 2022년부터 상속세가 2000만 원이 넘으면 분납 기한이 현재 5년에서 10년으로 늘어났다. 한국경영자총협회 등 재계의 상속세율 인하 요구는 반대 목소리가 강해 반영되지 않았다.

상속세란 부모나 조부모, 배우자 등이 사망한 뒤 무상으로 물려받은 재산에 매기는 세금이다. 상속세율은 현재 5단계의 누진세로 되어 있다. 1억 원 미만은 10%이고, 1억~5억 원은 20%, 5억~10억 원

> **낱말 로또**
>
> **한국경영자총협회** 노동자와 사용자 사이에 일어나는 문제를 담당하려고 1970년에 만든 사용자들의 대표 기구.
>
> **누진세** 소득액이 커질수록 높은 세율을 적용하도록 한 세금.

186 엄마를 위한 이슈 issue 2

▲ 상속세는 부모 등이 사망한 뒤 재산을 무상으로 물려받았을 때 내는 세금이다.

은 30%, 10억~30억 원 40%, 30억 원 이상은 50%이다. 단계별로 기준을 초과하는 액수에 대해서는 차등 적용한다. 예를 들어 상속을 받은 재산이 3억 원인 경우 1억 원까지는 10%를 적용해 1000만 원의 세금이 붙는다. 나머지 초과 액수인 2억 원은 20%를 적용해 4000만 원을 물린다. 따라서 상속세 총액은 5000만 원이다.

재계는 기업인의 경영 의욕을 북돋우려면 상속세 최고 세율을 50%에서 25~30%로 낮춰야 한다고 주장한다. 최대 주주가 보유한 주식에 대한 할증 평가의 폐지도 요구한다. 기업은 대개 최대 주주가 경영권을 가지는데, 시가 30억 원이 넘는 주식을 보유한 경영권자가 숨지면 상속세율 50%가 적용되고, 최대 주주의 보유 주식에 대한 할증 평가가 추가된다. 할증률은 현재 상속세의 30%까지여서 상속세율은 최고 60%까지 높아진다. 높은 상속세율에 할증률까지 더하면 기업인이 평생 가꾼 기업을 자식에게 물려주기 어렵게 된다.

하지만 상속세율을 낮추면 지금까지 특혜를 받은 부유층에게 다시 특혜를 얹어주는 셈이라는 목소리도 강하다. 기업 승계보다 부의 대물림을 막는 게 먼저라는 말이다.

> **낱말 로또**
>
> **할증 평가** 세금의 원래 액수에 일정한 기준에 따라 얼마씩 더하는 방식.
>
> **시가** 시장에서 매매되는 가격. 여기서는 증권 시장에서 거래되는 주식의 가격을 말한다.

빈부 격차 줄이기 위해 상속세 매겨

▲ 상속 재산은 일하지 않고 무상으로 얻은 불로 소득에 해당한다.

우리나라에서 상속세가 처음 도입된 시기는 일제 강점기인 1934년이었다. 그러다 정부가 수립된 뒤인 1950년에 상속세법이 만들어졌다. 상속세는 재산세의 일종이다. 재산세는 부동산과 동산, 지적 재산 등 돈으로 바꿀 수 있는 모든 재산에 매기는 세금이다.

상속세는 또한 불로 소득에 매기는 징벌적인 세금의 성격을 띤다. 영국의 사상가 존 로크(1632~1704)는 사유 재산이 정당화될 수 있는 까닭을 노동에서 찾았다. 로크에 따르면 노동하지 않고 무상으로 취득한 불로 소득은 정당화될 수 없다. 상속 재산도 이자와 지대, 임대료, 부동산의 매매 차익과 마찬가지로 불로 소득에 해당한다. 이에 따라 불로 소득은 도덕적으로 정당화될 수 없으므로, 노동한 대가로 거둔 소득보다 세금을 더 많이 매길 수 있다.

상속세는 부의 대물림을 약화시켜 빈부 격차를 줄이는 효과도 있다. 부가 대물림되면 불평등이 심해진다. 부자 부모를 둔 사람은 많은 상속 재산을 물려받아 더 큰 부자가 된다. 이에 비해 가난한 부모를 둔 사람은 상속 재산이 없어 불리한 처지에서 삶을 스스로 개척해야 한다.

전문가들은 경쟁에 참여하는 사람의 출발점을 공정하게 하려면 상속세를 무겁게 매길 필요가 있다고 말한다. 부모의 재산 보유 정도가 아니라 의지를 지닌 사람은 누구나 경쟁에 참여할 수 있고, 참여자 자신의 노력과 능력에 의해 승부가 결정되어야 공정한 경쟁이 이루어질 수 있기 때문이다.

> **낱말 로또**
>
> **부동산** 토지와 건물, 주택처럼 움직일 수 없는 물건.
> **동산** 예금과 주식, 생활용품 등처럼 움직일 수 있는 물건.
> **지적 재산** 음악이나 미술, 문학 등 무형의 창작물.
> **지대** 토지 소유자가 토지를 사용하는 사람에게서 거두는 대가.

선진국은 어떻게 상속세 매기나

선진국은 대다수가 상속 재산을 불로 소득으로 본다. 그래서 개인의 상속세 최고 세율이 일본은 55%, 프랑스는 60%, 벨기에는 80%로 우리나라보다 높다. 독일은 우리나라와 같은 50%다. 이들 나라에서는 부의 대물림을 막으려고 상속세를 무겁게 매긴다.

▲ 상속세를 징벌세로 보아서는 안 된다는 목소리가 나오고 있다.

그런데 최근 상속세를 징벌세로 보아서는 안 된다는 목소리가 나오고 있다. 기업을 상속할 경우 창업 정신과 노하우를 계승해 일자리를 창출하는 일이기 때문이다. 따라서 직계 비속이 기업을 승계할 때 상속세 부담을 덜어 주는 나라들도 있다. 독일은 50%인 최고 세율을 30%로 낮추고, 프랑스는 60%에서 45%로, 벨기에는 80%에서 30%로 각각 낮춰 준다.

캐나다와 호주, 스웨덴은 상속세를 없애고 자본 이득세를 매긴다. 캐나다는 1971년부터 자본 이득세를 도입했다. 아버지가 1억 원에 어떤 재산을 사서 1억 5000만 원으로 불린 뒤 자식에게 물려주면, 차액인 5000만 원에 대해서만 낮은 세율로 세금을 매긴다. 호주도 1979년부터 상속 시점에는 이익이 실현되지 않았다는 이유로 상속세를 매기지 않는다. 다만 상속받은 사람이 나중에 상속 재산을 처분할 때 취득 가액을 뺀 차액에만 자본 이득세를 물린다. 과거 스웨덴의 상속세 최고 세율은 65%였다. 이에 따라 기업가들이 자식에게 경영권을 물려주기 어렵다고 판단해 다른 나라로 기업을 옮기는 일이 잦았다. 그래서 2005년에 상속세를 폐지했다.

> **낱말 로또**
>
> **노하우** 어떤 일에 오랫동안 종사하면서 쌓은 경험에 의해 자연스럽게 터득한 특수 기술이나 지식.
>
> **직계 비속** 당사자를 기준으로 직계로 이어져 내려가는 혈족. 아들과 딸, 손자, 증손자 등을 말한다.
>
> **자본 이득세** 자본에 해당하는 재산을 팔 때 얻은 이득을 대상으로 매기는 세금.
>
> **취득 가액** 어떤 재산을 살 때 대가로 지불한 금액.

상속세 부담 완화 찬반 논쟁
"기업 경영 의지 낮추고 근로 의욕 떨어뜨려"

한 중소기업의 대표는 상속 계획을 짜다가 회사를 팔기로 마음을 바꾸었다. 아들에게 100억 원 규모의 주식을 물려주면 많은 상속세를 내야 하고, 전체 주식 가운데 차지하는 몫이 줄어 경영권을 방어하기 어렵기 때문이었다.

우리나라 상속세의 최고 세율은 경제협력개발기구(OECD) 회원국 평균인 26.5%의 2배 가까이 된다. 최대 주주의 보유 주식에 매기는 할증 평가를 더하면 최고 세율이 60%에 이른다. 무거운 상속세를 감당하지 못해 기업 승계를 포기하는 사례도 있다. 대다수 기업인은 오랫동안 고생해 일군 기업을 자식에게 가

▲ 상속세가 무거워서 기업 승계를 가로막는 걸림돌이 되고 있다.

낱말 로또

경제협력개발기구 회원국끼리 상호 협력을 통해 세계 경제의 공동 발전과 인류의 복지 증진을 도모하는 정부 간 정책 연구 협력 기구. 회원국은 38개국이다.

가업 한 집안이 대대로 물려받는 직업이나 생업.

국세청 세금을 매기고 거두는 일을 담당하는 중앙 행정 기관.

업으로 물려주고 싶어 한다. 따라서 직계 비속이 기업을 승계해 일자리를 창출하도록 도우려면 상속세 부담을 줄여야 한다.

상속세 부담이 근로정신을 해치는 문제도 있다. 기업인이 아니어도 사람들은 대다수가 열심히 일해 모은 재산을 자식에게 물려줘 안정된 생활을 할 수 있도록 돕고 싶어 한다. 이런 보람을 느낄 수 있게 상속세를 낮춰 근로 의욕을 북돋는 것이 경제 발전에 이롭다.

상속세가 전체 세수에서 차지하는 비중이 적다는 점에도 주목할 필요가 있다. 국세청 자료에 따르면 2021년 상속세 수입은 6조 9000억 원이었다. 전체 세수 344조 782억 원의 2%에 불과하다. 따라서 상속세를 통해 빈부 격차를 해결하기는 쉽지 않다. 오히려 상속세 부담을 줄이거나 없애는 편이 자본 유출을 막고 일자리를 창출해 경제에 더 큰 이익을 가져온다.

"자기 노력으로 부자 되기 어려워… 교육 지원해야"

우리나라는 부모 등에게 재산을 물려받은 상속형 부자가 62.5%나 된다. 이에 비해 일본은 30%, 미국은 25%, 중국은 2.5%다. 미국의 경제 전문지 포브스가 한국과 미국, 중국, 일본 등 4개국에서 재산이 10억 달러가 넘는 주식 부자 각 40명씩 160명의 2017년 재산 현황을 조사한 결과다.

외국의 경우 자신의 노력으로 부자가 될 수 있지만, 우리나라는 부자를 부모로 두지 않으면 부자가 되기 어렵다는 얘기다.

따라서 부의 대물림을 막으려면 상속세율을 낮춰서는 안 된다. 과거에는 우리나라도 자기 노력으로 부자가 되는 사람이 적지 않았다. 그런데 지금은 계층 이동의 사다리가 사라지고 부가 대물림되는 현상이 뚜렷하다. 따라서 부잣집 자식이 가난한 사람의 자식보다 유리한 출발점에 서도록 내버려 두면 경쟁이 불공정해진다.

▲ 상속세 부담을 완화하면 부의 대물림과 빈부 격차가 더 심해진다.

빈부 격차를 줄이기 위해서도 낮추면 안 된다. 빈부 격차를 줄이려면 가난한 집 자식이 질 좋은 교육을 받을 수 있게 나라에서 도와야 한다. 빈곤의 대물림을 끊을 수 있는 중요한 수단이 교육이기 때문이다. 나라에서 가난한 집 자녀의 교육을 적극 지원하려면 더 많은 재원을 확보해야 한다. 따라서 부자에게서 거두는 상속세율을 지금 수준으로 유지하거나 더 높일 필요가 있다. 상속세율을 내리자고 주장하는 사람들은 기업 승계를 도와야 한다는 명분을 댄다. 그러나 상속세율을 낮추지 않아도 세금 납부 시점을 연기하는 제도도 있고, 여러 차례 분할 납부할 수 있게 하는 제도도 있다.

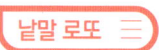

포브스 2주마다 발간되는 미국의 경제 전문지. 부자들의 명단을 발표하는 것으로 유명하다

과학 산업

리디노미네이션 단행해야 할까

◀ 경제협력개발기구 회원국 가운데 달러와 환산 비율이 4자리인 국가는 우리나라밖에 없어 리디노미네이션이 필요하다는 주장이 나오고 있다.

전문가들 사이에서 지금이라도 중장기 과제로 화폐 액면 단위를 1000대 1 정도로 낮추는 '리디노미네이션(redenomination)'을 추진하자는 목소리가 높아지고 있다. 경제협력개발기구(OECD) 회원국 가운데 1달러 환산 환율이 네 자리인 나라는 우리나라밖에 없기 때문이다. 리디노미네이션이란 화폐의 실질 가치는 그대로 두고 액면가의 단위를 같은 비율로 낮추는 조치를 말한다. 대개 화폐로 표시하는 금액이 지나치게 많은 데서 생기는 불편함을 덜려고 실시한다. 과거 우리나라에서 두 차례의 리디노미네이션을 단행한 까닭과 외국의 사례를 알아본 뒤, 리디노미네이션을 놓고 찬반 토론을 해 본다.

> 토론 주제

우리나라의 리디노미네이션 실시를 놓고 찬반 토론을 해 보세요.

> 함께 읽으면 좋은 책

『돈의 흐름으로 보는 세계사』

미야자키 마사카츠 지음 | 한국경제신문사(한경비피) 펴냄 | 252쪽

통화 이전의 화폐, 통화를 출현시킨 주화 혁명, 이슬람 세계의 어음이 유럽에서 지폐가 되다, 비트코인은 혁명적일까 등이 담겨 있다.

『화폐의 추락 우리가 놓친 인플레이션의 시그널』

스티브 포브스 외 지음 | 알에이치코리아(RHK) 펴냄 | 252쪽

인플레이션이 나쁜 까닭, 돈을 더 찍어 내지 못하는 이유, 긴축 정책에 대한 잘못된 믿음, 인플레이션에서 돈을 지키는 법 등이 들어 있다.

우리나라 화폐 액면가 단위 너무 크다
거래나 기재 시에 불편… 리디노미네이션 추진해야

▲ 리디노미네이션은 화폐 액면가의 단위를 같은 비율로 낮추는 조치다.

전문가들 사이에서 지금이라도 중장기 과제로 '리디노미네이션(redenomination)'을 추진하자는 목소리가 높아지고 있다. 경제협력개발기구(OECD) 회원국 가운데 1달러 환산 환율이 네 자리인 국가는 한국밖에 없기 때문이다. 게다가 우리나라의 전체 금융 자산이 2022년 6월 말 현재 1경 702조 원을 넘어, 데이터가 너무 커졌다. 2019년 5월에는 국회의원들도 리디노미네이션 추진을 주

제로 토론회를 연 적이 있다.

리디노미네이션이란 화폐의 실질 가치는 그대로 두고 액면가의 단위만 같은 비율로 낮추는 조치를 말한다. 예를 들어 액면가 5만 원권을 50원권으로 바꾸는 일이다. 혼란을 피하려고 기존의 화폐 명칭을 '원' 대신 다른 명칭으로 바꾸기도 한다.

리디노미네이션의 목적은 거래를 하거나 장부에 기재할 때 화폐로 표시하는 금액이 지나치게 커서 생기는 불편함을 더는 데 있다. 우리나라는 경제가 성장해 거래 규모가 커지면서 액면가를 낮출 필요성이 생겼다. 지난 1973년 1만 원권이 발행된 뒤 1인당 국민소득은 87배(2021년 기준), 물가는 18배(2022년 12월 기준)로 각각 올랐다. 이에 따라 은행이나 회사에서 100억 원을 숫자로 표시하려면 '1' 뒤에 '0'을 10개나 붙여야 한다. 리디노미네이션을 실시하자는 주장이 처음 나온 것은 아니다. 한국은행은 지난 2003년에 1000원을 1환으로 바꾸는 리디노미네이션을 실시하자고 제안했다. 하지만 정부가 반대해 더 이상 추진하지 못했다.

리디노미네이션에 찬성하는 사람들은 거래를 하거나 장부에 기재할 때 불편함을 덜고, 우리나라 화폐의 대외 위상도 높일 수 있다고 말한다. 반대하는 사람들은 비용이 많이 들고 인플레이션이 일어날 수 있다고 맞선다.

> **낱말 로또**
>
> **경제협력개발기구** 회원국끼리 상호 협력을 통해 세계 경제의 공동 발전과 인류의 복지 증진을 도모하는 정부 간 정책 연구 협력 기구. 회원국은 38개국이다.
>
> **액면가** 화폐의 겉면에 표시된 가격.

우리나라 리디노미네이션의 역사

지난 2016년 인도 정부는 기존에 사용하던 1000루피권의 사용을 중단하고 새로 발행한 2000루피권으로 교환하게 하는 화폐 개혁을 단행했다. 화폐 개혁은 이처럼 액면가의 단위는 그대로 두고 화폐만 바꾸는 방식도 있는데, 대개는 액

▲ 1962년 군사 정부는 10환을 1원으로 바꾸는 리디노미네이션을 단행했다.

면가의 단위를 같은 비율로 낮추는 리디노미네이션이 이용된다.

우리나라에서는 1953년과 1962년 두 차례에 걸쳐 리디노미네이션이 실시되었다. 6·25전쟁 중에 군사비를 대려고 화폐를 마구 찍어 내는 바람에 통화량이 급증했다. 이에 따라 발생한 인플레이션을 해소하기 위해 1953년에 액면가를 100분의 1로 낮추고, 화폐 단위도 '원'에서 '환'으로 바꿨다. 1962년에는 지하 경제에 묻힌 돈을 끌어내려고 실시했다. 1961년 5·16군사정변을 일으켜 권력을 잡은 군사 정부는 부정 축재자들이 숨겨 놓은 돈을 끌어내 경제 개발 자금으로 활용하려는 계획을 세웠다. 그런 뒤 기습적으로 액면가를 10분의 1로 낮추고, 화폐 단위를 '환'에서 '원'으로 변경했다. 하지만 고액의 예금 인출을 금지하고 새로운 화폐 교환을 1인당 500원으로 제한하는 바람에 경제 혼란만 일으키고 말았다.

최근 논란이 되는 리디노미네이션의 주된 목적은, 화폐 표시 금액이 너무 커져서 거래를 하거나 장부를 기재할 때 불편함을 덜기 위함이어서 과거의 리디노미네이션과는 구분된다. 하지만 1962년의 실패 경험은 리디노미네이션의 단행을 신중하게 만드는 요인이 되고 있다.

낱말 로또

루피 인도와 파키스탄, 스리랑카, 네팔에서 사용하는 화폐 단위.

통화량 시중에 유통되는 화폐의 양. 보통 민간이 보유한 현금과 일반 은행의 요구불 예금의 합계를 말한다.

지하 경제 정부의 통계에 잡히지 않아 세금을 부과할 수 없는 경제 활동. 기업의 비자금, 부동산 투기와 사채, 뇌물과 도박 등으로 벌어들인 돈이 이에 해당한다.

5·16군사정변 1961년 군부가 합법적인 정부를 무력으로 무너뜨리고 권력을 잡았던 사건.

프랑스와 튀르키예는 성공, 짐바브웨는 실패

▲ 짐바브웨는 인플레이가 심해, 2009년에 1조분의 1로 화폐 액면가를 낮추는 리디노미네이션을 단행했지만 국민의 협력을 얻지 못해 실패했다.

낱말 로또

프랑 프랑스와 스위스, 벨기에에서 사용하는 화폐 단위.

제1차 세계 대전 1914년부터 1918년까지 영국과 프랑스 등의 연합국과 독일과 오스트리아 동맹국이 서로 싸운 전쟁.

리라 튀르키예와 이탈리아에서 사용하는 화폐 단위.

환율 자기 나라 돈과 다른 나라 돈의 교환 비율.

짐바브웨 아프리카 대륙 중앙 남부의 고원 지대에 있는 나라. 인구는 2022년 현재 1632만 명이며, 국내 총생산은 세계 104위 수준이다. 1980년 영국에서 독립했다.

프랑스는 1960년 자국 화폐의 위상을 높이려고 100프랑을 새로 발행한 1프랑으로 교환하게 하는 리디노미네이션을 단행했다. 정부는 사유 재산을 침해하지 않겠다는 약속을 지켰고, 기존 화폐 교환액에 상한을 두지도 않았다. 그 결과 제1차 세계 대전 때부터 만성화된 인플레이션 때문에 추락한 자국 화폐의 위상을 높일 수 있었다.

튀르키예는 1970년부터 2004년까지 연평균 물가 상승률이 50%를 넘어 커피 한 잔 값이 100만 리라에 이를 정도였다. 그래서 인플레이션을 잡기 위해 2005년에 액면가를 100만분의 1로 낮췄고, 화폐 명칭도 '리라'에서 '신리라'로 바꿨다. 그 뒤 물가 상승률이 한 자릿수로 떨어졌고, 1달러에 134만 리라이던 환율도 1.34리라 수준으로 내려갔다. 튀르키예의 화폐 개혁이 성공한 까닭은 1998년부터 7년간 국민에게 리디노미네이션의 필요성을 널리 알려 공감대를 이루었기 때문이었다.

이에 비해 아프리카의 짐바브웨는 국민의 협력을 얻지 못해 리디노미네이션에 실패했다. 짐바브웨는 인플레이션을 잡으려고 2006년에 자국 화폐인 짐바브웨 달러의 액면가를 1000분의 1로 조정했다. 그럼에도 인플레이션이 지속되자 2008년에는 100억분의 1로, 2009년에는 1조분의 1로 낮췄다. 하지만 달걀 3개를 사려면 100조 짐바브웨 달러를 내야 할 만큼 물가가 치솟아, 결국 같은 해 4월 13일(현지 시간)부터 자국 화폐를 버리고 미국의 달러를 썼다. 그러다 2022년 7월부터는 금화를 새로 발행해 법정 화폐로 사용하고 있다.

리디노미네이션 찬반 논쟁
"거래 불편 덜고 지하 경제 양성화에 도움된다"

▲ 지하 경제에 묻힌 돈이 많으면 세금이 줄어 국가 재정에 부담을 주고, 기업의 자금 조달도 어렵게 된다.

우리나라는 지금 화폐의 액면가 단위가 너무 커서 거래를 하거나 장부에 기재할 때 불편이 따른다. 이미 젊은층이 다니는 카페와 식당, 쇼핑몰 등은 1만 원을 1.0으로 쓰는 곳이 많다.

리디노미네이션을 실시하면 1000억 원 단위가 예사롭게 쓰이는 기업 회계에서 '0'을 11개나 붙이는 수고를 덜 수 있다. 지하 경제에 묻힌 돈을 양성화할 수도 있다. 지하 경제는 경제 성장을 방해하고 소득의 불균형을 심화시키는 원인이 된다. 지금 우리나라의 5만 원권 발행 총액이 통화량의 80%를 차지하지만, 회수율은 25% 수준이다. 5만 원권의 4분의 3이 어디엔가 숨겨져 있다는 말이다. 전문가들에 따르면 경제협력개발기구(OECD) 회원국의 지하 경제 규모는 국내 총생산(GDP)의 10% 수준이다. 그런데 우리나라는 25~30%에 이른다. 리디노미네이션을 단행하면 새 화폐와 교환하기 위해 수백 조 원이 바깥으로 나오게 되므로 세금을 매길 수 있다.

리디노미네이션이 물가 오름세를 부추긴다는 우려도 있다. 하지만 장기적으로 우리나라는 디플레이션을 걱정할 상황이어서 경제에 도움이 된다. 우리 화폐의 대외 위상도 높일 수 있다. 국제적으로 1달러당 환율이 높은 나라일수록 선진화하지 못한 것으로 받아들여진다. 2023년 1월 12일 현재 1달러는 0.93유로, 1.34캐나다 달러, 6.76위안, 130.88엔인데, 원화로는 1247원 수준이다. OECD 회원국 가운데 1달러당 환율이 네 자릿수인 나라는 우리밖에 없다. 따라서 리디노미네이션을 실시하면 우리 화폐의 대외 위상을 높일 수 있다.

> **낱말 로또**
>
> **국내 총생산** 일정한 기간 동안 한 나라의 국경 안에서 만들어진 모든 생산물의 시장 가치.
>
> **유로** 유럽연합(EU) 회원국들이 공통으로 사용하는 화폐의 명칭.
>
> **위안** 중국에서 사용하는 화폐 단위.
>
> **엔** 일본에서 사용하는 화폐 단위.

"비용 많이 들고 인플레이션 부추길 수 있다"

리디노미네이션을 실시하려면 비용이 많이 든다. 화폐를 새로 찍어 내야 하고, 기업과 정부 기관 등은 회계 프로그램을 바꿔야 한다. 은행은 현금 자동 입출금기(ATM)를 전부 교체하고, 유가 증권의 액면 표시와 상품의 가격 표시도 변경해야 한다. 지난 2004년 한국은행의 리디노미네이션 비용·

▲ 액면가의 단위를 낮추면 반올림 효과가 발생해 전반적으로 물가가 상승할 위험이 있다.

편익 연구에 따르면 따르면, 리디노미네이션 실시에 2조 6700억 원이 드는 것으로 추산되었다. 지금은 이보다 훨씬 더 많은 비용이 들어갈 게 뻔하다.

가격 표시를 바꾸는 과정에서 반올림 효과가 일어나 인플레이션을 부추길 가능성도 있다. 액면가를 1000분의 1로 낮추고 화폐 명칭을 '환'으로 바꾼다고 칠 때, 950원짜리 물건은 0.95환이 아니라 1환이 되고, 9500원짜리 물건은 10환으로 매겨질 수 있다. 나아가 9억 7000만 원에 거래되는 아파트의 가격은 97만 환이 되어야 하지만 실제로는 100만 환이 되기 쉽다.

부동산 투기 바람이 불고 자금의 해외 유출 등 부작용도 예상된다. 리디노미네이션을 해도 액면가의 단위만 바뀌기 때문에 실질 소득이나 물가에 변화가 없어야 정상이다. 하지만 실제로는 반올림 효과 때문에 물가가 올라 돈의 가치가 떨어진다. 그래서 돈을 은행에 맡기는 게 불리하다고 여겨 부동산에 몰릴 수 있다. 부동산의 가치는 쉽게 떨어지지 않아 믿을 만하다고 여기기 때문이다. 또 지하 경제에 묻힌 돈의 소유자는 세금을 피해 해외로 돈을 빼돌릴 가능성이 크다.

낱말 로또

유가 증권 어음과 수표, 주식, 채권 등 재산권을 표시한 증권.

반올림 효과 액면가 단위 변경에 따라 가격 표시를 바꾸는 과정에서 우수리를 반올림해 가격이 오르는 현상.

인문 사회

24

낙태 합법화 어떻게 볼까

◀ 2022년 6월 24일(현지 시간) 미국 워싱턴의 연방 대법원은 낙태권을 제한하는 결정을 내렸다.

미국 연방대법원은 2022년 6월 임신 15주 이후의 낙태를 금지한 미시시피주의 법률이 합헌이라고 판결해 여성의 낙태권을 제한했다. 낙태권은 여성이 스스로 임신 중단을 결정할 수 있는 권리를 말한다. 우리나라에서도 여성의 자기 결정권과 태아의 생명권 가운데 어느 것을 우선하느냐를 놓고 낙태 합법화에 관한 찬반 토론이 뜨겁다. 우리나라 낙태 합법화의 역사를 알아본 뒤, 낙태 합법화를 놓고 찬반 토론을 해 본다.

토론 주제

미국에서 낙태권 논쟁이 불붙은 배경과 우리나라의 현황을 설명한 뒤, 낙태 합법화 제한을 놓고 찬반 토론을 해 보세요.

함께 읽으면 좋은 책

『낙태와 낙태』
심상덕 지음 | 푸른솔 펴냄 | 264쪽

낙태의 포기가 밥벌이의 포기가 된 나라, 독일과 우리나라 대법원의 낙태 판결 사례, 낙태 전면 합법화의 득과 실 등이 담겨 있다.

『세상에 대하여 우리가 더 잘 알아야 할 교양 18 낙태, 금지해야 할까?』
재키 베일리 지음 | 내인생의책 펴냄 | 124쪽

낙태의 개념과 낙태법의 역할, 의료 보장과 사회 복지, 낙태의 역사, 생명의 문제, 태아의 생명권, 끝나지 않는 논쟁 등이 담겨 있다.

낙태 합법화 다시 갈림길에 서다
미국 연방대법원 낙태 불법 판결… 반대 목소리도 커

미국 연방대법원은 2022년 6월 임신 15주 이후의 낙태를 금지한 미시시피주의 법률이 합헌이라고 판결했다. 이 판결로 미국에서 지난 50년간 낙태권 인정의 근거가 된 '로 대 웨이드 판결'이 공식 폐기되었다. 낙태권은 여성이 임신 중단을 스스로 결정할 수 있는 권리다.

미국에서는 1970년대 초까지 임신한 여성의 생명이 위험한 때 이외에는 낙태가 불법이었다. 그런데 연방대법원은 1973년 '로 대 웨이드 판결'을 내려, 낙태를 처벌하는 법률이 헌법이 보장한 사생활의 권리를 침해하기 때문에 위헌이라고 결정했다. 다만 태아가 자궁 밖에서도 생존할 수 있는 출산 직전 3개월간은 금

▲ 낙태는 태아를 인위적으로 모체에서 분리하는 행위를 말한다.

지할 수 있다고 판결했다. 이 판결로 낙태를 금지하거나 제한한 각 주와 연방의 법률은 폐기되었고, 대다수 선진국도 낙태를 허용했다.

미국에서는 전통적으로 낙태에 대한 입장이 진보와 보수를 가르는 중요 기준이다. 보수는 생명의 존엄성을 강조하면서 반대한다. 진보는 낙태가 여성의 권리이기 때문에 허용해야 한다는 입장이다. 이번에는 특히 신앙에 충실한 기독교 신자들이 낙태 합법화에 반대해 연방대법원의 판결을 이끌어 냈다. 하지만 '로 대 웨이드 판결'이 폐기된 뒤 낙태에 찬성하는 사람들이 시위에 나서면서 찬반 여론이 팽팽하다.

우리나라에서도 낙태 합법화를 놓고 찬반 논쟁이 일고 있다. 찬성하는 사람들은 여성의 자기 결정권을 존중해야 한다는 입장이다. 반대하는 사람들은 태아의 생명권을 더 소중하게 여겨야 한다고 맞선다.

낱말 로또

연방대법원 미국의 최고 법원이자 상고 법원. 2개 이상의 주 사이에서 발생한 분쟁 소송 등은 1심을 맡기도 한다.

로 대 웨이드 판결 미국 연방대법원이 낙태를 인정한 판결. 1969년 텍사스주의 노마 맥코비가 강간 임신을 주장하며 낙태 수술을 요청했지만 거부당했다. 이에 주를 상대로 위헌 소송을 제기해 낙태 처벌 법률이 위헌이라는 결정이 내려졌다. 당시 사용한 맥코비의 가명 제인 로와 담당 검사 헨리 웨이드의 이름을 따, 소송 명칭이 '로 대 웨이드'로 불리게 되었다.

사생활의 권리 개인이 자신의 사적 생활 영역에 대해 외부의 간섭을 받지 않을 권리.

우리나라의 낙태 합법화 역사

▲ 헌법재판소는 2019년 형법의 낙태죄 처벌 조항에 대해 헌법 불합치를 판결했다.

1953년 제정된 형법에서는 임신한 여성이 스스로 낙태하거나, 의사 등 타인이 당사자의 동의를 얻어서 하는 낙태는 처벌 대상이었다. 낙태한 여성에게는 1년 이하의 징역 또는 200만 원 이하의 벌금에 처했다. 낙태 수술을 한 의사도 2년 이하의 징역을 살렸다.

그러다 1973년에 급격한 인구 증가에 대응해 출산을 조절할 수 있도록 모자보건법이 공포되었다. 이 법은 유전적 정신 장애나 신체 질환이 있을 때, 또는 전염성 질환이 있을 경우 낙태를 합법화했다. 임신 지속이 모체의 건강을 해치거나 해칠 우려가 있을 때도 낙태를 허용했다. 그 뒤 낙태가 널리 이뤄졌다. 그런데 '모체의 건강을 해칠 우려가 있는 경우'라는 기준이 명확하지 않고, 낙태를 불법 행위로 정한 형법과 충돌해 사회적 논란이 이어졌다.

헌법재판소는 2019년에 형법의 낙태죄 처벌 조항에 대해 헌법 불합치 결정을 했다. 사회·경제적 이유로 낙태를 놓고 갈등을 겪는데도 출산을 강제하고, 위반하면 형사 처벌하는 점에서 여성의 자기 결정권을 지나치게 제한한다고 보았기 때문이다. 헌법재판소는 2020년 12월까지 모자보건법을 개정하

> **낱말 로또**
>
> 형법 범죄의 요건과 형사 처벌에 관해 정해 놓은 법률.
>
> 모자보건법 모성의 건강과 생명을 보호하고, 자녀의 건전한 출산과 양육을 위해 1973년에 만든 법률.
>
> 헌법재판소 법률이 헌법에 맞는지 심판하기 위해 만들어진 헌법 재판 기관. 법률의 위헌 여부나 탄핵 결정은 재판관 9명 가운데 6명이 찬성해야 한다.

라고 국회에 권고했다. 하지만 국회가 이 권고를 따르지 않아 대체 법률이 만들어지지 않았다. 그래서 낙태를 형법으로 처벌하지는 않지만, 허용 기준은 모자보건법이 적용된다. 한국보건사회연구소의 통계에 따르면 2020년 기준 하루 평균 88건의 낙태가 이뤄져 경제협력개발기구(OECD) 국가 가운데 낙태율이 가장 높다. 이러한 상황에서 전문가들은 하루빨리 낙태 허용 기준을 정해야 한다고 말한다.

> **낱말 로또**
>
> **헌법 불합치** 심판 대상 법률이 위헌이라고 인정하면서도 해당 법률의 공백에 따른 혼란을 우려해 그 법을 개정할 때까지 법의 효력을 한시적으로 인정하는 헌법재판소의 결정.

태아의 생명권이 인정되는 시기

태아가 생명권을 인정받으려면 권리의 주체가 될 수 있어야 한다. 그런데 민법에 따르면 인간은 출생에 의해 권리 능력을 취득한다. 따라서 태아는 권리의 주체가 되지 못한다. 태아의 생명권을 인정하려면 민법의 권리 능력에 관한 조항을 개정해야 한다.

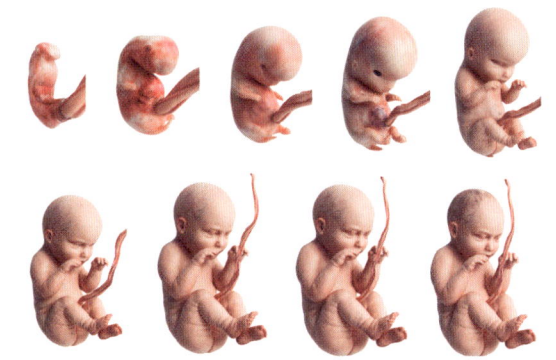

▲ 태아의 생명권을 인정하는 시점을 두고, 독자적인 생존 능력을 갖췄을 때와 자궁 착상 시점부터 등 의견이 엇갈린다.

태아의 생명권을 인정하는 시점도 문제가 된다. 헌법 불합치 결정 당시 헌법재판소는 임신 22주 내외에 도달하기 전을 자기 결정권 행사의 한계 시점으로 제시했다. 태아의 독자적 생존 능력을 생명권 취득의 기준으로 인정한 것이다. 태아는 임신 23~4주차가 되면 산모의 자궁 밖에서도 생존할 수 있다.

종교계는 수정란이 자궁에 착상된 시점부터 태아의 생명권이 생긴다는 입장이다. 이렇게 되면 수정란이 자궁에 착상되는 수정 14일 직후부터 독립된 생명체로 간주해야 한다. 그리고 수정란이 자궁에 착상된 뒤 태아의 발달 과정은 연속되므로 특정 시점을 기준으로 태아의 생명체 여부를 구분하면 안 된다. 따라서 임신 22주까지 태아를 독립된 생명체로 볼 수 없다는 의견은 생명의 연속성을 무시하는 셈이 된다.

임신 14주차가 되면 태아의 생명권을 인정해야 한다는 윤리학자도 있다. 공리주의에 따르면 고통을 느낄 수 있는 존재는 윤리적으로 대우해야 한다. 태아는 임신 14주차가 되면 고통을 느낄 수 있다. 그래서 법무부의 모자보건법 개정안에는 임신 14주 이내에는 낙태를 허용하도록 정했다.

> **낱말 로또**
>
> **민법** 일반인의 사적 생활 관계인 재산 관계와 가족 관계를 정한 법.
>
> **권리 능력** 권리의 주체가 될 수 있는 지위 또는 자격.
>
> **공리주의** 행위의 목적이나 선악 판단의 기준을 인간의 쾌락을 증진하고 고통을 감소하는 데에 두는 사상.

낙태 합법화 찬반 토론
"원하지 않는 출산은 불행… 자기 결정권 존중해야"

▲ 여성들이 낙태 여부를 여성의 선택에 맡기라고 시위하고 있다.

낙태를 합법화해야 하는 가장 큰 이유는 여성의 자기 결정권을 보장해야 하기 때문이다. 자기 결정권이란 사적 생활 영역에서 외부의 간섭 없이 스스로 결정할 수 있는 권리를 말한다. 여성의 경우 남성과 달리 아이를 낳고 길러야 하는 부담을 진다. 따라서 자신의 임신과 출산을 스스로 결정할 수 있어야 한다. 법률로 임신과 출산을 강요하면 자기 결정권을 억압하는 행위다.

낙태를 금지할 경우 원하지 않는 임신을 한 여성과 아이의 삶이 불행해진다. 유전적 장애나 신체 질환, 전염성 질환 때문에 낙태를 하는 여성은 소수이다. 대다수는 사회·경제적 이유로 원하지 않은 임신을 해서 낙태를 선택한다. 임신한 미성년이나 실수에 의해 임신한 미혼 여성, 다자녀를 둔 기혼 여성 등은 출산해도 양육하기 어렵다. 그런데 낙태가 불법이어서 아이를 낳으면 불우한 환경에서 키우거나 다른 가정에 입양시킬 수밖에 없다. 한국보건사회연구원이 2022년 6월 30일 발표한 자료에 따르면, 2020년 현재 만 15~49세 여성의 낙태율이 7.1%에 이른다.

태아는 임신 23~4주차가 되기 전까지는 생명권이 있다고 볼 수도 없다. 이 기간에는 태아가 산모의 자궁 밖에서 스스로 생존할 수 없다. 독자적으로 생존할 수 없는 생명체를 현실의 인간과 동등하게 대우할 이유가 없다. 따라서 여성의 자기 결정권과 태아의 생명권이 충돌하지 않는 시점까지라도 여성의 자기 결정권을 존중할 필요가 있다.

한국보건사회연구원 국민의 보건 의료와 사회 복지 등에 관한 정책을 연구하는 정부 출연 연구 기관.

"태아도 생명권 가진 생명체… 생명 경시 부추길 것"

우리나라에서는 1년에 약 3만 2000건의 낙태가 이뤄지고 있다. 만 15~49세 여성의 낙태율은 7.1%다. 한국보건사회연구원이 2022년 6월 30일 발표한 2020년 통계 자료다.

낙태를 합법화하면 무고한 태아의 생명권이 부정을 당한다. 태아도 모체와는 다른 별개의 생명체다. 특별한 사정이 없다면 인간으로 성장하므로 생명권의 주체가 되는 것이다. 여성은 자기 결정권이 침해를 당해도 생존에는 지장이 없다. 태아는 생명권이 부정을 당하면 생존이 불가능하다. 태아의 생명권이 여성의 자기 결정권보다 우선하는 가치가 여기에 있다.

낙태를 허용하면 사회적으로 생명 경시 풍조를 부추긴다. 모든 생명체는 고유한 방식으로 생존하고 성장하며 번식한다. 따라서 생명은 그 자체로 의미가 있고 목적으로 추구되어야 하는 가치를 지닌다. 수단으로 사용하면 안 된다는 말이다. 그럼에도 인간 이외의 다른 생명체를 인간의 필요를 충족하는 수단으로 여긴다. 생명 경시 풍조가 널리 퍼질 수밖에 없다. 이런 상황에서 태아의 생명권마저 부정하는 낙태가 합법화되면, 생명 경시 풍조가 더욱 확산하게 된다.

▲ 태아도 생명권을 가진 생명체이므로, 낙태를 합법화하면 법적으로 살인을 인정하는 행위다.

생명이 탄생하는 과정은 연속된다. 낙태에 찬성하는 사람들은 태아가 임신 23~4주차가 되기 전까지는 생명권이 없다고 주장한다. 하지만 수정란이 자궁에 착상된 뒤부터 태아의 발달 과정은 한순간도 끊이지 않는다. 따라서 임신 경과 시기를 기준으로 태아의 생명권을 부정하면 안 된다.

인문 사회 ㉕

소년 범죄 처벌 강화해야 하나

법무부가 2022년 10월 촉법소년 범죄 증가의 대응 방안으로 형사 처벌 가능 연령을 한 살 낮추는 내용으로 형법과 소년법 개정을 추진한다고 밝혔다. 하지만 국가 인권 위원회가 유엔의 '아동의 권리에 관한 협약' 등 국제 인권 기준에 어긋난다고 제동을 걸고 나섰다. 현행 소년법은 만 14세 미만의 경우 형사 처벌을 하지 않도록 정해 놓았다. 따라서 소년이 중범죄를 저질러도 책임을 물을 수 없다. 소년을 성인과 다르게 취급하는 까닭과 미국이나 일본 등 외국에서 소년 범죄에 대응하는 방식을 살펴본 뒤, 소년 범죄의 처벌 강화를 놓고 찬반 토론을 해 본다.

▼ 잔혹한 소년 범죄 사건이 잇따르자 처벌 강화를 요구하는 목소리가 높다.

토론 주제

촉법소년 연령을 한 살 낮춰서 소년 범죄의 처벌을 강화하는 문제를 놓고 찬반 토론을 해 보세요.

함께 읽으면 좋은 책

『위기와 기회 사이 뇌과학에서 찾은 청소년기의 비밀』
로렌스 스타인버그 지음 | 프로방스 펴냄 | 472쪽

청소년기는 두 번째 영유아기, 플라스틱 뇌, 가장 길게 느껴지는 10년, 사춘기만의 사고방식, 위기의 청소년 구하기 등이 담겨 있다.

『반듯한 아이의 범죄심리』
가토 타이조 지음 | 좋은땅 펴냄 | 268쪽

행동과 동기, 반듯한 아이가 범죄를 저지르는 이유, 온순한 사람이 왜 사람을 죽이는가, 가짜 성장한 어른들 등이 담겨 있다.

잔인한 소년 범죄가 늘고 있다
소년범 처벌 강화하자는 목소리 커져… 반대 목소리도

정부가 형법과 소년법을 고쳐서 촉법소년의 형사 처벌 가능 연령을 현행 만 14세에서 한 살 낮추는 방안을 추진한다고 2022년 10월 밝혔다. 청소년 범죄가 크게 늘어났기 때문이다. 법무부에 따르면 촉법소년 사건 접수 건수는 2017년에 7897건에서 2021년에는 1만 2502건까지 증가했다. 그리고 전체 촉법소년 보호 처분 가운데 만 13세의 비율이 70%로 가장 높았다. 하지만 국가 인권 위원회가 유엔의 '아동 권리에 관한 협약' 등 국

낱말 로또

형사 처벌 죄를 지은 사람에게 법적인 책임을 묻는 일.

보호 처분 소년범을 교화하기 위해 보호자 또는 보호 시설에 맡겨 감독하게 하거나, 사회 봉사를 하게 하는 조치.

▲ 10대 소년들의 흉악 범죄 사건이 갈수록 늘고 있다.

제 인권 기준에 어긋난다고 제동을 걸고 나섰다.

현행 소년법은 반사회적인 행동을 하는 소년들을 교화하기 위해 만들어졌다. 그래서 소년범은 성인과 달리 형사 처벌을 하지 않거나 줄여 주는 조항들이 있다. 범행 당시 기준으로 만 10세 이상 14세 미만은 벌을 주지 않고 보호자 위탁과 사회 봉사 등 보호 처분만 하도록 되어 있다.

그런데 소년 범죄가 갈수록 잔혹해지면서 국민의 시선은 싸늘하게 변했다. 한 여론 조사 기관이 2022년 6월 성인 남녀 3506명을 대상으로 촉법소년 연령 기준 하향에 대한 입장을 물었더니, 찬성한다는 응답자가 80.2%였다. 이들 가운데 77.6%는 연령 기준을 낮추면 촉법소년의 범죄율이 줄어들 것이라고 대답했다. 이에 앞서 2022년 4월 국민 권익 위원회의 조사에서도 촉법소년의 연령 기준을 낮춰야 한다는 의견에 95%가 찬성했다.

연령 하향에 반대하는 사람들은 촉법소년의 연령 기준을 낮추면 범죄를 예방하기보다는 낙인 효과 때문에 소년범의 사회화가 더 어려워진다고 주장한다. 따라서 처벌 강화보다 예방과 교화에 초점을 맞춰야 바람직하다는 것이다.

> **낱말 로또**
>
> **국가 인권 위원회** 인권의 보호·증진에 관한 일을 담당하는 국가 기관.
>
> **국민 권익 위원회** 해결하기 어려운 민원을 처리하고, 부패 방지와 국민의 권리 보호를 위해 만든 국가 기관.
>
> **낙인 효과** 우발적으로 범죄를 저지른 소년이 다른 사람들의 시선 때문에 스스로를 '나쁜 사람'으로 인식해 범죄를 거듭 저지르는 결과를 낳는 효과.

소년 범죄를 성인과 다르게 취급하는 까닭

형사 처벌은 범죄자가 사물의 선악과 시비를 분별하는 능력과 자신의 행위를 스스로 통제하는 능력이 있음을 전제로 한다.

범죄자는 이러한 능력이 있음에도 법을 어기고 잘못을 선택했기 때문에 그 책임을 져야 한다는 것이다. 이는 사물의 선악과 시비를 분별하고 자신의 행위를 스스로 통제하는 능력이 없는 심신 상실 상태의 경우, 죄를 지어도 벌을 주지 않음을 뜻한다. 벌을 받지 않는다고 자유로운 몸이 되지는 않는다. 제정신이 아닌 사람을 풀어 놓으면 위험하기 때문에 병원에 가두고 15년 이하의 치료 감호를 받게 한다.

▲ 만 14세 미만의 소년은 뇌가 골고루 발달하지 못해 자신의 행위를 통제하는 능력이 없다고 본다.

소년법에서 미성년자의 경우 성인과 달리 처벌보다 교화의 관점에서 인도하도록 정해 놓은 것도 이와 비슷한 목적이 있다. 헌법재판소는 지난 2003년에 형사 처벌을 받지 않는 미성년자의 나이를 만 14세로 규정한 법률 조항이 헌법에 어긋나지 않는다고 결정했다. 14세 미만의 소년은 사물을 분별하고 행위를 통제하는 능력이 없기 때문에 형사 책임 물을 수 없다는 뜻이다.

14세 미만의 소년에게 자신의 행위를 스스로 통제하는 능력이 없다고 보는 까닭은, 뇌가 골고루 발달

낱말 로또

치료 감호 심신 장애 상태, 마약류 등 약물 중독 상태 등에서 범죄를 저지른 자에게 실형 복역에 앞서 이뤄지는 보호 처분. 치료 감호 시설에 수용되어 치료를 위한 조치를 받는다.

헌법재판소 법률이 헌법에 맞는지 심판하기 위해 만들어진 헌법 재판 기관. 법률의 위헌 여부나 탄핵 결정은 재판관 9명 가운데 6명이 찬성해야 한다.

하지 못한 상태여서 그렇다. 편도체는 즉각적이고 강렬한 감정을 처리하는 뇌의 부위다. 전두엽은 신중히 생각하고, 이해하고, 반성하는 기능을 담당하는 곳이다. 그런데 14세 미만의 뇌는 편도체에 비해 전두엽의 성숙이 더디다. 이러한 불균형 때문에 본능과 감정에 더 민감하게 반응하며, 쉽게 흥분하거나 좌절하게 된다.

외국은 소년 범죄에 어떻게 대응하나

형사 처벌을 하는 최저 연령은 나라마다 차이가 있다. 태국과 인도 등 32개국은 만 7세이고, 영국과 호주 등 18개국은 10세다. 우리나라처럼 14세로 정한 나라는 독일과 오스트리아, 일본 등 40개국이다. 룩셈부르크 등 5개국은 18세로 최저 연령이 가장 높다.

일부 국가에서는 형사 처벌 가능 연령을 낮췄다. 일본은 1990년대까지 형사 처벌을 할 수 있는 연령이 16세 이상이었다. 그런데 1997년에 14세의 중학생이 초등학생을 잔인하게 살해한

▲ 미국에서는 소년범을 엄하게 처벌한다.

사건이 일어났다. 이를 계기로 소년법이 범죄를 부른다는 비판이 쏟아졌다. 결국 3년 뒤 일본 국회는 형사 처벌 연령을 16세 이상에서 14세 이상으로 낮췄다. 강력하게 벌을 주면 소년들에게도 어른처럼 범죄 예방 효과가 있다고 본 것이다. 미국은 주마다 법이 다르지만 1990년대부터 소년 범죄를 엄하게 다룬다. 대다수 주에서 범죄 증거가 확실하거나 재범 위험이 크면 만 7세 이상 14세 미만

도 형사 처벌을 내린다. 강간과 살인 등 강력 범죄의 경우 예외 조항을 두어 성인과 똑같이 벌을 주기 때문에 소년범도 살인을 저지르면 무기 징역을 줄 수 있다. 하지만 최근에는 소년범을 처벌하기보다는 교화에 주력해야 한다는 목소리가 커지고 있다. 캘리포니아주는 소년범을 교도소에 보내지 않고 교화를 돕는 프로그램에 참여시킨다. 이 지역에서는 2000년대에 들어 소년 범죄 건수가 크게 줄었다. 전문가들은 이러한 변화를 효과적인 교화 프로그램 덕분이라고 본다.

> **낱말 로또**
>
> 캘리포니아주 서쪽으로 태평양을 끼고 있는 미국 서부의 주.

소년 범죄 처벌 강화 찬반 논쟁
"형사 처벌 연령 낮추고 합당하게 벌 줘야"

▲ 소년범도 죄에 합당한 책임을 지도록 해야 공동체의 정의가 구현된다.

소년법에 따라 만 14세 미만은 형사 처벌이 면제된다. 최근 이러한 법률을 악용했다고 볼 수 있는 사건이 잇따라 발생하므로 소년 범죄를 막기 위해 벌을 강화해야 할 필요성이 있다.

요즘에는 인터넷이 발달해 청소년이 어른보다 소년법을 더 잘 알고 있다. 그래서 비행을 저지른 14세 미만 소년들이 경찰에게 "어차피 나를 처벌할 수 없잖아요."라며 들이대는 일이 자주 일어난다. 이에 따라 소년 범죄를 막으려면 형사 처벌을 할 수 있는 연령을 낮춰야 한다는 여론이 높아지는 것이다. 따라서 소년범에게도 잘못을 책임지게 하도록 처벌을 강화할 필요가 있다. 선한 행위를 하면 그만큼 보상을 받고 악한 행위를 하면 대가를 치르게 해야 사회 정의 구현에 맞는다. 소년범도 이러한 원칙에서 예외가 될 수 없다.

소년이라고 사물을 분별하고 행동을 통제하는 능력이 전혀 없는 것은 아니다. 이러한 능력이 부족하므로 벌을 덜어 줄 수는 있지만, 처벌 자체를 면제할 수는 없다. 범죄 행위가 나쁘다는 사실을 알면서도 처벌 조항이 없는 점을 악용해 잘못을 저지르도록 내버려 둬서는 안 된다는 말이다. 특히 살인이나 성폭행 등 무거운 범죄를 저지른 경우 성인과 마찬가지로 죗값을 치르게 해야 한다.

피해자를 보호하고 위로하기 위해서라도 소년범을 적절하게 처벌할 필요가 있다. 교화도 중요하지만 애꿎은 피해자가 생기지 않도록 예방하려면 소년범을 더 이상 면책하면 안 된다. 이미 발생한 피해자와 가족의 아픔을 위로하기 위해서라도 합당한 처벌이 필요하다.

"재범 저지르지 않도록 교화가 더 효과적"

소년범도 엄하게 처벌해야 한다는 목소리가 높다. 그러나 소년범을 성인과 똑같이 취급할 수는 없다. 소년은 사물을 분별하고 행동을 통제하는 능력이 성인보다 떨어지기 때문이다. 정신적으로 미성숙한 상태에서 범죄를 저질렀을 때 교화 프로그램에 참여시켜야 더 효과적이다. 전문가들도 소년의 경우 성인보다 자아를 새롭게 형성할 수 있는 가능성이 크기 때문에 교화의 기회를 주는 것이 낫다고 말한다.

처벌을 강화하면 소년 범죄가 줄어든다는 근거가 없는 점도 고려해야 한다. 일본에서 형사 처벌을 할 수 있는 연령을 낮추고 벌을 강화했지만, 소년 범죄가 감소했다는 통계는 나오지 않고 있다.

우리 정부에서도 2012년에 '학교 폭력 예방과 대책에 관한 법률'을 개정해 가해자의 처벌을 강화했다. 하지만 지금까지 학교 폭력이 줄었다는 증거는 찾기 어

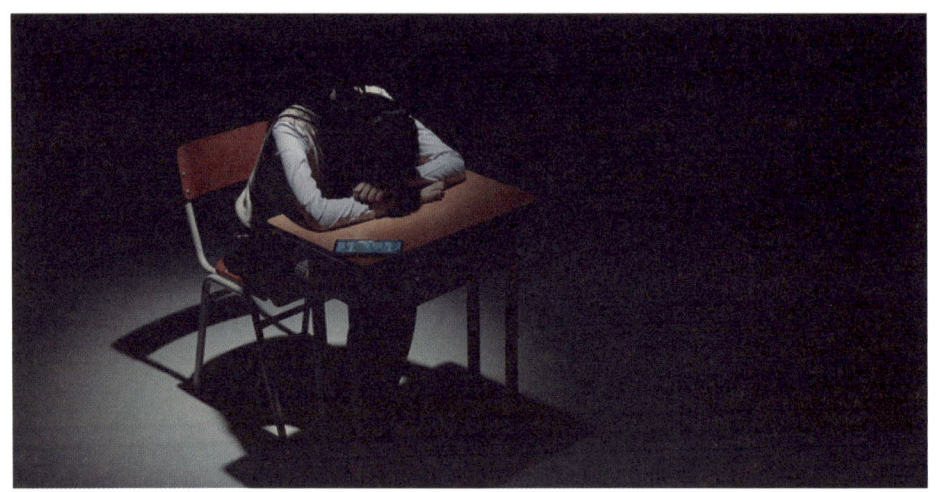
▲ 소년 범죄는 대개 가족 해체와 공동체 붕괴 등 때문에 일어나므로 그들만의 책임으로 돌리면 안 된다.

렵다. 오히려 소년범을 엄벌할 경우 낙인 효과가 생겨 스스로 범죄자라는 정체성을 형성하고, 다시 죄를 짓게 된다는 주장이 만만찮다.

소년의 범죄 동기는 성인과 다르다. 전문가들은 소년 범죄의 원인으로 환경적 결핍과 나쁜 자극을 꼽는다. 가정 환경이 좋지 않은 아이가 폭력적인 콘텐츠에 자주 접하면 범죄에 빠질 확률이 높다는 말이다. 소년 범죄는 주로 가족의 해체와 공동체의 붕괴 같은 관계의 문제에서 비롯한다. 대다수 소년범은 보호자의 관심이 부족한 결손 가정 출신이다. 따라서 소년 범죄는 그들만의 책임으로 돌려서는 안 되고, 가정과 학교, 지역 사회가 함께 책임져야 한다.

낱말 로또

결손 가정 부모 가운데 한쪽 또는 부모가 둘 다 없는 가족.

인문 사회

㉖

동물권 법적으로 인정해야 할까

▲ 우리나라 민법에서는 동물을 '물건'으로 분류한다.

우리나라는 10가구 가운데 4가구가 개나 고양이 등 반려동물을 기른다. 반려 인구가 늘어나면서 동물 학대로 인한 동물 보호법 위반 건수도 최근 10년 사이 8배 가까이 늘었다. 하지만 우리 민법에서는 동물을 물건으로 분류하기 때문에 동물을 학대한 사람을 엄벌하기 어렵다. 반려동물이 다른 사람의 잘못으로 다치거나 죽어도 제대로 된 배상을 받지 못한다. 이에 따라 동물 보호 단체들은 민법을 고쳐 동물권을 인정해야 한다고 주장하지만, 반대하는 사람도 적지 않다. 우리나라와 선진국들이 동물권을 어떻게 보호하는지 알아본 뒤, 민법상 동물권을 인정하는 문제를 놓고 찬반 토론을 해 본다.

> **토론 주제**

동물권을 법적으로 인정하는 문제를 놓고, 찬반 토론을 해 보세요.

> **함께 읽으면 좋은 책**

『동물 해방』
피터 싱어 지음 | 연암서가 펴냄 | 504쪽

모든 동물은 평등하다. 동물 실험, 지금 공장식 농장에선, 채식주의자가 된다는 것, 종차별주의, 동물 해방 30년 등이 담겨 있다.

『10대와 통하는 동물 권리 이야기』
이유미 지음 | 철수와영희 펴냄 | 200쪽

잃어버린 동물의 권리, 농장 동물·실험 동물·동물원의 동물·야생 동물·유기 동물 등 고통받는 동물, 동물의 행복할 권리가 담겨 있다.

우리 민법은 동물을 '물건'으로 분류
학대 갈수록 늘어… 동물권 보장 논란 거세

반려동물은 감정이 있고, 공감 능력도 뛰어나다. 그래서 대다수 반려동물 소유자는 가족의 일원으로 받아들인다.

우리나라는 10가구 가운데 4가구가 개나 고양이 등 반려동물을 기른다. 반려 인구가 늘어나면서 동물 학대로 인한 동물 보호법 위반 건수도 2012년 131건에서, 2021년에는

▲ 반려동물 인구가 늘어나며 동물 학대 건수도 급증하고 있다.

1000건을 넘어섰다. 관리비 부담과 장기간 외출 등 사유 때문에 버려지는 동물도 2020년에만 13만 마리나 되었다.

그런데 민법 98조에는 동물을 '물건(공간을 차지하는 유체물)'으로 분류하고 있다. 생명의 주체가 아니라 인간의 소유물로 간주하기 때문에 동물을 학대하거나 버려도 엄벌하기 어렵다. 또 반려동물이 타인의 잘못으로 죽거나 다쳐도 제대로 된 손해 배상을 받지 못한다. 배상의 범위가 물건으로서 교환 가치만큼만 인정되므로 재물 손괴죄로 처벌할 수밖에 없다. 반려동물을 잃어도 정신적 피해는 보상 받기 어렵다는 얘기다.

동물 보호 단체들은 동물을 물건과 구분해야 동물권을 제대로 보호할 수 있다고 말한다. 따라서 민법 98조를 고쳐 동물을 물건과 구분해야 한다고 주장한다. 법무부는 2021년 '동물은 물건이 아니다.'라는 조항을 신설한 민법 개정안을 발의했으나 국회에 계류 중이다.

우리 국민의 94.3%는 민법을 개정해 동물과 물건의 법적 지위를 구분하는 데 찬성한다. 동물 보호 단체가 성인 남녀 2000명을 대상으로 조사해 2023년 1월에 발표한 '2022 동물 복지에 대한 국민 인식 조사' 결과다. 이에 대해 민법 개정에 반대하는 사람들은 동물의 권리를 인정할 경우 인간의 복지를 증진하기 어려운 문제가 따른다고 맞선다.

> **낱말 로또**
>
> 민법 일반인의 재산 관계와 가족 관계를 규율하는 법.
>
> 재물 손괴죄 타인의 물건을 망가뜨렸을 때 성립하는 범죄. 3년 이하의 징역 또는 700만 원 이하의 벌금에 처한다.
>
> 동물권 인간의 기본권처럼 쾌락과 고통을 느낄 수 있는 존엄한 생명체로서 동물이 가지는 권리.

동물 보호법 있지만 학대해도 민법상 '재물 손괴'

우리나라는 1991년부터 동물 보호법을 시행하고 있다. 동물의 생명을 존중해 국민의 정서 함양에 이바지하기 위함이다. 따라서 동물 학대를 막는 데 중점을 두었다. 동물 학대란 정당한 사유 없이 불필요하거나 피할 수 있는 육체적 고통과 스트레스를 주는 행위를 말한다.

하지만 굶주리거나 질병을 앓는 동물에게 적절한 조치를 하지 않았을 때의 처벌 규정이 따로 없었다. 게다가 학대 행위를 입증할 수 있는 기준이 분명하지 않아 동물권을 보호하기에는 부족하다는 목소리가 높았다. 학대 행위를 하면 '2년 이하의 징역 또는 2000만 원

▲ 우리나라는 민법상 동물권이 인정되지 않아 동물을 학대해도 엄벌을 받지 않는다.

이하의 벌금'이라는 규정이 있음에도, 대개 벌금(최대 700만 원)을 물릴 뿐 처벌이 약한 점도 문제였다.

이에 따라 2023년 4월 27일 시행 동물 보호법에서는 '최소한의 사육 공간과 먹이 제공 등, 소유자가 사육·관리 의무를 위반해 상해 또는 질병을 유발하거나 죽음에 이르게 하는 행위'도 학대로 규정했다. 의무 위반 행위의 범위가 넓어진 것이다. 학대 행위의 처벌도 강화해, 3년 이하의 징역 또는 3000만 원 이하의 벌금을 물리도록 했다.

하지만 학대자의 사육 금지 처분 조항이 들어가지 않았다. 동물 학대 행위로 유죄 판결을 받아도 벌금만 내면 동물을 돌려주어야 한다. 동물 보호 단체에서는 개정된 법도 여전히 동물 학대를 재물 손괴로 여기고 있으며, 동네 고양이처럼 주인이 없는 동물을 학대할 경우 엄벌하기 어렵다고 말한다. 따라서 민법을 개정해 동물의 법적 지위를 생명체로 인정하면 형량도 높아지고 소유주 여부도 따질 필요가 없다고 주장한다.

선진국에선 동물을 사람의 동반자로 규정

영국은 동물 보호의 역사가 세계에서 가장 오래되었다. 1822년에 농장 동물의 학대를 막으려고 세계 최초로 동물 보호법을 도입했고, 1996년에는 동물 복지법까지 만들었다. 동물 복지법에서는 동물의 소유자를 '동물을 항상 책임지는 사람'으로 간주했다. 동물을 사람의 동반자로 여기는 정신이 깔려 있다.

유네스코(UNESCO)는 1978년에 '세계 동물권 선언'을 통해 모든 동물은 태어나면서부터 평등한 생명권을 가진다고 밝혔다. 이 선언은 인간의 기본권을 동물에게도 확장했다는 평가를 받는다. 선언이 나온 뒤 선진국에서는 동물권을 보호하기 위해 법률 개정이 이어졌다.

▲ 독일 베를린에 있는 동물 보호소 티어하임. 독일에서는 버려진 동물 대다수가 입양되기 때문에 안락사를 시키는 일이 거의 없다. (사진 : 뚱아저씨 블로그)

오스트리아는 1988년에 세계 최초로 민법을 개정해, "동물은 물건이 아니다. 동물은 별도의 법률에 의해 보호된다."라는 동물 규정을 포함시켰다. 독일은 1990년에 민법을 고쳐 동물이 물건이 아님을 명시해, 동물의 법적 지위를 바꿔 놓았다. 이전까지 동물이 물건의 일종이었지만, 동물을 물건에서 분리해 독립된 생명체의 지위를 부여했다. 이는 동물을 사람과 물건 사이에 있는 '권리의 주체'로 받아들이는 결과를 낳았다. 2002년에는 "국가는 미래 세대의 관점에서 생명의 자연적 기반과 동물을 보호할 책임을 가진다."라는 조항을 세계 최초로 헌법에 명시해 동물권을 보장한 바 있다.

유럽연합(EU)은 1992년 EU 의정서에 동물 복지에 관련된 조항을 포함시켰다. 그런 뒤 2006년부터는 가축 사료에 성장 촉진제와 항생제의 사용을 금지했다. 2012년부터는 닭을 케이지에 가둬 놓고 키우지 못하도록 했다.

> **낱말 로또**
>
> **유네스코** 유엔이 교육과 과학, 문화의 보급과 교류를 위해 설립한 전문 기구의 하나.
>
> **유럽연합** 유럽의 정치와 경제 통합을 실현하려고 1993년 출범한 연합 기구. 가입국은 27개국이며 인구는 약 5억 명이다.
>
> **EU 의정서** 1992년 2월 유럽 12개국이 네덜란드 마스트리흐트에서 체결한 조약.

동물권 인정 찬반 논쟁
"인간처럼 고통을 느끼므로 권리 보장해야"

동물도 인간처럼 고통을 느낄 수 있기 때문에 권리를 보장해야 마땅하다. 영국의 철학자 제레미 벤담(1748~1832)은 "생명체의 기본권 유무를 판단할 때 가장 중요한 질문은 '생각할 수 있는가'가 아니라 '고통을 느낄 수 있는가'이다."라고 주장했다.

포유류와 조류 등 척추동물은 신경계가 발달해 고통을 느낄 수 있다. 동

▲ 동물도 사람처럼 고통을 느낄 수 있으므로, 고통을 최소화할 수 있게 배려해야 한다.

물이 고통을 느낄 수 있다면, 인간의 필요에 따라 동물을 이용은 하더라도 고통을 최소화할 수 있도록 배려해야 한다. 고통을 느낄 수 있는 존재에게 고통을 주는 일을 방치하면 비도덕적인 행위다.

동물권을 부정하는 사람들은 이성이 있는 존재에게만 권리를 보장해야 한다고 주장한다. 하지만 이성의 유무가 권리의 주체임을 판단하는 유일한 기준이 될 수는 없다. 유전적 결함 때문에 선천적으로 이성이 부족하게 태어났거나, 질병 또는 사고로 이성을 상실한 사람도 권리의 주체로 인정하기 때문이다. 따라서 이성이 없다는 이유로 동물을 권리의 주체가 아니라고 부정해서는 안 된다.

동물권 확대가 인권 확대와 무관하지 않다는 점도 중요하다. 동물권을 인정하는 근거는 소수자의 인권을 존중하는 근거로 삼을 수 있다. 우리 사회에서 장애인과 동성애자 등 소수자는 인간답게 살 수 있는 권리를 제대로 보장받지 못하고 있다. 따라서 동물권을 인정하면 소수자의 권리 확대에도 도움이 될 수 있다. 인도의 지도자인 마하트마 간디(1869~1948)는 "한 나라의 위대함과 도덕적 진보는 그 나라의 동물이 받는 대우를 통해 짐작할 수 있다."라고 말했다.

"동물권 인정하면 인간의 복지 증진 어려워"

동물 보호 단체들은 동물도 생명체로 존중을 받을 권리가 있다고 주장한다. 하지만 동물은 이성이 없으므로 권리의 주체가 될 수 없다. '권리'는 인간처럼 자신의 행위에 따른 도덕적 의미를 판단할 수 있는 이성이 있는 존재에게만 주어져야 한다. 프랑스의 철학자 데카르트(1596~1650)도 "생각할 줄 모르는 동물은 기계와 다르지 않다."라고 말했다. 이는 이성이 없는 동물에게는 권리가 주어지면 안 된다는 의미다.

독일의 철학자 칸트(1724~1804)의 경우 "인간은 이성의 진보에 의해 다른 동물을 자신의 의도에 따라 사용할 수 있는 도구로 간주하게 되었다."라고 밝혔다.

▲ 동물권을 법적으로 인정하면 인간의 복지를 증진하기 어렵게 된다.

인류는 원시 시대부터 온갖 동물을 사냥하고, 개나 돼지, 소 등 가축을 기르며 식량과 옷감을 얻었다. 농사를 짓거나 수레를 끄는 데 이용하기도 했다. 동물은 인간을 위해 존재하기 때문에 인간의 필요를 충족하기 위해 동물을 희생시키는 일을 당연하게 받아들였다. 따라서 동물은 인간의 복지를 증진시키는 수단에 불과하므로, 권리의 주체가 될 수는 없다.

동물의 권리를 인정할 경우 인간의 복지를 증진하기 어려운 문제가 따른다. 예를 들어 인간은 동물의 고기를 먹어 단백질을 섭취하거나 고기를 즐기면서 미각을 만족시키기도 한다. 그런데 동물의 권리를 인정하면 인간이 동물의 고기를 먹기 어려워지고, 농가에서 돈벌이를 위해 동물을 사육하는 일도 쉽지 않게 된다. 새로운 의약품을 개발할 때 동물이 권리의 주체가 되면 동물 실험이 금지되어 인간의 건강을 지킬 수단도 잃게 된다.

인문 사회

공익 위한 집회 제한이 종교 탄압일까

▶ 경기도 등 지방 자치 단체에서는 코로나19 팬데믹 기간 동안 감염병 예방 수칙을 지키지 않은 교회들에 종교의 집회를 제한하는 행정 명령을 내려 논란을 빚었다.

코로나19 팬데믹 기간 동안 경기도 등 지방 자치 단체에서는 감염병 예방 수칙을 지키지 않은 교회들에게 종교 집회를 일시 제한하는 행정 명령을 내렸다. 코로나19의 집단 감염을 예방하기 위한 조치였다. 하지만 종교의 자유를 침해한다며 행정 명령에 반대하는 목소리도 높았다. 종교의 자유가 확립된 역사를 살펴본 뒤, 종교의 집회 제한을 둘러싸고 찬반 토론을 해 본다.

토론 주제

종교의 자유가 확립된 역사를 설명하고, 공익을 위한 종교의 집회 제한에 대해 찬반 토론을 해 보세요.

함께 읽으면 좋은 책

『법과 종교』
오호택 지음 | 동방문화사 펴냄 | 344쪽

법과 종교의 차이, 공법과 종교, 의무와 종교, 국가 형벌권과 종교, 민사법과 종교, 국가법과 종교법의 조화 등이 담겨 있다.

『청소년을 위한 종교 공부』
박정원 지음 | 지노 펴냄 | 196쪽

종교와 정치 권력, 종교 안팎의 갈등이 계속되는 까닭, 예술 작품이 종교적 위선을 다루는 법, 종교적 수행과 자유 등이 담겨 있다.

코로나19 확산 방지 위해 종교 집회 제한
경기도서 예방 수칙 위반 교회 대상… '종교 탄압' 반발

경기도 등 지방 자치 단체들이 코로나19 팬데믹 기간 동안 감염병 예방 수칙을 지키지 않고 예배를 드린 교회들에게 종교 집회를 일시 제한하는 행정 명령을 내렸다. 코로나19의 집단 감염을 예방하기 위해서다. 하지만 경기도의 행정 명령이 종교 탄압이라는 목소리도 높았다.

코로나19는 다른 감염병보다 전파력이 강한데, 특히 실내에서는 많은 사람을 감염시킬 수 있다. 정부는 이에 따라 종교계에 집회 자제를 요청했다. 하지만 일부 교회에서 종교 집회를 강행하면서 집단 감염이 발생하자, 경기도가 감염병 예방 수칙을 위반한 교회들에게 행정 명령을 내린 것이다.

◀ 지방 자치 단체들이 코로나19 확산을 막기 위해 종교 집회를 제한하는 행정 명령을 내렸다. (사진 : 경기도 지방 자치 단체)

종교의 자유가 확립된 역사

근대 이전의 국가들은 종교의 자유를 허용하지 않았다. 그런데 1517년 독일의 루터(1483~1546)가 종교 개혁을 일으키면서 가톨릭교회가 개신교를 탄압했다. 이에 개신교 신도가 종교 전쟁을 일으켜 종교의 자유를 얻었다.

서구에서 종교의 자유는 근대로 들어서면서 확립되었다. 1791년에 통과된 미국의 수정 헌법은 국교의 설립 금지를 명시했다. 국교를 설립할 경우 국가의 종교로 공인을 받은 종교가 다른 종교보다 우월한 지위를 인정받게 된다. 따라서 신앙의 자유를 허용해도 다른 종교를 믿는 사람들은 차별을 받으므로 종교의 자유를 충분히 누릴 수 없다.

유럽도 미국의 영향을 받아 정교 분리의 원칙이 자리를 잡기 시작했다. 프랑스는 1905년에 정교 분리법을 만들었고, 독일은 1919년 헌법을 제정할 때 국

> **낱말 로또**
>
> 행정 명령 행정 기관이 행정 목적을 달성하기 위해 법률에 근거해 직권으로 내리는 명령. 행정 부처 장관이나 지방 자치 단체장이 내릴 수 있으며, 이를 어긴 사람에게는 벌금을 물릴 수 있다.

교 폐지를 선언했다. 오늘날에는 정교 분리의 원칙을 놓고, 정치와 종교의 분리로 이해하는 입장과 국가와 종교의 분리로 이해하는 입장이 맞선다. 전자는 종교인의 정치 참여를, 후자는 국가의 종교 간섭을 각각 허락하지 않는다.

우리나라의 경우 고려 시대에는 불교, 조선 시대에는 유교가 국교였다. 따라서 이들 종교가 국가의 특별 대우를 받았다. 그러다 1948년 대한민국 정부를 세울 때 헌법을 만들면서 신앙의 자유와 정교 분리의 원칙을 담았다. 현행 헌법 제20조는 이를 계승해 "모든 국민은 종교의 자유를 가진다. 국교는 인정되지 아니하며, 종교와 정치는 분리된다."라고 명시했다.

▲ 1517년 종교 개혁 이후 1648년까지 유럽의 개신교도와 가톨릭교도는 종교 전쟁을 벌였다.

종교 집회 어떤 근거로 제한하나

종교의 자유란 자신이 원하는 종교를 자신이 원하는 방법으로 믿을 자유를 말한다. 종교의 자유는 신앙의 자유와 종교적 행위의 자유로 이뤄져 있다. 신앙의 자유는 자신의 의지에 따라 특정 종교를 믿거나 믿지 않을 자유이다. 종교적 행위의 자유는 자신의 신앙을 행동으로 옮길 수 있는 자유이다. 종교 집회에 참석하고 자신이 원하는 방식으로 예배를 드릴 자유가 포함된다.

그런데 우리나라의 헌법에 따르면 국가의 안전 보장과 사회 질서의 유지, 공공복리라는 공익을 지키기 위해 필요한 경우 개인의 자유를 법률로 제한할 수 있

▲ 공익을 지키기 위해 종교의 자유를 제한할 때는 최소한으로 이뤄져야 한다.

다. 하지만 이때도 자유의 본질적인 내용을 침해하면 안 된다. 따라서 종교의 자유도 공익을 지키기 위해 제한할 수 있지만, 필요한 만큼만 최소한의 범위에서 이뤄져야 한다. 신앙의 자유는 종교의 자유에서 가장 중요한 부분이다. 종교적 행위의 자유는 제한할 수 있지만, 신앙의 자유를 침해하면 안 된다는 얘기다.

감염병 예방을 위해 종교 집회의 자유를 제한하는 일도 같은 입장에서 볼 수 있다. 유럽에서도 코로나19가 확산하자 종교의 집회를 금지하는 조치를 했다. 독일은 종교 시설의 운영과 예배를 위한 집회를 금지했다. 프랑스와 이탈리아도 국민의 모든 집회를 금지하면서 종교의 집회도 중단시켰다. 이러한 제한은 공익을 지키거나 국가의 위기 상황을 극복하기 위해서는 개인의 자유를 제한할 수 있다는 헌법 규정에 근거를 둔다.

낱말 로또

근대 19세기 이후, 민주주의와 시장 경제 체제가 사회 운영의 기본적인 틀을 이뤘던 사회.

종교 개혁 16~7세기 유럽에서 개신교도가 가톨릭교회에 반대해 일으킨 기독교 개혁 운동.

개신교 종교 개혁의 결과로 가톨릭교회에서 떨어져 나와 독립한 기독교의 분파.

종교 전쟁 16~7세기 유럽에서 개신교도가 신앙의 자유를 얻으려고 가톨릭교도와 벌인 전쟁.

종교 집회 제한 찬반 논쟁
"공동체의 안전이 종교 집회의 자유보다 먼저"

수많은 국민이 코로나19에 감염되어 숨졌다. 이에 따라 지방 자치 단체들이 코로나19의 확산을 막기 위해 종교의 집회를 일시 제한하자 종교계에서 반발했다. 하지만 감염병이 널리 퍼질수록 국민의 건강이 위협을 당하고 생명권마저 지키기 어렵다. 이러한 비상 상황에서는 종교 집회를 제한해서 공동체의 안전을 지키는 일이 먼저다.

종교의 집회를 제한할 수 있는 법적 근거도 있다. 감염병 예방법은 감염을 예방하기 위해 보건복지부 장관과 시도지사에게 집회, 제례, 집합을 금지할 수 있는 권한을 부여하고 있다. 이에 따르면 종교의 집회를 제한하는 조치도 할 수 있다.

▲ 감염병을 예방하기 위해 집회를 제한하는 것이 종교의 자유를 침해하는 행위는 아니다. 서울의 한 교회가 온라인 예배를 준비하고 있다.

종교 집회의 제한은 종교의 자유가 지닌 본질적인 내용을 침해하지도 않는다. 종교 집회의 자유는 신앙의 자유가 아니라 종교적 행위의 자유에 속하기 때문이다. 신앙의 자유는 종교의 자유에서 본질적인 내용을 이루므로 어떤 상황에서도 침해하면 안 된다. 그러나 자신의 신앙을 행동으로 옮기는 종교적 행위의 자유는 그렇지 않다. 예배나 집회 등 종교 행위는 다른 사람이나 공동체에 영향을 미치므로 상황에 따라서 제한할 수도 있다.

종교 집회를 제한해도 온라인 예배 등 대체 방안이 있으므로 피해를 최소화할 수 있다. 따라서 이러한 조치는 종교 행위 자체를 금지하는 것이 아니므로, 방식을 바꾸어 가정 예배나 온라인 예배 등 다른 방법을 선택하면 된다.

"집회 자유 제한하면 종교 자유 억압하는 행위"

종교의 집회를 제한하는 조치는 헌법에 규정된 종교의 자유를 침해한다. 종교의 자유에는 종교적 행위의 자유도 포함된다. 따라서 신앙도 종교적 행위로 표출되어야 하므로, 예배 등 종교적 행위를 제한하면 종교의 자유도 위축될 수밖에 없다. 예배에 참석하는 신자들에게 감염병 예방 수칙을 준수하라고 요청할 수는 있다. 하지만 신자들의 선택 사항인 예배 방식을 제한하면 안 되는 것이다. 공동체의 안전을 지킨다는 명목으로 예배 방식에 간섭하면 어떤 형태로든 종교의 자유를 침해할 수밖에 없다.

▲ 신자들에게 예배 방식을 선택할 수 있는 자유를 제한하면 종교의 자유를 침해하는 행위와 같다.

종교 집회를 제한하는 강제 조치가 없이도 감염병을 예방할 수 있다. 대다수 교회는 정부의 권고에 따라 감염병 예방에 협조했으며, 온라인 예배를 드리는 교회도 있었다. 따라서 예배 방식에 관한 교회의 자율적인 결정을 존중해도 감염병 예방이 가능하다. 미국은 클럽과 음식점, 극장 등 여러 사람이 이용하는 시설의 영업을 금지했다. 그러나 교회 등 종교 시설의 경우 폐쇄 명령 등 강제 조치 없이 자율적인 협조를 요구하는 수준에 그쳤다.

교회에 집중된 제한 조치는 형평성 논란을 일으킬 수 있다. 독일은 미국과 달리 종교 집회를 금지하는 조치를 내렸다고 말하는 사람이 있다. 하지만 독일은 종교 집회뿐만 아니라 클럽과 극장, 스포츠 경기장도 함께 폐쇄했다. 이에 비해 지방 자치 단체의 행정 명령은 종교 집회를 제한하는 조치부터 먼저 내려 교회의 반발을 불렀다.

인문 사회

28

이기심은 나쁜 것인가

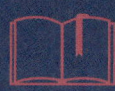

서울과 경기도의 주요 지역을 연결하는 수도권 광역 급행 철도(GTX) 사업이 지역 이기주의 탓에 건설 일정에 차질이 생겨 손실이 커지고 있다. GTX-C 사업의 경우 원래 2024년 2분기에 착공해 2028년 1분기에 개통할 예정이었다. 인간의 이기심은 자기 보호를 통해 생존을 뒷받침하지만, 사회 갈등을 빚고 공동선을 해치는 문제점도 있다. 이기심에 관한 긍정적인 입장과 부정적인 입장을 탐구한 뒤, 이기심을 부정적으로 봐야 하는지 찬반 토론을 해 본다.

▼ 이기심이 지나치면 이기주의로 변질된다. 우리 사회에는 어릴 적부터 경쟁이 심해 이기주의가 만연해 있다.

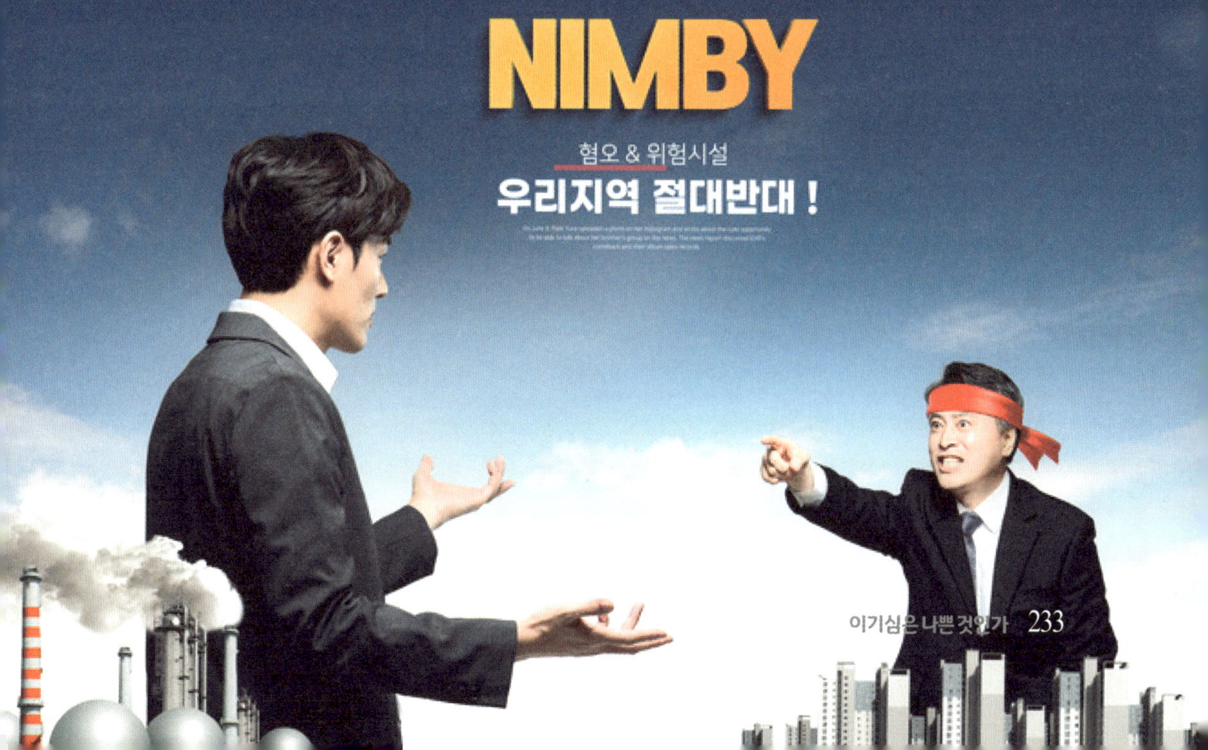

> 토론 주제

이기심이 무엇인지 설명하고, 이기심을 부정적으로 봐야 하는지 찬반 토론을 해 보세요.

> 함께 읽으면 좋은 책

『이타적 인간의 출현』

최정규 지음 | 뿌리와이파리 펴냄 | 400쪽

죄수의 딜레마, 게임으로 보는 이타적 행동, 딜레마에서 빠져나온 사람들, 이타적 인간이 사회의 경쟁력이다 등이 담겨 있다.

『우리가 빵을 먹을 수 있는 건 빵집 주인의 이기심 덕분이다』

박정자 지음 | 기파랑 펴냄 | 292쪽

소소한 일상사의 자본주의, 디지털 자본주의, 자본주의를 준비한 시대, 보수주의와 자유주의, 이제는 자본주의다 등이 들어 있다.

이기심과 이기주의는 구분되어야 한다
GTX 노선 갈등은 이기주의… 공익 해쳐

서울과 경기도의 주요 지역을 연결하는 수도권 광역 급행 철도(GTX) 사업이 지역 이기주의 탓에 몸살을 앓고 있다. GTX-C 사업의 경우 원래 2024년 2분기에 착공해 2028년 1분기에 개통할 예정이었다. 하지만 한쪽에서는 "절대 내 집 아래는 통과 못한다."라며 건설을 방해하는가 하면, 다른 쪽에선 "반드시 내 집 앞에 정차해야 한다."라며 결사 투쟁을 외치고 있다. 이 때문에 건설 일정에 차질이 생겨 손실이 커지고 있다.

이기심은 자기 이익을 꾀하는 인간의 본성이다. 이러한 심성이 지나치면 이기주의로 변질된다. 이기주의는 개인 또는 특정 집단의 입장에서 자기 이익만 추구

▲ GTX 역을 옮기지 말고 원래 안대로 해 달라고 시위하는 지역 주민들.

하고 타인이나 공동체의 이익은 고려하지 않는 사고방식을 말한다.

이기주의가 확산하면 공동체의 구성원들이 원만한 관계를 맺기 어렵다. 이기주의는 사회 갈등도 부추긴다. 예를 들어 기업의 경영자와 노동자가 자기 이익만 추구하다 보면 갈등이 격해져 노사 협상이 어렵다. 이기주의는 공동선도 해친다. 공동선은 사회 전체의 이익이나 도덕적 가치를 뜻한다. 다른 사람이 반칙한다고 비난하면서 정작 자신은 규칙을 어긴다. 이렇게 저마다 자기 이익만 추구하면 공동선이 훼손되어 사회 구성원 모두 고통을 겪는다.

우리 사회가 이기주의에 빠져 있다 보니 자기밖에 모르는 사람도 적지 않다. 2019년 흥사단의 설문 결과에 따르면 '이웃의 어려움과 관계없이 나만 잘살면 되는가'라는 질문에 초등학생은 23%, 중학생 32%, 고등학생 35%, 20대는 59%, 30대 53%, 40대는 46%가 그렇다고 응답했다. 초등학교 이후에 계속 강화되어 40대까지도 심각해졌다.

흥사단 시민 사회를 성장시키고 건전한 청소년을 육성하기 위해 활동하는 시민 단체.

이기심 극복해야 도덕적인 삶 살 수 있어

◀맹자(왼쪽)와 순자. (사진 : JTBC 화면 캡처)

동양의 전통 사회에서는 인간의 본성을 놓고 성선설과 성악설이 맞섰다. 중국의 맹자(기원전 372?~기원전 289?)는 인간의 본성을 선하다고 본 성선설을 폈다. 현실의 인간은 이기적이지만 사리사욕에 물들기 전에는 착했으며, 누구든지 노력하면 본래의 착한 성품을 되찾을 수 있다는 말이다. 이에 비해 순자(기원전 298~기원전 238)는 인간의 본성을 악하다고 본 성악설을 주장했다. 성악설은 인간의 마음에 원래부터 내재된 이기적인 욕망이 혼란스러운 상태를 초래한다는 판단에서 나왔다.

맹자와 순자는 인간의 본성을 상반되게 보았지만, 현실의 인간을 이기적으로 본 점은 일치했다. 도덕적으로 살려면 이기심을 극복해야 한다는 생각도 다르지 않았다. 하지만 이기심을 극복하는 방법은 다르게 제시했다. 맹자는 인간이 선한 본성을 타고났지만, 이를 현실로 바꾸려면 수양을 통해 도덕적인 삶을 살려고 노력해야 한다고 밝혔다. 이에 비해 순자는 악한 본성을 타고났어도 예법을 통해 억제하면 도덕적인 삶을 살 수 있다고 했다.

서양에서도 이기심을 반도덕적으로 간주해 극복해야 할 대상으로 여겼다. 고대 그리스의 아리스토텔레스(기원전 384~기원전 322)는 이성적인 사유가 바탕이 되어야 이기심을 극복하고 도덕을 실천할 수 있다고 주장했다. 아리스토

텔레스의 생각은 서양 윤리 사상의 뿌리를 이뤘다. 영국의 사상가 토마스 홉스(1588~1679)도 인간은 자기 보호를 위해 이기적 본성을 타고나는데, 개인의 안전과 이익을 보장하려면 국가에서 법으로 이기적 행동을 강력하게 통제해야 한다고 역설했다.

이기심의 양면성

이기심은 과거 억제해야 할 나쁜 욕망으로 여겼다. 그런데 18세기 후반 영국에서 산업 혁명이 일어나 자본주의가 발전하면서 이기심을 보는 시각이 달라졌다. 자본주의는 개인의 이기심을 바탕으로 자유로운 이익 추구 활동을 보장해 경제적 효율을 극대화하는 경제 체제이기 때문이다.

영국의 경제학자 애덤 스미스(1723~90)는 1776년 『국부론』에서 "사람들이 저녁 식사를 할 수 있는 까닭은 푸줏간 주인이나 빵 제조업자들의 이타심이 아니라 돈을 벌려는 이기심 덕분."이라고 밝혔다. 이기심이 행동의 원동력으로 작동해 공동선을 증진하고 사회를 발전시킨다고 본 것이다. 그래서 자본주의가 한창 발전할 때는 이기심을 긍정적으로 보았다. 하지만 빈부 격차와 환경 파괴 등 자본

▲ '공유지의 비극'은 이기심이 공동체를 파괴할 수 있다고 경고한다.

주의의 문제점이 노출되면서 이기심이 해로운 결과를 낳는다는 인식이 다시 부각되었다.

경제학 용어 가운데 '공유지의 비극'이 있다. 누구나 자유롭게 사용할 수 있는 공유 자원은 쉽게 고갈될 수 있다는 얘기다. 즉, 개인의 이기심이 공동체에 불리한 결과를 초래하기 때문이다.

경제학에서 널리 쓰이는 '게임 이론'은 배신 또는 협력을 선택하는 경쟁자들 간의 갈등을 수학적으로 풀어낸 이론이다. 이기적인 사람과 이타적인 사람이 경쟁하면 이기적인 사람이 이길 것 같지만 실제로는 그렇지 않다. 이기적인 사람은 단기적으로는 이익을 얻을 수 있다. 하지만 타인들과 좋은 관계를 맺을 수 없기 때문에 장기적으로 생존 경쟁에서 불리한 상황에 놓이게 된다. 이에 비해 이타적인 사람은 타인의 평가가 좋아 생존 경쟁에서 승리할 수 있다는 것이다.

> **낱말 로또**
>
> **이타심** 타인이나 공동체의 이익을 위해 자기를 희생하려는 마음.

'이기심은 나쁘다' 찬반 논쟁
"개인 이익 해치고 공동체 발전도 가로막아"

자본주의 사회의 문제점에 주목하는 사람들은 이기심을 부정적으로 본다. 이기심이 개인의 도덕성을 타락시킨다고 생각하기 때문이다. 인간은 손해를 보더라도 옳은 일은 해야 하고, 이익이 되더라도 그른 일을 해서는 안 된다고 믿는다. 이러한 도덕성이 인간을 다른 동물과 구별을 짓는다. 그런데 이기심은 사람을 도덕적으로 살 수 없게 만드는 요소다. 이익을 얻으려는 욕심이 있으면 도덕적으로 옳지 못한 일을 할 수도 있기 때문이다. 따라서 도덕적으로 살려면 수양을 통해 이기심을 극복해야 한다.

이기심이 앞서면 공동체 구성원끼리의 협력도 불가능하게 된다. 생존 경쟁은 개인 사이에서도 일어나지만 집단끼리도 발생한다. 집단 사이에 경쟁이 일어날 경

▲ 이기심이 지나치면 갈등 비용이 커지면서 결국 공동체를 파괴할 수 있다.

우 구성원들이 긴밀하게 협력하는 집단이 그렇지 못한 집단보다 우위에 설 가능성이 크다. 그런데 구성원들이 이기심을 부리면 협력은 뒷전이고 편익만 누리려고 들기 쉽다. 이처럼 무임승차를 하려는 구성원이 많은 집단은 경쟁력이 약해져 도태될 위험성이 크다.

이기심은 스스로의 이익을 해칠 수도 있다. 구성원의 평가가 좋아야 그들과 원만한 관계를 맺고 자기 이익도 지킬 수 있다. 타인을 배려하지 않고 자기 이익만 챙기려고 들면 구성원에게 좋은 평가를 받기 어렵다. 이에 대해 자기 이익을 극대화하려면 이기심을 적절하게 자제할 수 있게 된다는 의견을 가진 사람도 있다. 하지만 전문가들은 우리나라와 같은 승자 독식 사회에서는 경쟁 압력이 너무 강해 이기심을 적절하게 조절하기 어렵다고 진단한다.

"적절히 조절되면 개인과 사회 발전 원동력"

자본주의 사회에서는 대개 이기심을 긍정적으로 본다. 이기심을 개인의 생존을 뒷받침하는 원동력으로 보기 때문이다. 모든 생명체는 자기를 보호하려는 본능을 가지고 있다. 이기심은 이러한 본능에서 나오고, 본능이 없으면 생존 경쟁에서 살아남을 수 없다.

인간의 행동도 이기적 본능이라는 관점에서 해석할 필요가 있다. 게다가 자본주

▲ 이기심을 적절하게 조절하면 구성원들과 원만하게 공존하면서 발전을 이룰 수 있다.

의는 개인의 이기심을 바탕으로 한 자유 경쟁을 기본 원리로 삼고 있다. 따라서 이기심을 버리면 개인의 생존 자체가 불가능하다는 점을 고려해야 한다.

이기심은 사회를 발전시키는 원동력이기도 하다. 사람들이 열심히 일하고 새로운 기술을 개발해야 사회가 발전하게 된다. 개인이 열심히 일하는 이유는 자신이 노력한 만큼 이익을 얻을 수 있다고 믿기 때문이다. 새로운 기술을 개발하는 까닭도 더 많은 보상을 받을 수 있어서 그렇다. 구성원들이 이처럼 각자의 이기심을 충족하려고 노력하다 보면 사회 발전이라는 의도하지 않은 결과를 낳게 되는 것이다.

이기심은 적절하게 조절되면 타인과의 공존을 가능하게 만든다는 점에서도 긍정적이다. 흔히 이기심이 갈등을 부추기고 공동선을 해친다는 이유에서 죄악으로 몰아간다. 하지만 실제로는 개인이 저마다 자기 이익을 추구하더라도 일정한 범위 안에서 이기심을 억제하려고 들게 된다. 자기 이익만 추구하다 보면 구성원들과 원만한 관계를 맺을 수 없어 손해를 본다는 사실을 알기 때문이다. 따라서 개인은 더 많은 이익을 얻기 위해서라도 이기심을 적절한 수준에서 스스로 조절할 수밖에 없다.

인문 사회 29

반중 외교는 현명한 선택일까

▼ 미국은 경제력과 군사력이 점점 강해지는 중국을 자국의 패권에 대한 도전으로 간주하고 있다.

윤석열 정부가 '인도-태평양 경제 프레임워크(IPEF)'에 가입하면서, 반중 외교 노선이 뚜렷해졌다. 윤석열 대통령은 제20대 대선 후보 당시에도 문재인 정부의 중국에 대한 외교 정책을 굴종 외교라고 비판했다. 이는 미국과 중국의 패권 다툼이 벌어지는 국제 정세에서는, 미국의 반중 외교 노선을 따를 수밖에 없다는 판단에서 나온다. 하지만 국가의 이익을 지키려면 균형 외교 정책을 펴야 한다는 반론도 만만치 않다. 미국과 중국의 패권 경쟁 현황과 우리나라의 외교 정책을 알아본 뒤, 반중 외교를 놓고 찬반 토론을 해 본다.

토론 주제

미중 양국의 패권 경쟁 상황과 우리나라의 현재 외교 정책을 설명한 뒤, 반중 외교 노선 채택을 놓고 찬반 토론을 해 보세요.

함께 읽으면 좋은 책

『미국과 중국의 대격돌 바이든 시대의 미·중 패권전쟁』
이장훈 지음 | 세창출판사 펴냄 | 292쪽

투키디데스의 함정에 빠진 미중, 기술 패권 다툼, 제2의 태평양 전쟁, 바이든의 초강대국 수호 전략, 한국의 선택 등이 담겨 있다.

『차이나 쇼크, 한국의 선택 왜 지금 중국이 문제인가?』
한청훤 지음 | 사이드웨이 펴냄 | 304쪽

한국 경제를 잠식하는 중국의 산업 굴기, 차이나 리스크의 기원과 축적, 신냉전 시대의 대한민국 중심 잡기 등이 담겨 있다.

반중 정서가 강해진다
정부 '반중 외교' 노선 뚜렷, '국익 손해' 목소리도

윤석열 정부가 '인도-태평양 경제 프레임워크(IPEF)'에 가입하면서, 반중 외교 노선이 뚜렷해졌다. IPEF는 미국의 바이든 정부가 인도·태평양 지역에서 중국의 경제적 영향력 확대를 억제하기 위해 2022년 5월 출범시킨 다자간 경제·안보 협력체다.

윤석열 대통령은 제20대 대선 후보 때도 문재인 정부의 대중국 외교 정책을 굴종 외교라고 비판했다. 중국에 협력하는 정책을 대국주의에 굴복하는 행위로 보기 때문이다. 하지만 국제 정세가 불확실하므로 지나친 반중 외교를 추구하지 말아야 한다는 목소리도 크다.

◀ 윤석열 정부가 '인도-태평양 경제 프레임워크(IPEF)'에 가입하면서, 반중 외교 노선이 뚜렷해졌다.

굴종 외교라는 비판이 나온 배경에는 미중 양국의 패권 다툼이 치열한 국제 정세에서는 한미 동맹을 강화하면서 미국의 반중 외교 노선을 따르는 정책이 유리하다는 판단도 작용했다. 우리 국민의 강해진 반중 정서를 반영한 이유도 있다. 서울대가 2022년 1월 미국과 중국, 일본 등 20개 주요 국가에 대한 우리 국민의 신뢰도를 조사한 결과, 미국(71.6%)이 가장 신뢰할 수 있는 나라로 꼽혔다. 중국이 불신 국가 1위에 올랐고, 일본이 2위였다. 우리 국민은 과거사 문제로 2019년에 무역 분쟁까지 겪은 일본을 제쳐두고, 중국을 가장 믿을 수 없는 국가로 여긴다. 황사와 미세 먼지 피해, 코로나19의 발생, 사드(THAAD) 배치에 대한 보복, 동북 공정에 따른 역사 왜곡 문제 등이 반중 정서에 영향을 미쳤다.

반중 외교에 찬성하는 사람들은 미국과 중국의 패

낱말 로또

대국주의 강대국이 국가 간의 관계에서 힘을 이용해 자국의 이익을 얻으려는 행동 방식.

패권 특정 국가가 경제력과 군사력으로 타국을 압박해 국제 사회에 영향력을 행사할 수 있는 힘.

한미 동맹 북한의 군사적 위협에 대응하려고 한미상호방위조약을 기초로 남한과 미국이 군사적으로 함께 행동하기로 함.

사드 적의 탄도 미사일 공격을 막으려고 만든 공중 방어 시스템.

동북 공정 중국의 국경 안에서 존재한 고구려와 발해 등 모든 역사를 자국의 역사로 만들기 위해 2002년부터 추진한 동북쪽 변경 지역의 역사에 관한 연구 작업.

권 대결이 격화되고 있지만, 결국 미국이 경제·군사적 우위를 지킬 것이라고 주장한다. 반대하는 사람들은 미중 어느 한 나라가 확실한 우위를 차지하지 못하고, 공존하는 시대가 열릴 것이라고 맞선다.

미중 패권 다툼이 벌어지는 원인

▲ 미국은 시장 경제를 도입한 중국의 경제 규모가 세계 2위로 커지자, 중국을 견제하는 정책을 펴고 있다.

미국은 제2차 세계 대전(1939~45)이 끝난 뒤 세계 질서를 주도하는 패권 국가다. 냉전 시대에는 서유럽 외에 일본과 협력하고, 저개발국에 경제·군사 원조를 하면서 사회주의의 팽창을 막았다. 1991년 소련이 해체된 뒤에는 세계 유일의 초강대국으로 올라섰다.

그런데 최근에는 미국의 경제력이 약해지고, 중국의 경제력은 강해지면서 미국의 패권이 흔들리고 있다. 1950년 미국의 국내 총생산(GDP)은 세계 GDP의 40%를 차지했지만, 2022년에는 24.6%로 감소했다. 이에 비해 중국은 최고 지도자인 덩샤오핑(1904~97)이 1978년에 시장 경제를 도입하고 나서 경제 규모가 빠르게 커졌다. 세계 GDP에서 차지하는 비율이 2000년에는 3.6%였는데, 2022년에는 18%로 치솟았다.

미국은 패권을 지키기 위해 무역 제재와 군사 동맹

낱말 로또

냉전 시대 미국 중심의 자본주의 진영과 옛 소련 중심의 사회주의 진영이 무력 이외의 방법으로 대립하던 시대(1945~91).

사회주의 자본주의의 경제 원리인 개인주의에 대항해 생산 수단의 사회적 소유와 관리를 통해 사회 전체의 이익을 추구하는 사상.

국내 총생산 일정한 기간 동안 한 나라의 국경 안에서 만들어진 모든 생산물의 시장 가치.

을 통해 중국을 견제하는 전략을 채택했다. 경제 성장을 억제하려고 고율의 관세를 매기고, 첨단 기술의 이전을 차단했다. 또 미국·일본·인도·호주 등 4개국의 비공식 안보 회의체인 쿼드(Quad)를 북대서양조약기구(NATO)와 비슷한 군사 동맹으로 발전시키려고 한다.

중국은 경제 성장을 지속하려면 더 이상 미국과 갈등을 격화시키면 안 된다고 본다. 따라서 대화를 통해 무역 분쟁을 완화시키려 한다. 이와 함께 저개발국에 대한 경제 지원과 무역 확대를 통해 미국의 견제에 맞서고, 러시아와 군사 협력을 강화하는 전략을 편다.

> **낱말 로또**
>
> **북대서양조약기구** 미국 중심의 서방 자유 진영이 옛 소련의 팽창 정책에 대항하려고 1949년에 설립한 군사 동맹체. 회원국은 30개국이다.

균형 외교 통한 국익 지키기

▲ 우리나라는 그동안 미국이 유일한 군사 동맹국이고, 중국은 최대 무역 상대국이어서 균형 외교를 펴 왔다.

우리나라는 6·25전쟁 이후 미국과 군사 동맹을 맺고 안보를 지켰다. 1953년 10월에는 북한의 침략과 위협에 대응해, 미국이 우리나라의 방위 지원을 약속하는 한미상호방위조약을 맺었다. 이 조약에 따라 미군이 우리 영토에 주둔하고, 핵우산도 제공한다.

우리나라는 6·25전쟁에 참전해 북한을 도운 중국과는 적대 관계를 유지했다. 그러다 노태우 정부(1988~93)가 1992년 외교 관계를 맺고 경제 협력을 시작했다. 중국의 경제 규모가 커지자 2003년부터는 최대 수출 대상국으로 떠올랐다. 전체 수출액에서 차치하는 비율이 1992년에는 3.5%에서 2020년에는 25.8%로, 수입액은 4.6%에서 24.3로 각각 뛰었다. 대미 수출액과 수입액의 비율은 2020년 각각 14.5%, 12.3%에 머물렀다. 홍콩과 이뤄지는 무역액까지 더하면 중국이 우리 경제에서 차지하는 비중은 훨씬 더 높아진다.

우리나라는 그동안 미국과 중국 사이에서 전략적 모호성을 앞세워 균형 외교를 추구했다. 그래서 미국의 미사일 방어 체제와 한미일 군사 동맹 참여에 반대하는 정책을 고수했다. 미국은 유일한 군사 동맹국이고, 중국은 가장 중요한 경제 협력 국가이다. 국익을 지키려면 어느 한쪽 편을 들 수 없기 때문이다. 하지만 전략적 모호성을 더 이상 유지하기 어렵다는 주장이 나온다. 미국이 반중 외교를 강화하면서 우리나라에도 확실히 자기편에 서라고 요구하기 때문이다.

> **낱말 로또**
>
> **핵우산** 핵무기를 보유한 국가가 핵무기를 보유하지 않은 동맹국의 안전을 핵무기로 보장하는 일.
>
> **전략적 모호성** 대립하는 두 나라 가운데 어느 한쪽의 편을 드는 입장을 명확히 밝히지 않는 태도.
>
> **균형 외교** 대립하는 두 나라 사이에서 어느 한쪽에 치우치지 않는 외교.
>
> **미사일 방어 체제** 대륙간탄도미사일(ICBM)의 공격을 받을 경우, 요격(맞받아 침) 미사일을 발사해 미국의 본토를 방어하는 시스템.

반중 외교 찬반 토론
"미국이 패권 경쟁 이길 것… 군사 동맹 강화해야"

미국과 중국의 패권 다툼은 더욱 심해질 것이다. 미국은 지금까지 자국의 패권에 도전하는 국가를 용납하지 않았다.

냉전 시대에 패권을 다투던 옛 소련을 경제적으로 봉쇄하고, 군비 경쟁을 유도했다. 그 결과 1991년 옛 소련을 무너뜨렸다. 동맹국도 예외가 아니었다. 일본과 독일이 1980년대 제조업의 강자로 떠올라 수출 대국이 되었다. 미국은 두 나라에 환율을 낮추도록 압력을 넣었다. 환율을 내리면 수출은 줄고 수입이 늘어 경제력이 약해진다. 미국은 지금 중국

▲ 미국이 중국과의 패권 다툼에서 승리할 가능성이 크기 때문에 미국과 군사 동맹을 강화해야 한다.

에게 자국의 패권이 도전을 받는다고 생각한다. 그래서 견제와 압박의 강도를 높이고 있다. 미국은 앞으로도 경제·군사적 우위를 지키며 패권 국가의 지위를 유지할 것이다. 중국의 경제력이 2030년쯤 미국을 추월할 것으로 보는 전문가도 적지 않다. 하지만 미국이 견제하면 중국의 경제도 무척 어렵게 된다. 게다가 미국의 군사력은 중국을 압도한다. 미국은 2022년 국방비로 7700억 달러를 쏟아부었다. 중국의 2502억 달러에 비하면 3배가 넘으며, 세계 전체의 국방비 총액의 40.1%다.

우리나라는 미국과 자유 민주주의를 공유한다. 이에 비해 중국은 중국 공산당의 일당 독재를 유지한다. 언론과 표현의 자유를 제한하고, 공산당을 비판하는 국민을 가혹하게 탄압한다. 따라서 우리나라가 북한의 침략을 막고 자유 민주주의 체제를 지키려면 중국과 거리를 두고, 미국과는 군사 동맹을 강화해야 한다.

낱말 로또

군비 경쟁 군사력을 증강시켜 상대방에게 앞서려는 나라들 간의 경쟁.

환율 한 나라의 화폐와 외국 화폐의 교환 비율.

자유 민주주의 개인과 자유와 권리를 최고의 가치로 여기는 민주주의 이념과 체제.

중국 공산당 1921년에 창당되어 1949년 이후 중국 대륙을 지배하는 공산주의 정당.

"군사·경제 모두 앞서기 어려워… 균형 외교 필요"

▲ 미중 어느 한쪽이 경제력과 군사력 모두 우위를 차지하기는 어려울 것이므로, 균형 외교를 추구해야 한다.

미국과 중국 두 나라의 패권 경쟁은 앞으로 엎치락뒤치락하게 될 것이다. 어느 한 국가도 경제력과 군사력 모두 확실하게 우위를 차지하기 어렵기 때문이다.

중국이 미국의 경제력을 일시적으로 추월할 순 있지만, 첨단 기술 개발을 이끌지 못하면 미국을 따돌리기 어렵다. 국방비를 대폭 늘려도 단기간에 미국의 군사력을 넘어설 수는 없다. 미국은 경제 분야에서는 중국과 경쟁하지만, 기후 변화와 핵 확산 문제는 서로 협력하기로 했다. 양국이 무역과 투자 부문에서 긴밀하게 연결되어 있는 점도 문제다. 양쪽 정부가 자금이 필요할 때 발행하는 국채를 상대 국가가 사기도 한다. 따라서 두 나라가 극단적으로 충돌할 경우 미국에도 타격이 크다. 중국 경제에 대한 견제에 한계가 있는 것이다. 예를 들어 값싼 중국산 수입품을 규제할 경우 물가가 상승하므로 미국 경제에 악영향을 끼친다. 따라서 양국은 힘의 균형을 추구하며 타협할 가능성이 크기 때문에, 공존하는 시대가 열릴 수밖에 없다.

한반도의 평화를 지키기 위해서도 두 나라와 협력할 필요가 있다. 패권 경쟁이 심해질수록 남한은 미국과, 북한은 중국과 더 가까워지게 된다. 남북한이 무력 충돌을 일으키면 6·25 전쟁 때처럼 한반도를 외세의 전쟁터로 내줄 수 있다. 한반도와 세계 평화를 지키려면 미중 양국이 공존할 수 있도록 국제 사회가 협력해야 한다. 우리나라도 균형 외교를 통해 두 나라와 우호 관계를 이어가야 한다.

> **낱말 로또**
>
> **핵 확산** 세계 각국에 핵무기가 퍼져 핵무기 보유국이 늘어나는 일.
>
> **국채** 정부가 필요한 자금을 모으기 위해 발행하는 채무 증서. 정부에서 빚을 갚는 시기와 이자가 정해져 있다.

인문 사회

30

국군의 베트남전 민간인 학살 배상해야 하나

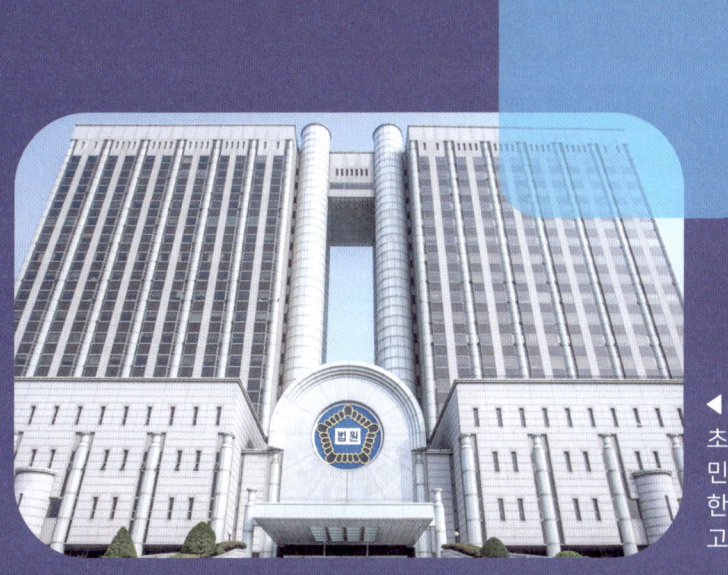

◀ 서울중앙지방법원(서울 서초구)은 베트남전 당시 국군의 민간인 학살 사건 피해자에게 한국 정부가 손해를 배상하라고 2023년 2월 7일 판결했다.

우리 법원이 베트남 전쟁(1960~75) 당시 국군의 베트남 민간인 학살에 따른 한국 정부의 배상 책임을 처음 인정했다. 1968년 발생한 '퐁니·퐁넛 사건'의 생존자인 응우옌티탄(1960~)이 우리 정부를 상대로 낸 손해 배상 청구 소송에서 원고의 손을 들어 준 것이다. 퐁니·퐁넛 사건은 1968년 국군이 베트남 민간인 74명을 학살한 사건이다. 베트남전의 성격과 국군의 참전 이유를 공부한 뒤, 민간인 학살 배상을 놓고 찬반 토론을 해 본다.

토론 주제

베트남전의 성격과 국군의 참전 이유를 설명한 뒤, 국군의 민간인 학살에 대한 정부 배상을 놓고 찬반 토론을 해 보세요.

함께 읽으면 좋은 책

『베트남 전쟁 잊혀진 전쟁, 반쪽의 기억』

박태균 지음 | 한겨레출판 펴냄 | 352쪽

파병의 진짜 이유, 그것은 미친 살인의 축제였다. 미군이 한국군을 대하는 방식, 미국은 베트남에서 어떻게 패배했는가 등이 담겨 있다.

『베트남전쟁 1968년 2월 12일 베트남 퐁니·퐁녓 학살 그리고 세계』

고경태 지음 | 한겨레출판 펴냄 | 464쪽

1968년 2월 12일 일어난 퐁니·퐁녓 마을 학살 사건을 이야기의 중심에 놓고 생존자의 현재 모습까지 인터뷰를 통해 드러냈다.

베트남전 민간인 학살 피해자에게 첫 배상 판결
서울중앙지법원, 퐁니·퐁녓 사건 피해자 손 들어 줘

우리 법원이 베트남 전쟁(1960~75) 당시 국군의 베트남 민간인 학살에 따른 정부의 배상 책임을 처음 인정했다. 서울중앙지법원은 베트남 전쟁 기간에 일어난 '퐁니·퐁녓 사건' 피해 생존자인 응우옌티탄(1960~) 씨에게 3000만 100원을 배상하라고 2023년 2월 7일 판결했다.

퐁니·퐁녓 사건은 국군이 1968년 2월 12일 베트남 중부의 퐁니 마을과 퐁녓 마을에서 민간인 74명을 학살한 사건이다. 당시 8세이던 응우옌티탄은 가족 5명을 잃고 자신도 국군의 총에 맞아 지금까지 후유증에 시달린다며, 2020년 4월 우리 정부를 상대로 손해 배상을 청구했다.

▲ 응우옌티탄은 퐁니·퐁넛 사건으로 어머니와 언니, 남동생을 잃었다고 주장한다.

한 연구자는 베트남전 때 국군의 민간인 학살 사건이 80여 건에 달하고, 희생자는 9000여 명에 이른다고 추정한다. 국군이 민간인을 학살했다면 우리 정부가 피해자에게 배상 책임을 져야 한다. 공무원 또는 공무를 위탁 받은 사람이 공무를 수행하는 과정에서 남에게 손해를 끼쳤을 경우 정부에 배상 책임이 있기 때문이다. 우리 정부는 국익을 지키기 위해 국군을 베트남에 파견했고, 군인들은 공무 수행 과정에서 민간인을 학살했다.

피해자에 대한 손해 배상에 찬성하는 사람은 민간인 학살이 공권력에 의해 일어난 국가 범죄이고, 전쟁 중에도 민간인은 보호해야 하는 국제 규범을 어겼다고 주장한다. 반대하는 사람은 베트남전은 게릴라전이어서 적군과 민간인의 구별이 어려웠으며, 민간인 학살 주장은 참전 군인의 명예를 훼손한다고 맞선다.

낱말 로또

베트남 전쟁 베트남의 통일 과정에서 북베트남의 지원을 받은 반정부 조직이 남베트남 정부와 이들을 지원한 미국과 싸운 전쟁.

손해 배상 고의 또는 과실로 인한 위법 행위로 남에게 해를 입힌 사람이 그 손해를 물어 주는 일.

공무 국가나 공공 단체의 일.

게릴라전 적군의 점령지에서 정규군이 아닌 주민 등이 주력을 이룬 집단이 기습 공격을 하는 전투 형태.

베트남전이 일어난 까닭

베트남은 1883년 프랑스의 식민지가 되었다가 1954년 독립했다. 하지만 북위 17도를 경계로 양분되었다. 남쪽에는 미국의 지원을 받는 자본주의 국가가, 북쪽에는 독립 운동의 영웅 호찌민(1890~1969)이 이끄는 사회주의 국가가 들어섰다.

미국은 도미노 이론에 근거해 남베트남 정부를 지원했다. 도미노의 패가 하나 무너지면 나머지 패도 잇달아 무너지듯, 남베트남이 사회주의 국가가 되면 타이와 미얀마 등 동남아시아 국가도 사회주의화할 것

▲ 미군과 싸웠던 남베트남의 반정부 게릴라군. 미군은 이들을 '베트콩'이라 불렀는데, '베트남 공산주의자'라는 뜻이다.

이라고 우려했기 때문이다. 미국은 북베트남과 전쟁을 일으키기 위해 1964년 자국의 전함이 통킹만에서 북베트남군의 공격을 받았다고 거짓으로 꾸며 발표했다. 그 뒤 남베트남에 파병하고 북베트남을 공습했다. 이에 맞서 북베트남에 동조하는 반정부군도 미군을 공격했다.

미군은 전쟁 기간에 모두 314만 명을 파병했는데, 5만 8000여 명이 전사했다. 하지만 남베트남 정부는 독재와 부정부패를 일삼아 국민의 지지를 얻지 못했다. 미국은 결국 전쟁을 승리로 이끌지 못한 채 1973년 1월 휴전 협정을 맺었고, 같은 해 8월 군대를 철수했다. 베트남전은 미국 입장에서는 사회주의에 맞서 자유

세계를 수호하려는 전쟁이었다. 이에 비해 베트남 입장에서는 외세의 침략에 맞서 독립을 지키고 통일을 이루려는 전쟁이었다. 북베트남은 1974년 12월 다시 전투를 시작했으며, 이듬해 4월 남베트남의 수도를 점령하고 무력 통일을 이뤘다.

> **낱말 로또**
>
> 도미노 이론 한 나라가 사회주의화하면 이웃나라들도 그 영향을 받아 사회주의 국가가 된다는 이론.

국군이 베트남전에 참전한 이유

우리나라는 1964년부터 1973년까지 32만 명을 베트남전에 파병했다. 처음에는 의무대와 공병대 등 비전투 부대를 보냈지만, 1965년부터는 전투 부대를 보냈다. 국군은 베트남 중부에 주둔하며 반정부군을 소탕하는 작전을 펼쳤다. 이 과정에서 5000여 명의 전사자와 1만 1000여 명의 부상자, 10만여 명의 고엽제 피해자를 냈다.

▲ 베트남전에서 군사 작전을 펼치는 국군. 1967년 기준, 국군 소위는 한 달에 120달러, 일병은 40.5달러의 전투 수당을 미국에서 받았다.

국군이 참전한 까닭은 주한 미군의 철수를 방지하는 등 안보상의 이익 때문이었다. 미국 정부는 베트남전에서 어려움을 겪자, 2개 사단 규모이던 주한 미군을 베트남으로 이동하려고 했다. 그런데 우리나라는 북한의 남침을 막으려면 주한 미군이 필요했다. 따라서 우리 정부는 국군을 베트남에 보내는 대가로 주한 미군을 유지하겠다는 미국 정부의 약속을 받아 냈다. 베트남전 파병은 우리 군대의 전투력을 향상시키는 기회도 되었다. 실전 경험을 쌓고, 미국의 지원을 받아 군사 장비의 현대화를 이룰 수 있었기 때문이다.

경제적 이익도 있었다. 1960년대 우리 경제는 미국의 원조 없이는 정부의 예산을 마련할 수 없을 만큼 취약했다. 우리나라는 베트남에 국군을 파견하는 대가로 더 많은 원조를 얻어 낼 수 있었다. 그리고 10억 달러가 넘는 외화 수입도 올렸는데, 당시 국군은 전투 수당을 미국이 주는 달러로 받았다. 우리 기업은 군수 물자를 납품했으며, 운송 사업, 도로와 다리 등의 건설 사업을 맡아 외화를 벌 수 있었다.

낱말 로또

의무대 환자나 부상자를 진찰하고 치료를 담당하는 부대.

공병대 건설, 측량, 폭파 등의 임무를 맡은 육군 부대.

고엽제 나무와 풀을 말려 죽이는 제초제. 미군은 베트남전에서 숲을 없애려고 인체에 치명적인 다이옥신이 포함된 고엽제를 살포했다.

사단 군대 조직의 편성 단위. 보병 사단의 병력은 1만 7000명 수준이다.

전투 수당 정규 봉급 외에 전투에 참가한 대가로 군인에게 지급하는 돈.

베트남전 민간인 학살 배상 찬반 토론
"공권력에 의한 국가 범죄… 정부가 배상 책임"

우리 정부는 퐁니·퐁넛 사건의 피해자에게 배상해야 한다. 민간인 학살이 공권력에 의해 일어난 국가 범죄이기 때문이다. 국가배상법에는 "공무원 또는 공무를 위탁 받은 사람이 직무를 집행하면서 고의 또는 과실로 남에게 해

▲ 한 시민 단체 회원들이 2020년 4월 베트남전 국군 민간인 학살 사건에 대해 배상을 요구하는 기자 회견을 하고 있다.

를 입혔을 경우 국가가 손해 배상 책임을 진다."라고 규정되어 있다. 베트남전에 참전한 국군은 국익을 지키려고 파견되었다. 그들은 상관의 명령에 따라 직무를 수행하는 과정에서 민간인을 학살했다. 따라서 군인에게 책임을 떠넘길 게 아니라 국가가 책임을 져야 한다.

민간인 학살은 전쟁 중에 민간인을 보호해야 한다는 국제 규범을 위반한 행위다. 제네바 협약은 전투력을 상실하거나 적대 행위에 능동적으로 참가하지 않은 사람을 살상해서는 안 된다고 정해 놓았다. 퐁니·퐁넛 사건에서는 무장하지 않은 74명의 민간인이 학살을 당했다. 희생자 가운데는 아이와 노인, 여성은 물론 생후 1년도 안 된 젖먹이까지 포함돼 있었다. 따라서 적대 행위를 막는 과정에서 어쩔 수 없이 이뤄졌다고 볼 수 없으며, 의도된 집단 학살로 봐야 한다.

일제 강점기 우리나라의 위안부와 강제 징용 피해자들은 일본 정부에 배상을 요구하고 있다. 일본 정부는 1965년 맺은 한일협정에서 피해자에 대한 배상 문제를 이미 해결했다는 이유로 손해 배상 책임을 거부하고 있다. 일본 정부에 배상 책임을 묻기 위해서라도 우리 정부는 베트남전의 민간인 학살 피해자에게 배상해야 한다.

> **낱말 로또**
>
> **국가배상법** 국가 또는 지방 자치 단체의 손해 배상 책임과 배상 절차를 정해 놓은 법률.
>
> **제네바 협약** 전쟁 희생자를 보호하려고 1864~1949년 스위스의 제네바에서 체결된 일련의 국제 조약.
>
> **위안부** 일제 강점기(1910~45)에 일본군에게 군위안소로 끌려가 성노예 생활을 강요당한 여성.
>
> **강제 징용** 일제가 제2차 세계 대전 때 우리 국민을 끌고 가서 강제로 노동을 시킨 일.
>
> **한일협정** 우리나라와 일본이 외교 관계를 정상화하려고 1965년 6월에 맺은 조약.

"근거 없는 주장… 참전 군인 명예 훼손에 해당"

"나라의 발전을 위해 희생했는데, 양민을 학살한 범죄자 취급을 받다니 억울하다." 베트남전에 참전했다가 퇴역한 군인의 말이다. 민간인을 학살했다는 터무

니없는 소리는 참전 군인의 명예를 훼손하는 일이다. 국군이 퐁니·퐁넛 사건을 일으켰다는 주장은 베트남 사람들의 일방적인 말일 뿐이고, 사실이 입증되지도 않았다. 국군은 학살이 일어난 직후 사건의 진상을 조사하는 과정에서, 미군에게 반정부

▲ 베트남전 참전 퇴역 군인들이, 국군이 민간인을 학살했다는 주장에 항의하는 시위를 벌이고 있다.

군이 국군으로 위장해 퐁니·퐁넛 사건을 저질렀다는 내용이 담긴 공문을 보낸 바 있다.

베트남전이 게릴라전이었다는 점도 고려해야 한다. 베트남전은 대규모 정규전을 벌인 6·25전쟁과는 달랐다. 국군이 상대한 적군은 반정부 게릴라였다. 이들은 낮에는 마을 사람과 함께 농사를 짓다가 밤이면 무기를 들고 국군을 공격했다. 적군과 민간인이 섞여 있어 양자를 구별하기 어려웠다. 이런 특수한 상황에서 민간인을 보호하기란 쉽지 않다.

베트남 정부가 과거사를 따지지 말자는 입장이라는 점도 헤아려야 한다. 베트남에서는 국군에 학살당한 민간인을 추모하는 행사를 열고 있다. 하지만 베트남 정부는 지난 1992년 국교를 맺은 뒤 우리 정부에 민간인 학살 책임을 묻지 않겠다는 뜻을 밝혔다. 그리고 문재인(재임 2017~22) 대통령은 지난 2018년 베트남을 방문했을 때 사과하겠다는 뜻을 전했다. 하지만 베트남 정부는 전쟁에서 이겼으므로 사과를 받지 않아도 된다고 했다.

낱말 로또

공문 공공 기관이나 단체에서 공식으로 작성한 서류.

정규전 한 나라의 정부에 소속된 군대가 규정된 전법에 따라 벌이는 전쟁.

국교 나라와 나라 사이의 외교 관계.